中外文化交流的軼聞趣事

魏秀春◎主編
付偉、劉桂枝◎副主編

目錄

中外文化交流的軼聞趣事

三、東學西漸

四、名人史話

五、文物珍寶

八、歷史之最

第一章 考古發現

1 多種文化藝術融合的瑰寶——李賢墓鎏金銀壺的出土

在古代，中國和波斯的交往源遠流長，特別是波斯的薩珊王朝和中國的關係更為密切。鎏金銀壺的出土是研究兩國間友好交往的重要物證。

一九八三年寧夏固原南郊鄉深溝村李賢夫婦合葬墓出土了一件鎏金銀壺。銀壺為單把，通高三十七．五釐米，重一．五公斤，高長身，卵形腹，細頸、鴨嘴狀流，圓形底座，彎曲兩端成羊頭，壺把上端鑄造有高鼻深目、頭戴圓形帽的一位胡人頭像，這個形象與波斯薩珊人形象不同，屬中亞巴克特利亞人。人物與動物附著於壺把之上，足部與壺身上部有聯珠紋裝飾，並把壺身分成三部分。

李賢墓銀壺最特殊的是腹部的人物圖像，壺身腹部鑄有一周突起的三組六人男女圖像，以不同手法刻畫了男女相對的三組人物，相互做手勢，相互交流。壺把右邊的一組最為生動：女子身著衣裙，似披斗篷，露出整個輪廓，右腿抬起，面對一裸體男子，男子肩披斗篷，足穿靴，戴錐形頭盔，左手握女子右腕，右手伸出二指托女子下頜。

中間的一組人物，身體沒有接觸，但有手勢，二人均著衣，女裝較為精緻，突出了女子豐滿的胸部，男子著衣披斗篷。女子右手持一圓形小物，左手指向嘴部，男子右手持一近圓形而且有點笨重的東西舉至女子面前，左手同時持一物於胸前。根據尺寸和形狀，男子可能手持的應該是水果，大概為石榴。

壺把左邊的一組圖像與中間一組較為接近，但人物的位置是顛倒的，女子站在男子右側，男子左手持短矛，右手拿盾牌，頭戴環形盔，其形象表明為一軍人。女子裸體，相當歪扭地站著，身前傾，頭、腳側向相反方向，兩臂升起並彎曲，左手舉一類似於容器的東西，大概是一聖餅盒，右手曲捲並溫柔地置於領下。

對於銀壺腹部的人物圖像，國內外學者眾說紛紜。有學者認為，壺身的圖像再現了一個連續的故事，故事與一個軍人離家去服役前所舉行的一系列儀式有關。壺把右側一幅描寫軍人出征前夕與妻閨房情戀的場面。中間一組，為次日早晨的明誓告別。最後一幅，是女子向軍人祝福。壺的整個主題是希臘—羅馬藝術與薩珊藝術的糅合，是一幅連續描寫情人送別戰士出征的畫面。

有的認為，圖像表現的是希臘故事中帕里斯的審判、掠奪海倫以及回歸的場面。古代希臘羅馬和薩珊伊朗信仰不同，在薩珊式銀器上出現希臘故事題材，可能是由於亞歷山大帝國的東征，此中亞地區曾出現過「希臘化時代」，此壺是中亞與薩珊藝術密切交融的產物。

但也有學者認為，銀壺表現的不是一個連續故事，每一組人物可能與其他

李賢墓出土的鎏金銀壺

兩組沒有聯繫。壺把右邊的一組二者的手勢與姿態表現出與談情說愛有關的情景。中間的一組是一個求愛的場景，男子以石榴向女子求愛，可能是當時的一種時尚或禮儀。左邊的一組大概是一個剛從軍隊歸來的士兵，站在女祭司面前，女祭司與士兵的贊助神有關，目的為表達士兵的謝意，感謝女神在戰爭中給他的保護。銀壺的雕刻藝術內涵可能反映了一個混合的羅馬和薩珊主題思想，一種不能被當代人完全理解的思想。

這件鎏金銀壺是多種文化相融合的藝術精品，銀壺造型別緻精美，屬波斯薩珊王朝手工藝精品。裝飾風格隨意取材，銀壺腹部圖像所展現的內容雖來自古希臘神話傳說，但尋其藝術源流仍能見到希臘化雕刻以及兩河流域美術的餘風，因此它是希臘——羅馬、薩珊波斯、巴克特利亞，以及印度或中亞主題的混合。據推測，此壺當是出自薩珊波斯屬下的大夏地區工匠之手，製作地點在薩珊東部行省的巴克特利亞一帶，製作年代在五六世紀之交。它是一件反映東西方文化交流的極為重要的遺物，也是四至六世紀之間中國與西方經濟關係意義深遠的實物資料，對研究薩珊工藝美術、薩珊與羅馬的關係、波斯與中國的關係都有重要價值。

2 中國基督教史上的豐碑——《大秦景教流行中國碑》的出土

基督教傳入中國，最早有據可考的是從古長安城挖掘出的一塊石碑，名曰《大秦景教流行中國碑》，碑上記載了大唐初期基督教在中國傳播的往事。唐代傳入中國的是聶思脫里派基督教，當時稱為景教。景教之名得自《景教碑》中：「真常之道，妙而難名，功用昭彰，強稱景教」的記載。按明末天主教徒李之藻的解釋，景者人也，始也，光明也，應是為光明之義。

景教創始人聶思脫里（約三八〇—四五一年）生於敘利亞，西元四二八年被東羅馬皇帝狄奧多西二世任命為君士坦丁堡大主教。他主張「二性二位說」，一方面同意基督具有神和人兩個本性，另一方面又不贊成二性統合為統一的主體，認為是神性本體附在人性主體上，因此瑪利亞只是作為人的耶穌之母，而非作為神的基督之母。他的理論遭到持「一性論」的亞歷山大主教西利爾的反對。在四三一年的以弗所公會議上，聶思脫里受到批判，被視為「異端」。西元四三五年，聶思脫里被革職流放，並在流放中死去，信徒因遭鎮壓而向東流亡，在敘利亞、美索不達米亞、波斯、印度等地傳播。聶思脫里派的中心先在敘利亞，後來轉移到波斯，發展成為一個獨立教派。

七世紀前期，薩珊王朝在阿拉伯帝國的進攻下岌岌可危，在波斯的東方教會決定派遣大德（主教）阿羅本到中國傳教。主教阿羅本於唐太宗貞觀九年（六三五年）到達唐都長安，太宗派宰相房玄齡率儀仗隊到長安西郊迎接，並讓阿羅本在皇宮藏書樓翻譯聖經，太宗親自與之討論福音。這被認為是景教傳入中國的起始時間。

唐德宗建中一年（七八一年）景教傳教士立《大秦景教流行中國碑》，此時景教因得唐朝政府的支持已經在中國廣為流傳，建有不少寺院，享有「法流十道、寺滿百城」的盛況。該碑由伊斯出資、景淨撰文、呂秀岩書刻，在唐建中二年（七八一年）正月初七落成於周至大秦寺。唐武宗會昌五年（八四五年）八月，由於佛教勢力過人，「僧尼耗蠹天下」，嚴重侵蝕國家財富，在道士趙歸真的慫恿下，武宗李炎下令滅佛。此令一下，禍及摩尼教、火祆教、景教、伊斯蘭教等外來宗教，景教遂在中國內地漸趨絕滅，景教碑在滅教戰亂中被保護埋入地下。

明熹宗天啟三年（一六二三年），景教碑在西安西南周至縣大秦寺所在地被發現。此碑高二百三十六釐米、寬八十六釐米、厚五釐米，重約兩噸，碑下有龜承之。碑身呈墨色，刻字清晰，碑額做蟠龍狀，飾有蓮花雲紋，蓮臺上刻馬爾他式十字架。十字架下刻「大秦景教流行中國碑」九個大字，分為三行，每行三字，由左向右讀。碑正面刻有漢字，共三十二行，每行六十二個漢字，正文有一千六百九十五字，為漢文、敘利亞文並列，背面無字。碑左右兩側用敘利亞文刻著七十位景教教士的名字和職位，這些人名，除八名外，都是敘利亞文和漢文相對照。碑文內容分兩部分，第一部分為序文，首先簡略地介紹了景教的基本信仰，然後敘述了景教自貞觀九年（西元六三五年）入長安至建碑之時約一百五十十年的歷史；碑文第二部分是頌詞。碑文大量引用了儒、釋、道經典和中國史書中的典故，以闡述基督教教義，顯示出碑文的作者深厚的中文功底和淵博的學識，也表明景教傳入中土後為求發展生存，也曾吸收過儒家、道教和佛教的精華。

景教碑

景教碑是世界考古發現史上最負盛名的「四大石碑」之一，被基督教人士譽為「中國基督教之崑崙」，它是世界基督教史上的重要文獻，也是迄今為止基督教傳入中國的最早文字資料，是研究景教在唐朝傳播的重要資料。碑文中既包含著中華文明的精神，也包含著羅馬和波斯文明的內涵，它是一塊集多種文明於一體的、在中西文明交流史上佔有重要地位的豐碑。它的發現，在當時就引起了在華天主教徒以及中國某些儒生的極大興趣，隨即興起了研究景教碑的熱潮。至今三百多年來，學術界對此的研究長盛不衰。

3 唐代錢幣曾受到阿拉伯的影響

中國和阿拉伯世界的關係源遠流長，早在唐代，阿拉伯帝國剛剛興起的時候就與中國就有了往來。中國的古代史書稱之為「大食」。隨著帝國的擴張，阿拉伯逐漸與中國接壤，兩國的聯繫就更為密切了，這方面的一個重要物證就是在中國發現了阿拉伯金幣。

阿拉伯金幣是阿拉伯世界不可或缺的流通工具，在阿拉伯帝國的早期，由於阿拉伯民族的文明程度低於周邊民族，最初沒有自己的鑄幣，而是採用和仿製拜占庭和薩珊波斯的鑄幣。在倭馬亞王朝阿卜杜·馬立克任哈里發時，阿拉伯人才真正圓了貨幣阿拉伯化的夢。為了擺脫外來影響，滿足阿拉伯行政管理和民族情感的需要，改變阿拉伯帝國建國以來幣制的混亂局面，阿卜杜·馬立克哈里發下令鑄造全國通行的阿拉伯貨幣。由於伊斯蘭教反對崇拜偶像，所以這些新鑄的錢幣一反古羅馬和波斯錢幣的人像或神像圖案，正反面都是文字。新幣正面鑄有「萬物非主，阿拉是唯一的主」；邊緣上鑄有「穆罕默德是阿拉派來指引正教的使者」。背面中間鑄有讚美穆罕默德的誓詞「阿拉是獨一的主」，邊緣上鑄有「奉阿拉之名，伊曆××年鑄造」的字樣。並確定了貨幣的分量，金幣稱為第納爾，採用羅馬帝國通行的法定衡量單位「玻璃砝碼」，一玻璃砝碼等於四．二五克，每枚金幣重四．二五克。當時金幣的純度很高，馬立克哈里發時期的金幣成了中古以來伊斯蘭世界各色錢幣的原型。

一九六四年四月，在西安西窯頭村一座唐墓中出土了三枚阿拉伯金幣。根據墓的形制和隨葬品判斷，墓主人為漢人。這三枚金幣，兩面都是庫法體阿拉伯文。編號為六四．一九〇的金幣，直徑是一．九釐米，重四．三克，厚〇．一釐米。正面中央銘文三行，邊緣銘文一周，背面也是如此。阿拉伯文的讀法從右向左行，邊緣一周的文字的讀法，是逆時針方向。這些銘文譯成漢文就是：正面中央的三行是：「萬物非主，阿拉是唯一的主。」邊緣一周：「穆罕默德是阿拉派來指引正教的使者。」背面中央三行：「阿拉是唯一的，阿拉是永恆的。他不生育，也不被生。」邊緣一周：「以阿拉的名義這第納爾鑄於八十三年。」其中八十三年是指回曆紀年，相當於西元七〇二年，即唐代武則天長安二年。

編號六四．一八八的金幣直徑是二釐米，重四．二克，厚〇．一釐米。編號六四．一八九的金幣直徑二釐米，重四．三克，厚〇．一釐米，這兩枚金幣正、背面的銘文，和第一枚大部分相同，只是年份不同，分別是回曆一百年，相當於西元七一八至西元七一九年（唐玄宗開元六至七年）和回曆一二九年，相當於西元七四六至西元七四七年（唐玄宗天寶五至六年）。

從出土的阿拉伯金幣來推測，中國圓形方孔錢與阿拉伯錢幣在歷史上似乎有某種微妙的聯繫。據實測，一枚標準開元通寶重四・二五克，一枚阿拉伯金幣法定重量也是四・二五克。唐朝的一斤重六百八十克，一斤是十六兩。自唐朝以來中國有了衡量單位「錢」，十錢為一兩，一錢重四・二五克，而與此同時的拜占庭帝國和阿拉伯帝國的衡量單位一玻璃砝碼也重四・二五克。這些說明唐代錢幣的衡量受到拜占庭、阿拉伯的影響，衡量單位「錢」在中國的出現無疑與鑄錢有直接關係。

這些錢幣應當是通過古老的絲綢之路傳入中國的，這條聞名世界的古老商道把中國、中亞、西亞和歐洲緊密地聯繫在了一起，有力地促進了各地的經濟和文化交流。中國境內阿拉伯金幣的出土，是阿拉伯伊斯蘭文化傳入中國，並與中國傳統文化融合的歷史見證。

4 鄭和船隊真的在非洲留下了後裔嗎

一九九四年，美國女作家李露曄在為鄭和撰寫的傳記《當中國稱霸海上》中敘述了自己在肯亞邂逅的傳奇：一個黑人告訴她，自己是中國人的子孫，是數百年前肯亞拉穆鎮帕泰島中國船遇難倖存者的後裔。一九九九年，美國《紐約時報》記者吉斯德沿著李露曄指引的方向探訪了肯亞拉穆群島中的帕泰島，並撰文介紹了他在帕泰島上採訪中國人後裔的經過，還提出大膽的推想：這些自稱有中國血統的人，很可能是鄭和部下的後裔。隨後，中國人也開始關注這件事情，前《人民日報》駐南非記者李新烽在二〇〇二年三月踏訪帕泰島，在此後的三年中他又三次再訪拉穆，並寫了大量的相關報導。二〇〇二年四月，《武漢晚報》的記者范春歌到帕泰島尋訪中國人後裔，並向中國駐肯亞大使館彙報了相關情況。二〇〇二年十二月份，中國駐肯亞大使館派陳延軍和陸竟春兩名外交官專程前往拉穆島，就有關中國與東非沿岸早期交往情況進行考察，這是中國官方首次實地調查關於東非中國人後裔的情況。這些考察和探訪引起了人們的關注，究竟肯亞有沒有中國人的後裔？這究竟是一個美麗的傳說還是確鑿無疑的歷史事實？

在國內現存史料記載中，非洲是鄭和船隊下西洋到達的最遠的地方。肯亞拉穆鎮帕泰島的上家村是這個島上最古老的村子，建立於西元八世紀。傳說中國水手上岸後想居住在這裏。據帕泰島當地人的說法，在一四一五年有一隻長頸鹿從馬林迪送給印度的國王，爾後由印度國王轉送給中國皇帝。隨後中國船隊來到這裏，他們要帶回更多的長頸鹿，結果有一條船在這裏迷路沉沒。船上的人從這裏的上家海灘上了岸，爾後住在這裏和當地人開始通婚。shanga（上家）來自於 shanghai（上海）可能性很大，在斯瓦西裏語中，Shanghai（上海）中的 h 並不發音，因此「上家」的讀音和「上海」完全一樣。如果上家的名字真的來源於上海的話，那麼可以肯定，遇難的中國船隻來自於中國元朝以後的時代，因為元朝於一二九二年正式設立上海縣，這正是鄭和下西洋前一百多年前的事情。上家村遺址旁邊的一塊墓地的形狀和中國農村最常見的那種墓地極為相似：前面一塊石碑，後面是一個土丘。一個當地人穆罕邁德認為這塊墓地極有可能就是中國水手的墓。

在帕泰島的西嶼村，也有一座據當地人說約有一百年歷史的伊斯蘭墓。令人費解的是，這座墓沒有傳統伊斯蘭風格的墓柱圓頂的形式，卻跟中國墓穴有幾分類似。在西嶼村還有一支奇特的法茂族人。據肯亞國家博物館的巴迪・亞信博士的考證，在一四五八年，有九艘中國船隊到肯亞貿易，因遇風暴，船隊分散，其中二艘漂流至上家附近觸礁沉沒，倖存的中國水手上岸後，請求當地酋長允許他們定居，並准其與當地女子通婚。這群中國水手後來逐漸移居內地到西嶼墾殖，他們的後代就是今天的法茂人。在中外記者的多次採訪中，都採訪到了法茂族人中的謝氏家族，他們皮膚仍然較當地黑人要白許多，但與中國的形象特徵已相差較大，而且法茂人還有當地人所沒有的絕技，例如他們懂得中醫，據說他們能配製防蚊膏及清涼膏，其味道極似中國民間常用的清涼油，這種土製藥方為其他地方所沒有，只有法茂人知道如何配製。

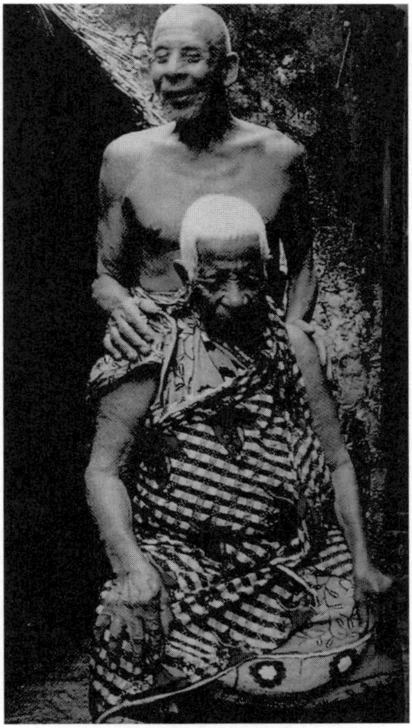

肯尼爾法茂族人

在拉穆鎮，飯店的牆上掛滿了中國瓷盤，原來在這裏有收藏中國瓷器的風俗。在拉穆的幾個古老的博物館中，壁櫥裏都陳列著在附近海域打撈上來的大量中國瓷器。肯亞沿海地區陸續發現了許多中國古瓷遺址，拉穆地區是最重要的一個。那裏曾出土中國九至十世紀的瓷器，是迄今整個東非海岸發現的最早的中國瓷器。近幾年來，當地漁民多次從該海域打撈上來完好的古瓷器和陶罐，有些上面刻有漢字，有些印有龍的圖案。拉穆鎮低矮的墓牆，頗似中國人的墓碑，而他們有著相同的特點，都曾用中國瓷器做裝飾。拉穆有一個叫法基伊的人，他的家族可以說是「杏林」世家，祖輩、父輩都是醫生，他們的醫術是祖傳的，他的祖父、父親和叔父以及他們兄弟都是從家人那裏學的中醫。在拉穆，也有人在打「麻將」。他們手中的牌與中國麻將相似，只是簡易一些。牌是骨頭做成的，白色，長方體，因較薄而不能立放，牌面上僅有「筒」而無「條」，還有「萬」和「風」之類。牌雖簡易，但在玩法上，卻與中國麻將大同小異。這大概也是當年鄭和船隊的水手們將這種中國民間的娛樂方式其傳給了異域之民。

肯尼爾法茂族人的墳墓

在巴狄島和巴莫島，研究人員發現，當地的手藝人會編一種籃子，手法與中國華南地區類似，而這種手藝在肯亞內地並不存在。巴狄島的鼓，與中國的鼓也類似。當地方言裏有一些字，也可能來自中文。較令人驚愕的是，一五六九年葡萄牙教士蒙克拉洛寫道，巴狄島的造船業十分發達，在肯亞這是絕無僅有的。有資料說，巴狄島上的居民曾經長期養蠶織絲，而這種技術很可能源於中國水手，五十年前因為手藝失傳絲織業在當地消失。

拉穆鎮還盛傳著一個東非的「中國女孩」的故事，她叫瑪卡·夏瑞福。她出生在肯亞拉穆鎮帕泰島一個偏遠的小村莊。從小姥姥就說她是中國船員的後裔，她的皮膚不像別的非洲人那麼黑，嘴也不那麼突出，臉部有許多亞洲人的特徵，非常漂亮。她家的傳家之寶就是中國古碗，這碗是一代代傳下來的，現在僅存一個，是由她姥姥傳給她媽媽的，這只古碗就成了他們是中國人後裔的見證之一。在二〇〇五年七月中國紀念鄭和下西洋六百周年之際，夏瑞福接受邀請來到中國南京尋根，受到了熱情的接待，她還得到了由中國政府的特別資助在中國讀大學的機會。

現在儘管沒有任何文字記載或直接物證來證明肯亞沿海拉穆群島上的那些居民的祖先是中國人，但他們的一些體貌特徵和生活習慣卻與中國人非常相似。究竟他們是些什麼人，這個謎團有待我們進一步去解開。

5 西國之寶——玻璃

玻璃通常是指熔融、冷卻、固化的矽酸鹽化合物，有冷卻的液體之稱。中國古代稱玻璃為「琉琳」、「流離」、「琉璃」、「頗黎」之稱。中國從春秋時期開始，琉璃就進入了人們的生活。安徽屯溪的西周墓以及湖南韶山春秋戰國墓中均出土了一些玻璃器，玻璃碗、玻璃帶勾、玻璃印章等器皿在漢墓中更是屢見不鮮，以後歷代的玻璃器都有大量出土。由於古代人們沒有完全掌握玻璃製造技術且易碎難以保存，玻璃一直是顯貴和奢侈的代名詞，基本上脫離了普通人的生活，在宋元以前它的價值是凌駕於寶石、金銀之上的。

經專家對大量出土玻璃的鑒定，中國造的「鉛鋇玻璃」與西方的「鈉鈣玻璃」屬於兩個不同的玻璃系統。中國古代的玻璃鉛鋇含量高，雖然絢麗多彩，但易碎、透明度差，只適合製作各種裝飾品、禮器和隨葬品。而西方的「鈉鈣玻璃」耐溫性能好，更結實，更耐用，式樣也更豐富，其用途和生產量都遠大於中國玻璃。在唐朝及唐朝前，人們眼中的精美的玻璃出產在遙遠的地方，其中特別提到波斯和大食出產「琉離」，並作為寶物朝獻到中國。由於絲綢之路的存在，外來玻璃源源不斷地輸入中國。

大約四千年前，埃及人先找到了製作玻璃的配方，巴比倫人發明了用吹管製出各種玻璃容器，古羅馬已能製造出彩色玻璃。一九八七年，在洛陽一座東漢墓葬中出土了一件纏絲玻璃瓶。外形類似現代化學實驗室用的燒瓶，平底，長頸，口沿外展後折成平唇。玻璃瓶瓶身為圓錐形，瓶高十三．六釐米，口徑三．七釐米。該瓶綠色透明，外纏白絲作為裝飾。據考證這件玻璃瓶是採用吹製法成形的，這種方法最早出現在西元前一世紀中葉的羅馬帝國的地中海東岸，而這件玻璃瓶就產自地中海沿岸，是通過絲綢之路輸入中國的。

魏晉南北朝至唐朝時期的進口玻璃器主要是來自薩珊波斯。薩珊王朝時期是伊朗高原玻璃業最為興旺發達的時期，薩珊玻璃工藝不僅繼承了羅馬工藝的特點，還發展了獨特的冷加工磨琢工藝。

一九八三年，寧夏固原發掘的北周李賢夫婦墓出土了一件薩珊玻璃碗，其口徑為九．五釐米，高八釐米，腹深六．八釐米。碗外壁有突起的圓圈圖案兩圈，上圈八個，下圈六個，上下錯位，這是在玻璃器冷卻成形以後，用砂輪磨琢出來的凹球面，從而形成了一個個小凹透鏡，折射出玻璃的晶瑩光澤。這件玻璃碗的顏色較淺，透明度好，口沿有水平磨痕，為有模吹製成形，堪稱古代玻璃器的精品。

自唐朝以來，中國與伊斯蘭世界關係頗為密切，唐、宋及遼都曾進口了大量的伊斯蘭玻璃器。伊斯蘭玻璃在工藝和器形上直接繼承了羅馬和薩珊玻璃的傳統，到九世紀開始形成自己獨特的風格。一九八七年，陝西法門寺唐代地宮中出土了六件刻紋玻璃盤，最小的高二釐米，口徑十五釐米，最大的高二．三釐米，口徑二十．三釐米。這些玻璃盤為深藍色，透明，侈口，有的圓唇，有的平唇。盤的內底刻有不同的花紋，為冷加工裝飾工藝。即在冷卻的玻璃盤上用帶有鑽石的刻刀刻畫而成。六件玻璃盤的主題紋樣均為以植物的枝、葉、花和幾何圖形構成的圖案，有葡萄葉紋、枝條紋、繩索紋，幾何圖案有菱形紋、十字紋、三角紋、正弦紋等，其中有二件在刻紋上描金，使玻璃盤更加華麗奪目。

一九八六年，內蒙古奈曼旗遼代陳國公主、駙馬合葬墓中出土了一批玻璃器，其中的刻花玻璃瓶和乳釘紋玻璃瓶堪稱代表作。這件刻花玻璃瓶高二十五．二釐米，底徑九．八釐米，無色透明，口沿寬折，細長頸，折

玻璃器

肩，腹部為圓筒形，平底，頸部和腹部都磨刻有幾何形花紋。乳釘紋玻璃瓶高十七釐米，口徑六釐米，底徑八．八釐米，無色透明，侈口長頸，呈漏斗形，鼓腹，喇叭狀高圈足，腹部裝飾有五排小乳釘紋，玻璃瓶的花式鏤空把手完全是用玻璃條堆砌起來的。到目前為止，幾乎所有能反映伊斯蘭玻璃工藝成就的代表作都在中國發現了。

詩人陸游「玻璃江水深千尺」、「玻璃春滿琉璃燈」的詩句，是玻璃一詞在中國的最早出現。但對最早傳入中國的古羅馬的彩色玻璃，中國人稱之為琉璃。琉璃在秦漢文獻中已有多處記載，如秦始皇地宮有琉璃魚、龜，趙飛燕琉璃硯匣每日隨身等。但此時的人們不知道琉璃乃人造之物，並非天然寶藏，因而魏晉時，西域琉璃成為人們追求攀比、展現奢華的寶物。直到東晉，煉丹家葛洪才發現了這個隱藏四百多年的琉璃的奧秘，原來人們視為寶物的琉璃只不過是由五種灰燼燒造而成的。北朝時中國出現琉璃作坊，但製造方法不久就失傳了。

宋元時雖能生產玻璃，但不能耐寒暑，遇沸水易裂，不能與舶來品的品質相匹敵。明代玻璃的生產亦無多大進展。

江蘇徐州北洞山漢墓是中國目前發現的規模巨大、墓室最多、結構最複雜的大型漢墓之一，於一九八六年由徐州博物館和南京大學歷史系考古專業師生共同發掘。在墓中發現的這批玻璃產品包

玻璃器

括十六只玻璃杯，一件玻璃獸和三塊藍色小玻璃，大約在西元前一七五年至西元前一二八年間被埋入地下。國家文物局考古專家組經過多年的潛心研究，指出這批玻璃杯是迄今已知年代最早、發現數量最多的中國自製玻璃容器。

近代初期，德國人發明大型熔爐使玻璃生產跨出家庭作坊的狹小範圍，法國工匠又將平板玻璃試製成功，從而使玻璃又列入建築材料的行列。明末，西方製造玻璃的技術也隨著耶穌會士來華，被介紹到中國。到清朝康熙三十五年（一六九六年）時，北京設內宮玻璃作坊，所有匠役長全為西人。廣州十三行進口的玻璃製品更是舉不勝舉。這時已能生產透明玻璃和顏色多達十五種以上的單色不透明玻璃。近代中國影響最大的莫過於平板玻璃在民居上的運用。咸豐年間上海的外國租界「華堂大廈、茶樓酒室無不以玻璃為窗牖」，中國人稱之為「玻璃世界」，足見玻璃在建築上的廣泛應用。隨後，中國人的居室也裝上了玻璃，「放大光明，從此可作蠅頭小字矣」，住慣了貼窗紙的屋子，乍換上玻璃窗，難免有點不習慣，以至於許多人家「夜間每扇玻璃窗，都要用方形雕木的紙窗安在外面，叫做上窗戶」。

中國喜愛玻璃，但近代中國的玻璃生產卻艱難曲折。一八八二年八月四日中國商人在上海楊樹浦開辦中國首家近代化的玻璃工廠，但僅兩年就宣告倒閉，洋人盤進廠房，改作釀酒廠。後來多是洋人在中國設廠生產玻璃。直到二十世紀初，張謇等集資八十三萬購進大片沙地，創辦「耀徐玻璃廠」。「耀徐」在清末以日產平板玻璃七千塊的業績，居中國民族玻璃工業之首。一戰期間，德國佔領了中國進口玻璃的主要來源地比利時，那裏的世界著名玻璃廠被摧毀。中國的玻璃被迫全改為本國生產，結果一戰期間中國的玻璃業有了飛速發展，企業增加到七百七十餘家，傳統玻璃業中心——山東博山日產達五百多箱。但這些玻璃廠大都為作坊，沒有實行機械化，在西方十九世紀末已經機械化生產且研製出光學玻璃時，中國不僅在生產設備，而且在製造技術上仍遠遠落後於西方。

第二章
西學東漸

1 最早用望遠鏡測天的中國皇帝

望遠鏡是十七世紀發明的最重要的科學儀器。它發明不久後，便由傳教士帶到了中國。崇禎帝成為中國歷史上最先用望遠鏡觀測天象的中國皇帝。

一般認為，望遠鏡的發明者是荷蘭米德堡的眼鏡商漢斯．利伯希。一六〇〇年幾個孩子在漢斯的店裏玩耍已做好的鏡片，他們偶然發現透過兩片疊在一起的鏡片，遠處教堂的風標居然被放大了許多。漢斯便根據孩子們的發現，製造了世界上第一架單筒望遠鏡，被稱為「荷蘭柱」。最初「荷蘭柱」只是貴族手中的玩具，後來便有人將它用於軍事以瞭望敵軍的陣地。義大利人伽利略製造出了可放大三十倍的高效望遠鏡。一六八八年牛頓又發明了上第一架反射式望遠鏡，它只有六英尺長，但物像清晰。望遠鏡愈益完善。

明萬曆四十三年（一六一五年），耶穌會傳教士陽馬諾最早向中國人介紹了望遠鏡的巧妙。中國的第一架望遠鏡是一六二六年由德國傳教士湯若望帶來的，他還和李祖白兩人共同翻譯了《遠鏡說》一書，把西方望遠鏡的製作使用方法介紹到中國。《遠鏡說》也標誌著「西方光學輸入中國的開始」。

望遠鏡傳入中國，立刻引起了「好奇訪異」者的興趣。但首先重視它的是天文官，頗稱讚其精妙。大學士徐光啟於崇禎二年一六二八年奏請，裝配三架望遠鏡用來測天，並獲得崇禎帝的准許。崇禎七年（一六三四年），由湯若望監製的望遠鏡大功告成，崇禎帝接「曆局」奏摺，隨即派太監前去驗看新製望遠鏡，然後又命令湯若望在宮中「築台」陳列。一切安排就緒，崇禎帝親臨觀看望遠鏡，看後崇禎帝萬分欣喜。崇禎帝成為最早用望遠鏡測天的中國皇帝。到了清代，帝王對望遠鏡的興趣依然很大。熱心科學的康熙帝，曾帶領諸王子，用望遠鏡觀看過日食。一七七三年十二月二十六日義大利畫家潘廷璋、法國機械師李俊賢獻給乾隆帝大小西洋奇器二十五件，乾隆帝最感興趣的則是一架用新法製作的短筒望遠鏡。

望遠鏡不僅宮廷天文學家使用，民間也有人用它觀測天象。明末清初人揭暄是中國最早用望遠鏡進行月面觀察的人，他還為後人留下了中國最早的月面圖。民間較早獨立製造望遠鏡，見諸記載的是明末蘇州人孫雲球。據康熙《吳縣誌》載，登上虎丘用孫雲球自製的「千里鏡」試看，「遠見城中樓臺、塔院、若接几席，天平、靈岩、穹窿諸峰，峻贈蒼翠，萬象畢見。」

望遠鏡不僅用來測天，它還用於軍事。中國最早將望遠鏡用於軍事的則是明末蘇州人薄珏。崇禎四年一六三一年薄珏為中丞張國維造炮，「每置一炮，即設千里鏡，以偵賊之遠近」。薄珏創造性地把望遠鏡放置在自製的火炮上提高了射擊精準度。在明清的交戰中，望遠鏡發揮了巨大的功用。

望遠鏡在還用來滿足中國人對西洋器具的好奇心，以至收藏望遠鏡的風氣直到清末仍很盛行。清康乾時期的宮廷畫師郎世寧所繪香妃戎裝像上，頂盔貫甲的香妃就令人矚目地握著一具單筒望遠鏡。清代著名戲曲家李漁的擬話本短篇小說集《十二樓》中的《夏宜樓》說的就是秀才翟吉人藉助望遠鏡窺視閨閣隱秘、成就一段美滿姻緣的故事。曾國藩女兒曾紀芬年譜就有她從小在家中玩望遠鏡的記載。清朝每架望遠鏡徵關稅銀四兩，清代進口風琴、銀規矩等都要先折成望遠鏡再徵稅。可見望遠鏡進口數量很多，它在中國已很流行。

2 馬戛爾尼的「貢品」

一七九二年九月，英國政府派遣馬戛爾尼使團一行七百餘人，乘海軍艦隻「獅子」號，自英國普茨茅斯港啟程訪華。經過近十個月的航行，一七九三年（乾隆五十八年）七月到達天津大沽口，隨後進入北京，並前往熱河向乾隆祝壽。使團的規模與禮品之豐厚表明了英王的重視程度，在中國引起了較大迴響。英國使團的使命是「交使通商」，乾隆帝卻以為是來向他進貢祝壽的，旨稱英使為「貢使」、禮品為「貢品」，並在其車船上插著「英國特使進貢」的旗子。

馬戛爾尼的「貢品」引起了朝野上下的轟動。當乾隆帝得知「貢品」體積過大，長途跋涉可能會損壞時，特頒旨允許英國使團從天津赴京，並備小船以運「貢品」，批准「貢品」在正大光明殿及長春園等處陳設，還命學習安裝、拆卸和修理技術。乾隆帝從熱河返京後，認真、仔細地參觀了英國「貢品」。其中他對英國軍艦模型頗感興趣，當場詢問英國工匠有關軍艦零件和英國造船業的問題。「許多人前往參觀，其中有皇帝的三個孫子，他們看了之後非常讚賞。」

據清朝檔案記載，「貢品」包含下面十九件：第一件，天體運行儀和望遠鏡。天體運行儀可以清楚地演示太陽、地球、月亮及其他星辰的運轉，望遠鏡較普通望遠鏡能夠看得更遠、更清楚，據稱由牛頓發明，赫哲兒改進。第二件，座鐘一架，亦稱「地理運轉全架」。第三件，天體儀，即所謂的「天球全圖」。第四件，地球儀，即「地球全圖」。第五件，雜樣器具，共十一盒，是確定時間的儀器。第六件，試探氣球架一座，是預報氣象的儀器。第七件，巧架子一個，增加人的力量的儀器。第八件，奇巧椅子一對，是一種能隨意轉動的椅子。第九件，火鏡，其熱度能將難融化的白金很快融為液體。第十件，各種圖片和畫像，反映英國的風土人情及文化藝術風貌。第十一件，玻璃鑲金彩燈一對，可以讓強光射到較遠的地方。第十二件，金線毯若干，用於布置房間。第十三件，大毯若干，用於宮殿鋪設。第十四件，黃色馬鞍一對，特為乾隆帝製作。第十七件，車兩輛，為乾隆帝冬夏所乘坐。第十六件，毛瑟槍、連珠槍和利劍等武器，槍極易擊中目標，而劍則削鐵如泥。第十七件，銅炮、榴彈炮數門。第十八件，英國軍艦模型，是當時英國第一快捷戰艦「皇家元首」號的模型。第十九件，哆囉呢、羽紗、洋布等羊毛和棉織品以及鋼鐵製品。

這些「貢品」總價值達一．三萬英鎊，裝成六百箱，儼然英國工業產品的展覽會，反映了英國的科學技術和工業生產水準。為了使使團目標實現——與中國建立正式關係、打開中國大門壟斷對華貿易，英國國務大臣鄧達司令馬戛爾尼精選「貢品」和隨行人員，不少精通科學技術的專家和工匠隨行。在英王喬治三世給馬戛爾尼的授權書裏，不僅有自主做出讓步決定的權力，而且還有必要時同意禁止東印度公司把鴉片輸往中國的英王允諾，以符合中國的鴉片禁令，以謀求中國開放內地市場。

乾隆帝會見了馬戛爾尼，向英王回贈玉如意和親筆翰墨，對大使也贈送了御書手卷和玉如意，還為英王準備了瓷器、漆器、錦緞紗羅、玉器和茶葉、香藥、乾果等禮物。然而，英國的「貢品」在中國曇花一現，沒有得到重視和認真研究。乾隆帝認為「至爾國所貢之物，天朝原亦有之……庶該使臣等不敢居奇自炫」。馬戛爾尼請富康安檢閱英國炮隊演習歐洲新式火器操作，富康安竟傲慢地說：「看亦可，不看亦可。這火器操法，諒來沒有什麼稀罕！」和珅對馬戛爾尼誇耀氣球可載人升天也默然。英法焚燒圓明園時，看見了這些「貢品」仍完整無損地堆積著。

但雙方的禮儀之爭徹底阻斷了這次交流，清廷遂限期逐其出國門。在避暑山莊澹泊敬誠殿的萬壽慶典上，清朝要求馬戛爾尼行三跪九叩禮——「一到殿廷齊膝地，天威能使萬心降。」下跪表示英國的「歸降」，馬戛爾尼只同意行單膝跪禮。馬戛爾尼遞交了英王用英、法兩種文字書寫的表文，要求英國派代表常駐北京，允許英國商船在珠山（今舟山）、寧波、天津等處經商，允許英國商人在北京設一個買賣貨物的洋行，並在珠山、廣州附近劃一個小島讓英國商人存放貨物等。乾隆向英王發出回書，對上述要求，逐條批駁，斷然拒絕。這標誌著馬戛爾尼使團訪華的失敗。

馬戛爾尼使華是中英關係史上的一件大事，也是中西交流的重要篇章。然而，中國喪失了一次了解西方特別是英國的大好機會。馬戛爾尼卻通過與滿清官員的接觸得出結論：「清王朝已經腐敗衰弱，不堪一擊。」稱之為「破爛不堪的頭等戰艦」，他提議英王注意清王朝的垮臺，以便「比任何其他國家得到更多的好處」。一八一六年，英王又派阿美士德使團來華，以繼續馬戛爾尼未完成的使命。結果在跪拜禮問題上又僵持住了，這回清廷乾脆連對話也不考慮，直接把他們遣送出境。

3 明末清初西洋曆法取代中國舊曆

大明崇禎帝可謂開眼看世界的第一位中國帝王，在他執政的十七年中，他曾重用西學領袖徐光啟，修訂《崇禎曆書》。

西方天文學知識最早是通過來華傳教士利瑪竇傳到中國的，而中西天文學交流的最重要的成果是《崇禎曆書》的編纂。它引進地圓學說、經緯度概念，使中國的天文學體系發生了根本的變化，由傳統的代數學體系轉變為歐洲古典的幾何學體系，從而使中國天文學納入了世界天文學共同發展的軌道。在此基礎上，一六四五年頒行了《崇禎曆書》，西洋曆法第一次取代中國舊曆。

中國的天文曆算歷史悠久、成就輝煌，世界上關於哈雷彗星、流星雨、星雲、日食和月食等的最早記錄均出自中國。歷代統治者都很重視曆法的制定。但從明初到萬曆年間的二百年內，由於明朝統治者控制天文曆法的嚴格和保守，天文學的發展幾乎處於停滯狀態。「大統曆」的預報與實際天象不符的事實時有發生，誤差越來越大。

在這種情況下，來華耶穌會士利瑪竇首先將歐洲的天文學傳入中國。利瑪竇入華後，把傳播西方科技作為傳教的重要手段，畢生為西方科協技術輸華努力不懈。他不僅在傳教中向中國介紹西方天文曆法知識，還自製天球儀、地球儀等天文儀器，形象具體地傳播天文學，在中

利瑪竇畫像

國知識界引起了很大轟動。利瑪竇還招收中國學者瞿太素、張養默等為學生，教授他們天文曆法知識和製作天文儀器的技能。利瑪竇廣泛與中國士大夫交好，其中以徐光啟、李之藻和周子愚最為著稱。

利瑪竇傳播天文學的更為有效的途徑是和中國學者合作翻譯有關歐洲天文學的書籍。利瑪竇口授，李之藻筆述，完成了《圓容校義》和《渾蓋通憲圖說》兩部著作。他於一六〇五年著《乾坤體義》一書，介紹亞里斯多德—托勒密體系。此書分上中下三卷，並繪有圖表，詳盡介紹了日、地、月三球大小及距離等，是西方天文學傳入中國的第一部書。利瑪竇的活動開啟了西方天文曆算在中國的傳播。

一六二九年六月二十一日，發生日食。徐光啟據西洋曆法預測結果與實際相符，而大統曆的預測時間提早半小時又遲半小時結束。此時的崇禎帝也認識到不用西洋立法就難以糾正「大統曆」的差誤，於是下令設立曆局，批准徐光啟採用西洋曆法修撰新曆。同年十一月曆局成立，由徐光啟負責，李之藻協助。中國天文學史上首次採用西洋曆法來修正中國曆法的工程開始了。這便是《崇禎曆書》的編纂。

《幾何原本》內利瑪竇(左)和徐光啟畫像

徐光啟制定了具體的實施步驟。首先，全面將西方天文學知識引入修曆工程。曆書的編纂分成節次六目、基本五目，前者是關於曆法的，後者是關於天文學理論、天文數學、天文儀器的，幾乎涵蓋了天文曆法的所有重要知識。其次，曆局的組成人員嚴格篩選。他還聘請傳教士龍華民、鄧玉函、湯若望和羅雅谷四人參與曆局工作。修曆也培養了不少懂得西洋曆法的人才。

正當修曆即將完成之際，徐光啟積勞成疾病逝，李天經繼任曆局工作。到一六三四年（崇禎七年）十二月《崇禎曆書》編修完畢，共一百三十七卷。《崇禎曆書》採用丹麥天文學家布拉赫的宇宙體系，以幾何學的計算代替了中國傳統曆法的以內插法和經驗公正的代數學計算系統，並介紹了球面、平面三角學和黃道坐標系。它還引進了明確的地圓思想，開始第一次實測全國各地的經度。中國天文學重獲新生，走上了與世界天文學發展同步的軌道。

一六四三年《崇禎曆書》頒行，但未來得及推行明朝就覆亡。《崇禎曆書》的真正施行是在清代。得到清政府信任的湯若望，對《崇禎曆書》進行了整理和壓縮，更名為《西洋新法曆書》。一六四五年攝政王多爾袞將《西洋新法曆書》定名為時憲曆，予以頒行，並一直沿用到清末。時憲曆的頒行，是中國歷史上第一次採用西洋天文學並按中國民用曆體例變成的曆法。西洋曆法取代舊曆，這是中國歷史上的一次大變革。

4 中國最早的世界地圖與西方輿地知識的傳播

利瑪竇初入華時，帶來一幅《萬國輿圖》掛在臥室。這是中國境內出現的第一幅世界地圖。該圖乃奧代理烏斯所製，他的《地球大觀》，標誌著歐洲地圖學進入近代階段。肇慶知府王泮見到《萬國輿圖》後十分喜愛，於是請利瑪竇將地圖譯成中文，利瑪竇欣然答應。

利瑪竇在福建秀才司賓（他是利瑪竇入華後的第一位漢語老師兼翻譯）的協助下，將原地圖重新描繪，並附有中文注釋，以說明地球情況。此圖完成後定名為《山海輿全圖》，比原尺寸稍大。此圖由王泮於一五八四年（萬曆十二年）刊刻。這是耶穌會士入華後繪製的第一副世界地圖，是中國歷史上最早的中文世界地圖，也是西方地理學和地圖學傳入中國的開始。

《山海輿全圖》受到普遍關注，又重繪和修訂過多次。自萬曆十二年到三十六年，繪版達十二次，平均每兩年一次。其中，一六〇二年，李之藻重新圖的內容更為充實，刻印也十分精美，並改名為刻《山海輿全圖》，使水準大大提高。經改訂修補，《坤輿萬國全圖》。該圖高七尺，寬三尺，分為六幅，成一屏風狀，可展可合。

這幅最早的中文世界地圖《山海輿全圖》對明末士大夫的影響和震撼極大。利瑪竇在其繪製的世界地圖中，將十六世紀地理大發現的成果引入，把世界分為五大洲，每一洲又有若干個國家，僅歐洲就有三十餘國。而中國傳統的地理觀念是以中國為整個世界的中心，這不能不引起世人的震驚。但五大洲之說從此進入中國，使中國人開了眼界。《山海輿全圖》還

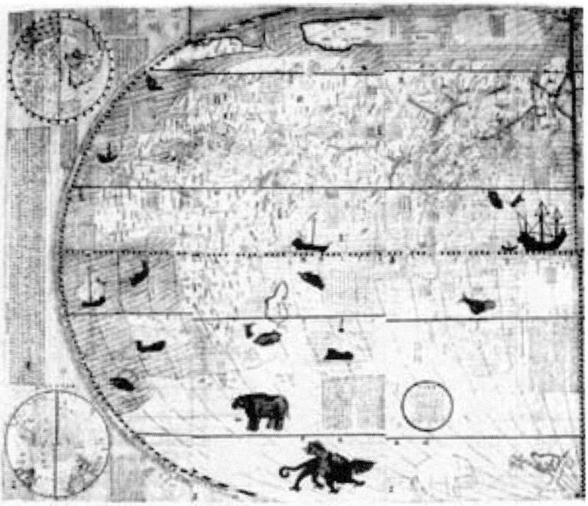

《坤輿萬國全圖》局部

給中國傳入了西方經緯度製圖法。經緯線作用、意義和實地測得經緯度值得公開宣示，擴大了中國人的視野，促進了中國傳統製圖學向現代地圖學的發展。此外，利瑪竇在《山海輿全圖》中，對洲名、海名、地名及其他專有名詞，進行了認真、準確的翻譯，許多中文譯名一直沿用至今，這就為中國地理學的發展及地理知識的普及提供了便利條件。

隨著中文世界地圖的出現，介紹西方輿地知識的著作開始出現。一五九五年，利瑪竇在南昌首先把有關世界地圖的說明、注釋輯錄成冊，成《萬國圖志》一書。它是中國第一部世界地理著作。介紹西方地理知識的另一重要著作是義大利傳教士艾儒略撰寫的《職方外紀》。該書知識詳盡，不僅有世界地圖，各大洲也附有洲圖，不僅有總論而且有各論。

西方輿地知識開始在中國傳播開來，中國的地圖學也取得了驚人的進步。一七〇八年，康熙帝任用了白晉、雷孝思等一批傳教士，用九年時間繪製了《皇輿全覽圖》（全國地圖）。此圖採用以地圓學說為基礎的經緯圖法和梯形投影法，用一：四〇〇〇〇〇的比例，縱橫數丈，全副有三十二圖組成。這是中國地圖學史上的一個創舉。

《山海輿全圖》失傳已久、被稱為「古四珍」的四張最早出版的中文世界地圖之一，最近由國內專家根據明朝章潢編撰的《圖書編》裏面的一張《山海輿地全圖》的插圖複製成功。「古四珍」中最具價值的當屬《山海輿地全圖》，它基本描繪出了現今世界的地理格局，在一個龐然世界中中國被繪在不顯眼的角落，看起來也不是很大，與新版世界地圖的中國位置驚人地相似。只是後來為迎合中國人的心理，利瑪竇在繪製後來的地圖時便把本初子午線進行了投影轉移，將中國繪在正中央。

5 中國的第一架鋼琴

一五七九年七月二十日，耶穌會士羅明堅到達澳門，一直到一五八二年六月他去肇慶前，羅明堅一直住在澳門，「在他的會所，還陳列著許多別樣的新奇物品，例如聲調悠揚的新樂器」。這是史書中關於西方樂器在中國的最早記錄。體積龐大的鋼琴，與中國樂器的小巧精緻形成鮮明對比，乃正宗的西洋樂器。它最早登陸中國是在一六〇一年（萬曆二十九年），是利瑪竇到北京晉見萬曆皇帝時所獻的貢品。

鋼琴的前身是古鋼琴和羽管鍵琴。據文獻記載，最早的古鋼琴叫克拉維卡，這種琴的創製年代大約在十二世紀到十四世紀之間，在歐洲被使用。它的外形像是長方形，木箱上加了一些鍵子，有的還加上四條腿。現代鋼琴的發明者是義大利人克利斯托弗利。他原是一位羽管鍵琴製造者，有著豐富的造琴經驗，在總結了羽管鍵琴的優缺點後，於一七〇九年，羽管鍵琴上安裝了用槌擊弦的鍵盤機械，奠定了現代鋼琴的基礎。

利瑪竇是義大利傳教士，他在傳教的過程中利用西方先進的科技產品吸引中國士大夫階層的注意。由此，許多人慕名前來，與他討論學術。利瑪竇堅信，要想使中國人皈依天主教，就必須設法使中國的最高統治者——皇帝成為教徒，然後利用皇帝的權威去影響他的子民。要實現向皇帝傳教的理想，他必須要見到皇帝，而在當時，進獻貢品幾乎是洋人接近皇帝的唯一途徑。

一六〇一年，也就是明朝萬曆二十九年，利瑪竇成為第一個進入紫禁城的西方人。在他所呈現的貢品中有一架歐洲的「古翼琴」，又稱鐵弦琴、雅琴、西琴和七十二弦琴等。這種琴「縱三尺，橫五尺，藏櫝中，弦七十二，以金銀或煉鐵為之。弦各有柱，端通於外，鼓其端而自應之」。「柱」即指鋼琴上的鍵盤，柱端排列在木櫃之外，按一柱，發一音。這就是演奏樂器——鋼琴，儘管其結構功能還不像現在這樣完備。利瑪竇甚至還帶來一位具有精湛技藝的龐迪我神父，讓他給萬曆皇帝演奏。萬曆皇帝對此十分感興趣，便命四名太監向利瑪竇、龐迪我學習彈奏方法。經過一個多月的學習，太監們已會彈一曲，頗為優雅悅耳。皇上十分好奇地說：「其奏必有本國之曲，願聞知。」利瑪竇應萬曆皇帝的請求，又譯撰《西琴曲意》八章，內容皆為讚揚上帝和宣揚消極思想。但利瑪竇進獻萬曆帝的鋼琴，後因損壞而被打入冷宮。

一六四〇年，在紫禁城的倉庫中，人們發現了這架塵封已久的鋼琴，四十年後，萬曆皇帝的孫子崇禎皇帝再一次得到了這架鋼琴。此時他正面臨內憂外患，也許是為了排解宮中的孤寂，也許是好奇心驅使，崇禎皇帝想聽一聽來自西方的音樂，便命湯若望進行修復。一六二三年進宮的德國傳教士湯若望馬上做出銀質的琴弦，將琴修整一新，並在崇禎皇帝及后妃面前用此琴彈奏樂曲，很得崇禎皇帝的讚揚。為了讓崇禎皇帝在欣賞音樂的同時了解天主教的教義，湯若望又翻譯了聖經中的十篇讚美詩，並親自譜曲進獻給皇帝。同年十一月，湯若望甚至大膽上書，勸化崇禎皇帝皈依天主教。

但利瑪竇所帶來的西洋樂器及西洋音樂，只是為適應其傳教的需要，主要在宮廷流行，社會上的影響不大。到了清代，西方音樂在中國的傳播有了新的發展，影響也相應擴大。

6 西方鐘錶製造技術的傳入

二〇〇四年九月，故宮鐘錶館將館址從保和東廡回遷至修葺一新的奉先殿。奉先殿原為宮內皇帝的家廟，是清朝歷代帝王供奉祭祀祖先的地方。這裏陳列著近二百件造型精美、做工考究的清代宮廷鐘錶，製作年代從十八世紀直到二十世紀初。這些鐘錶不僅反映了這二百年間世界鐘錶發展的歷史，也展現了當時鐘錶製造業的最高水準。當人們在讚歎這些鐘錶的精巧華美的時候，也許不會想到，四百多年前正是鐘錶，成為西方人進入紫禁城的第一塊敲門磚。鐘錶傳入中國後，因能自動報時，被泛稱為自鳴鐘。然而它的傳入對中國社會產生了深遠影響。現在通行的二十四小時制由此引進，中國的鐘錶製造業逐漸形成，並在清代得到了真正的發展。

歐洲機械鐘錶出現在十三世紀以後，但那時還比較笨拙，走時也不夠準，每天的誤差達半小時以上。到十五世紀，家用掛鐘出現。十六世紀時，鐘錶的誤差降至十幾分鐘以內。一五〇〇

銅鍍金寫字人鐘

年至一五一〇年發條取代鐘錘，使時鐘小型化，直徑小於八釐米的懷錶也製造出來。

來華的耶穌會士最早將鐘錶帶入中國。一五八一年，耶穌會士羅明堅進入廣州時，曾送給明朝總兵黃應甲一件機械錶。這是中國的境內最早的鐘錶。一五八二年，利瑪竇又將他從印度帶來的一架歐洲製造的帶有車輪的大鐘，送給兩廣總督陳瑞。傳教士們為了推進在華傳教事業，經常以鐘錶、三稜鏡等歐洲奇器贈送給官員、士大夫。

利瑪竇為實現向皇帝傳教的理想，在他一六〇一年進入紫禁城之前，就獻給萬曆皇帝四十多件貢品，其中包括自鳴鐘、十字架像、聖母像、八音琴，還有兩個玻璃三稜鏡。利馬竇進貢的奏章似乎並沒有引起萬曆皇帝的注意，倒是他的兩架自鳴鐘令皇帝立即沉迷其中。萬曆皇帝召利瑪竇立刻進宮調試鐘錶，好讓他盡快聽到報時的聲音。利瑪竇最終得以進入紫禁城，他與萬曆皇帝的接觸有了一個良好的開端。利瑪竇呈送給萬曆帝的自鳴鐘有大小各一座。其中較大的那座放在一個大鐘盒內，上面雕刻著金龍，是由上千名匠人精心製作的。另一座小鐘，用純金製作，出自宮廷最傑出的匠人之手。這兩座自鳴鐘都用漢字表明時間和撰寫銘文。

為了正常維護使用自鳴鐘，萬曆皇帝還傳旨把利瑪竇留在京城，允許他可以隨時進宮調試鐘錶，並派四名太監向傳教士學習使用和維修自鳴鐘的技術和方法。利瑪竇用中文講授自鳴鐘的結構原理和零部件，用了三天的時間教會了太監們，把鐘調試好。這是第一次把西方機械鐘知識介紹到中國，而且不少機械名詞的翻譯都是首創。後來，王徵學會了製造技術，曾造出類似自鳴鐘的計時器——漏壺，水準接近西方的製造技術。

明末中國的鐘錶業還處於起始階段，其真正發展是在清代。到了康熙年間，鐘錶製造業逐漸興盛。到乾隆時期，鐘錶的觀賞性能被大為強化，鐘錶開始集走時、報時、音樂、活動景觀等多功能於一體，甚至外國進獻的鐘錶也要迎合乾隆的口味。這些鐘錶配有悅耳的音樂，採用齒輪聯動的機械構造，裝飾著人、禽、獸等形象，能夠定時表演，出現了轉花、鳥鳴、水流等眾多景觀。鐘錶已經成為最時髦的寵物。

銅鍍金寫字人鐘是故宮最大的玩具鐘錶，高二百三十一釐米。鐘的底座上安放著一個西洋模樣的機器人，故稱寫字人鐘。上弦後，機器人開始提筆書寫「八方向化，九土來王」八個漢字，橫、豎、撇、捺都有筆鋒，機器人的腦袋也隨著左右擺動。據記載，西洋人寫毛筆字是根據乾隆皇帝的創意改造而成的。這座寫字人鐘是乾隆皇帝的心愛之物，在他退居太上皇之後，曾命人把寫字人鐘搬到自己養老的寧壽宮中，準備隨時欣賞把玩。

自鳴鐘

從康熙開始，皇帝的個人愛好，促進了西洋物品向中國宮廷的流通。但是，這些西方科學藝術的結晶更多的是被當成玩物，並未能縮短中西間的差距。利瑪竇這位西方傳教士，因為鐘錶的緣故，曾進出皇宮十年，卻始終無緣一睹皇帝的真容，更無法向皇帝傳教。

7 西方火器與軍事理論的輸入

火藥，中國古代的四大發明之一，在世界上產生了深遠的影響。十世紀前後，中國便開始試製最初的一批火藥火器，並在世界範圍內最早完成軍用火藥的定型發明，率先開始了火藥在軍事領域的應用。十三世紀發明了新式火器——突火槍，隨之出現火炮，並將之用於戰爭。但火藥化軍事革命並未因為最早發端於中國而在中國率先完成。中國的火藥、火器知識在十四世紀傳到歐洲後，西方的火器很快超過中國，一系列新的性能更好、威力更大的火藥化兵器被研製出來。十六世紀初西方的火器便開始逆向傳入中國。

「佛朗機」炮是傳入中國最早的西方火器。「佛朗機」，是明朝對葡萄牙、西班牙人的稱謂，據說是從東南亞一帶的伊斯蘭教徒口中聽來的，其火炮相應稱為「佛朗機」炮。「佛朗機」炮的初傳發生在明朝正德時期。「白沙巡檢何儒得其制，以銅為之，長五六尺，大者重千餘斤，小者百五十斤，巨腹長頸，以子銃五枚，貯藥置腹中，發及百餘丈，最利水戰。駕以蜈蚣船，所擊輒糜碎。」何儒首先得其製法，並成功製造了這種西洋火器。這種火器比中國舊製火器射程遠、殺傷力大。嘉靖年間開始大規模仿造，以加強北方防禦的力量。其中最大的是，萬曆時陝甘總督葉夢熊所製的大將軍銃（超大型「佛朗機」）重二百五十斤，長六尺，能裝填七斤重的鉛彈和鐵片等物，共計三十斤，「發射時勢如霹靂，可斃人馬數百計」。

真正具有近代意義的乃是「紅夷大炮」的引進。它是由荷蘭、英國等國製造的新式火炮，射程更遠、命中率更高、殺傷力更大，製造精良，附有瞄準器，因「紅夷」稱外國人，輸入中國後，被稱為「紅夷大炮」。這種火器在十七世紀最為先進，形制也基本接近近代火炮。明末在對後金的戰爭中不斷受挫，特別是在薩爾滸之役後，需要比「佛朗機」炮威力更大的火器。李之藻、楊廷筠便派人到澳門與葡萄牙當局接觸，用私人捐款購買了四門「紅夷大炮」，這也是首次購進西洋大炮。隨後，又開始請葡萄牙炮手訓練中國炮兵。「紅夷大炮」在寧遠之役中，使努爾哈赤首次嘗到敗於明軍的滋味。西洋大炮名聲大噪，被天啟皇帝封為「安邊靖虜鎮國大將軍」。

隨著火器的輸入，為適應仿製西洋火器的需要，一些介紹西式火器製造技術和西方軍事理論的著述陸續出現。一六〇三年，趙士禎五卷本的《神器譜》，就是一本介紹西洋銃製造和用法的書，並附圖二百餘幅。他還藏有《海外火攻神器圖說》一書。孫元化編譯《西洋神機》二卷，首論鑄炮，次論制藥，後論命中之理，並繪有圖示十九幅。影響大並較成系統的軍事著作，當屬《則克錄》（則克含攻則必克之意），此書由湯若望口授、安徽寧國人焦勖筆述。一六四三年刻印，分上中下三卷，闡述了各種火器的構造和操作，及各種火攻方式的使用和效果，使中國兵器製造和使用能更好地吸收歐洲的先進成果。

西方火器的傳入及在戰事中的應用，促進了中國軍事技術的改進，為清初統一戰爭和鞏固邊疆起了很好的作用。但中國的火器發展不受重視，直到一八四〇年鴉片戰爭爆發，近代中國火器發展才回升，但始終趕不上火藥化軍事革命前進的步伐。

8 慈禧太后的「老爺車」與中國的第一輛汽車

大清的統治者慈禧太后，雖然愚昧、保守、頑固，但卻與中國的第一輛汽車結下了不解之緣。經專家鑒定，她的「老爺車」是中國進口的第一輛汽車，距今已一百多年了，成為一輛世界罕見的老爺車，受到世人矚目。

慈禧在處理朝政之餘，經常喜歡乘坐她的豪華大轎和馬車去頤和園、西山、八達嶺等景區遊玩。一九〇一年，官拜直隸總督的袁世凱為了討好慈禧，從香港用一萬兩白銀購進一輛由美國人查理斯．依．圖里亞和他的弟弟設計的第二代賓士牌小轎車，作為慈禧六十大壽的貢禮送給了慈禧太后。這便是中國出現的第一輛汽車，它的價值要比現在的十輛新的賓士車還高。

此車設計新穎，工藝精湛，雖乍看上去，其外觀酷似昔日的一輛四輪馬車，但在當時卻是最先進的。它是一輛黑色木質車廂、黃色木質車輪與輻條、銅質車燈、實心輪胎、兩軸四輪的敞開式古典汽車。車廂內設有兩排座位，前排座位是只能坐一人的司機席，後排座位則是乘客席，可以坐兩人。在車廂的上方撐有一頂由四根立柱支起的車篷，車篷的四周綴有黃色的絲穗。「汽車的心臟」——發動機，則被巧妙地裝置在了乘客席座位的下面。經專家考證，這是一台橫置式氣缸、十馬力的汽油發動機。發動機旁的齒輪變速箱將動力傳遞給後軸，最高時速可達十九公里。前懸掛是一橫置鋼板彈簧，後懸掛是兩個普通鋼板彈簧，車廂兩側的翼子板由三合板製成。雖然這輛「老爺車」與當代汽車的長相相差甚遠，但其原理、發動機、懸掛系統、轉向系統、傳動系統已與今日汽車很接近。

慈禧一生享盡富貴，卻從沒有見過這種先進的洋玩意兒，見後心中大悅。可是在她第一次乘坐汽車去頤和園遊覽、汽車剛駛出紫禁城時，她突然發現，原來的馬車夫孫富齡成了現在的汽車司機，他不僅與自己平起平坐，而且還坐在自己的前面！這還了得，有失自己的尊嚴，便立即責令他跪著開車。慈禧的話誰敢不從？司機只好跪著駕駛，但手不能代替腳踩油門和剎車，路上險些釀成驚天大禍。這可嚇壞了當時的王公大臣，他們紛紛下跪乞求慈禧不要冒這個險。無奈，慈禧被人攙扶下車，中途又換上她的十六抬大轎。慈禧就對汽車失去了興趣，寧願坐轎子巡行也不願坐汽車出門，她不能容忍司機坐在她前面開車，認為司機應跪著。因此這輛車被棄置一旁，後來作為皇宮遺物在紫禁城閒置起來。

辛亥革命後，這輛汽車又被從紫禁城移到頤和園至今。慈禧太后的這輛御用、傳世的「老爺車」，在飽經了中國近代歷史的百年滄桑、內憂外患、紛飛戰火之後，卻居然奇蹟般地保存到了今天，這對於中國汽車發展史來說，不能不說是件幸事。而今，這件珍貴的汽車文物——「中國頭號汽車古董」，仍然靜靜地停放在北京頤和園的「德和園」。

有關中國的第一輛汽車，還有另一種說法。一九〇一年，一位名叫李恩時（Leinz）的匈牙利人由海路運入上海兩輛美國製造的「奧茲莫比爾（Oldsmobile）」牌汽車，供在上海租界內的外國人使用。一

中國的第一輛汽車

輛裝有涼棚式車頂，另一輛裝有可以折疊的帆布軟篷。車輪用木頭製作，實心橡膠輪胎。車的前面為駕駛員的單人座位，後面是雙人的乘客座位。一九〇二年一月三十日，上海公共租界工部局開會決定向李恩時的汽車頒發臨時牌照，准許上街行駛，每月繳稅金兩銀元。

9 中國人第一次聽到火車的汽笛聲

光緒二年（一八七六年），中國的第一條鐵路——滬淞鐵路，竣工通車。從上海城內公共租界通到吳淞，全長十四．五公里，中間建有十五座小橋樑，中國人在這裏第一次聽到了火車的汽笛聲。

一八二五年英國人史蒂文生成功設計製造了世界上第一台客貨運蒸汽機車「旅行號」，在英格蘭北部斯多克頓至達林頓鐵路上試運成功，這就是世界上的第一條鐵路。當人們稱之為「汽馬」的火車大吼一聲時，引得那些跑來看熱鬧的人一陣驚慌，放蒸汽時他們又嚇得拉著老人和孩子四下逃竄，以為將要發生可怕的爆炸。他們雖然又鼓足勇氣回到了原來的地方，但是當安全閥被打開後，他們又四下逃走了。經過這位「鐵路之父」的精心改進，在一八二九年曼徹斯特鐵路修成後，火車的速度比原來提高了四倍，引起了世人的關注。十九世紀三〇年代，歐美各國先後興起了修鐵路的熱潮。

鴉片戰爭前，中國人對鐵路就有了一定的了解，鴉片戰爭後許多人有了修築鐵路的夢想，但都遭到清政府拒絕。為了打消清廷對鐵路的疑慮，一八六五年有個英商在北京宣武門試築了一條一公里的鐵路，很快被京師步軍統領拆除。一八七五年英商怡和洋行未經清政府批准，在上海修築了中國第一條鐵路——滬淞鐵路。和英國人相比，中國人第一次聽到火車的汽笛聲要冷靜得多。他們不是感到恐懼，而是人人面帶笑容迎接著走進中國的新事物。當時人們未曾見過火車，也不知其安全與否，但人們卻踴躍試乘，而且乘客中竟然婦女和小孩居多。當他們聽到火車發動的汽笛聲、看到火車逐漸疾駛時，坐車者皆面帶喜色，旁觀者亦皆喝采，注目凝視。當火車駛過農田時，鄉民或有「面對鐵路，停工而呆視也」，或有老婦扶杖而張口涎望者；或有少年倚坐而癡立者，或有弱女子觀之而嘻笑者；「然究未有一人不面帶喜色也」。

滬淞鐵路還只是一條小型鐵路，車軌只有標準軌的一半，主要供人遊覽。行車速度為每小時二十四公里，最高速度可達到每小時四十公里。它在中國首次開始正式經營運輸業務。同年八月三日，小火車壓死了人。清朝政府與經營者協商後達成協議，一八七七年花了二十八．五萬兩白銀買下後拆除。但鐵路的建設是勢不可擋的。一八八〇年，中國正式開始修築鐵路。一八八八年，慈禧太后在西苑也坐上了輕便小火車。一九〇三年，她又坐火車從北京南下謁西陵。為了顯示慈禧的尊貴與至高無上，並討她的歡心，盛宣懷特派道員陶蘭泉臨時改裝了一輛供太后乘坐的花車。花車共分兩輛，第一輛車門後是一道玻璃屏風，旁開一門，大間正中設寶座，地上鋪五色洋毯。車中陳設華麗非凡，古玩、玉器、書法、名畫一應俱全。寶座後有一門通向臥室，首先映入眼簾的是一架橫擺的西洋鐵床。這是經李蓮英格外指點的，因為慈禧這時已吸鴉片成癮，西洋床用席夢思，躺下比較舒服。鐵床又有一門，內設「如意桶」，供慈禧解手之用。桶內下鋪黃沙，上注水銀；水銀瀉地，無孔不入，所以排泄之物一落，即沒入無跡。盛宣懷但為裝飾慈禧這兩節車廂就花費了十四萬兩銀子，令人咋舌！

清末光緒時期所修鐵路較多，有京奉、滬寧、京張、滬杭、津浦等鐵路。但清末火車只白天行駛，民國初于右任擔任交通部次長時，始有夜行列車。民國時期鐵路有了很大的發展，但控制在外國經濟勢力手中的佔相當比重。據一九二九年的統計，中國境內鐵路里程計一萬三千二百二十四・九一公里，而外國勢力控制下的卻有一萬一千六百六十七・三一公里之多。但無論如何，經過幾十年的建設，中國大地上開始形成了鐵路網。

10 喜歡照相的中國人

照相，這一新奇的科技產品，在晚清深受人們的喜愛，人們把照張小相視為時髦，甚至在訂婚過八字時還要附上一張照片。照相業由此很快流行開來。中國人能夠照相，這要歸功於西方攝影法的傳入，特別是「達蓋爾銀版攝影法」的傳入。

「達蓋爾銀版攝影法」是法國人路易・達蓋爾發明的利用銀鹽感光成像的方法。路易・達蓋爾生於一七八七年，是巴黎著名的藝術家和風景畫家。他初以創辦「西洋鏡」而聞名，後對用銀化合化的化學方法來記錄攝影發生了興趣。他用銀鹽做實驗，到一八三七年已掌握了一套完整的操作方法，能拍攝出細緻的灰白色的影像。一八三九年八月法國政府正式向世界宣布了他的發明，並定名為「達蓋爾氏攝影法」，通告各國不實行專利，可自由使用。一八四〇年，美國人率先在紐約創辦地球上第一家照相館，此後五年攝影術傳遍歐美各大城市。

一八四二年《南京條約》的簽訂使中國被迫開放通商口岸，外國傳教士和商人接踵而來，達蓋爾攝影術隨之傳入中國。攝影大師朗靜山珍藏著一幀攝於一八四四年的《石牌坊》，它是法國人在中國沿海的船上拍的，是目前所知中國境內拍攝的第一張照片，彌足珍貴。一八四四年法國攝影師勒·埃爾來華參加中法《黃埔條約》的談判。他不僅在廣州、香港、澳門拍了許多風景照片，還為參加談判的兩廣總督、五口通商大臣耆英拍了照片。與他同行的傳教士南格祿則攜帶照相器材去了上海。攝影術傳入中國。

「照相技術發明之後，即迅速輸入中國，惟得風氣之先者，倒不是達官貴人、縉紳先生，而實多市井小民。」中國沿海城市迅速出現了一批照相館和以照相業為生的人。例如中國最早擁有照相機的正是潮州小民、做番語通事的林鍼。到十九世紀末二十世紀初，上海照相業出現了「四大天王」，

《慈禧》裕勳齡1903年攝

即施德之開設的耀華照相館、廣東人歐陽石芝開設的寶記照相館、張桂生開設的保錩照相館和致真照相館。第二次鴉片戰爭後，攝影術業傳到北方，一八九二年北京出現了第一家照相館。最初底層平民中拍照最多的是青樓藝妓，以饋贈客人，招攬生意。但到十九世紀末時，中國各大城市和旅遊點都出現了照相館或攝影師，照相成為一種時尚。

在「達蓋爾銀版攝影法」傳入中國的同時，世界流行的攝影方法已有明顯改進，出現了卡羅法、錫版法、濕版法、乾法攝影等，這些也都逐漸傳入中國。乾法攝影不用自己製作底片，一般人也能學會。但最初乾法攝影是在屋頂嵌有玻璃的日光房中拍攝的，曝光仍然需要二至六秒。有的攝影師為了被攝者姿勢穩定，先連數二十個數字，然後拍一下木鈑，揭開鏡頭蓋時還要大喝一聲。據說「拍照」這個詞就是因拍木板而來。照相師的吆喝常使孩子受驚，回家萬一生病，迷信的人就以為是照相機吸走了孩子的靈魂，他們會去照相館為孩子叫魂，這在上海稱為「叫喜」。拍照既能攝魂，也能掃除人身上的晦氣。大年三十的晚上，拍照的人最多，通宵達旦，而且拍前就聲明，只拍晦氣，不取照片。

雖然市井小民開風氣之先，但王公大臣對它也不排斥。據說道光帝和林則徐都有照過照片。自光緒年間乾版攝影法流行後，清宮攝影漸漸多了起來，其中留下照片最多的是晚年的慈禧。給慈禧拍照的是中國駐法大使容庚之子裕勳齡，他是清朝最早的攝影師，還有個叫梁時泰的也常進宮拍照。一八七九年美國前總統格蘭特訪華，曾和李鴻章合影，攝影師就是梁時泰。有意思的是，光緒十四年（一九〇八年）北京舉行光緒和慈禧葬禮時，端方因答應天津鼎章照相館沿途拍照，後來被隆裕太后發現，以「妨害風水，破壞靈道，偷照御容，故意褻瀆」罪革去了直隸總督之職，以致後來的端方都忌諱照相了！

11 電影是怎樣傳入中國的

一八九五年十二月二十八日，法國的盧米埃爾兄弟在巴黎卡皮辛大街首次放映電影，人們將這一天定為電影的誕生日。一八九六年電影就傳入到中國。最早來中國放映電影的是一位美國商人，此人的姓名，一說雍松，一說詹姆士．里卡頓。從一八九六年到一八九八年，他先後在上海福建北路唐家弄的徐園、泥城橋下的奇園，以及天花茶園等處，短期放映美、法等國的短片，如《俄國皇帝遊歷法京巴里府》等，並在當時《申報》上刊登電影廣告，引起轟動，上海灘報紙給予了繪聲繪色的報導。當時觀眾發現，這種西洋的新發明，與中國古老的皮影戲很相似。於是，人們就自然地把這種藝術形式叫做「影戲」或「活動影戲」了。但由於它放映是用電作光源的，故又稱作「電光影戲」。此後，就慢慢簡化成「電影」了。

電影最初多在茶館、酒樓放映。一八九九年，西班牙商人加倫白克帶了一台簡陋的電影放映機和幾本電影的殘舊片段，來到上海，借當時四馬路的「四海升平樓」茶館的一角首次放映。內容是高山、流水、火車飛奔、輪船行使、大火燒、人物鳥獸的新聞片和風景片，大部分是法國百代公司的出品。每場放映十幾分鐘，每位觀眾收三十文銅錢。不久，他換了八本完整的短片，遷移到虹口乍浦路口的跑冰場放映，門票漲到銅錢一百文，生意十分興隆。但時間一長，觀眾看厭了，只好停演，最後盤給了西班牙商人雷瑪斯。

清廷內也曾放過電影。一九〇四年，慈禧太后七十壽辰，英國駐北京公使送了她一架放映機和幾套影片祝壽，不料只放映了三本，摩電器炸裂，把老佛爺嚇了一跳，清宮從此不准再放映電影。一九〇五年，出國考察的端方帶回一架放映機，但在宴請賓客時，電影機又猝然爆炸，將擔任電影說明的何朝樺通判等人炸死。出了兩次事故，王公大臣們都認為電影不吉利，但在民間，電影的放映卻日漸增多。

雷瑪斯一九〇四年來到上海放映電影，他借四馬路的「青蓮閣」茶館樓下的一間房子，設了一個影戲部。影戲部的門上掛著黑布門簾，門外貼有紅紙廣告，還雇了中國人站在門口收票和吹打洋鼓洋號，以招徠觀眾。他不斷更換新片，同時演出魔術，入場券高達每位一百二十文，滿二十人就放映一場，營業始終不衰，一九一一年辛亥革命爆發才停業。這是當時外國人在上海放映電影時間最長的一家。

「亞細亞」公司位於香港路5號拍片現場工作照

一九〇八年，雷瑪斯又在虹口乍浦路的一塊空地上，用鉛皮搭起一座可容二百五十人的「虹口大戲院」，首映的一部片名叫《龍案》，這是上海專業電影院的開始。同年，他又在北四川路海寧路口建了一座富麗堂皇的「維多利亞大戲院」，這是上海第一座真正的電影院。此後，外國人在上海開設放映電影的戲院越來越多。

與此同時，外國的一些製片公司也派人到中國拍攝影片。一八九六年，美國繆托斯柯普公司拍攝了最早以中國為題材的紀錄片《李鴻章在格蘭特墓前》。一八九八年，美國湯姆斯·愛迪生公司派遣一名攝影師來到上海，拍攝《上海員警》和《上海街景》兩部短紀錄片，並公開發行放映。一九〇二年，邵醉翁同美國人列文合拍了《慈禧太后》，這是中國歷史上中外合資拍攝的第一部影片。

人們逐漸對電影這種新鮮玩意兒產生了濃厚的興趣，其中有兩位青年，便產生了要親自拍電影的強烈願望。他們如饑似渴地去學習，邊學習，邊實踐。這就是張蝕川（後改名張石川）和鄭正秋。一九一三年，他們和當時來中國拍攝電影的美國人依什爾合作，從另一個美國人布拉士其手裏接辦了他於一九〇九年創辦的「亞細亞影片公司」，並改名「亞細亞中國影戲公司」，這是中國第一家攝製影片的公司。由美國商人出錢和發行、亞細亞公司攝製的第一部影片，就是由鄭正秋編劇，張石川導演的《難夫難妻》（又名《洞房花燭》）。這是中國自己攝製的第一部故事片。

12 西醫是如何進入中國的

如今，西醫成為人們日常行醫看病的主要方式，早已取代了往日中醫的顯赫地位。然而，在它初傳之時，並未引起人們太多的重視，人們更多的是對它的好奇。

西方醫學是以古希臘、古羅馬醫學為基礎，並隨著自然科學的進步逐漸形成和發展起來的。西醫作為一門科學，十六世紀以後大規模進入中國。

然而，西醫最初走進中國時，不是具體醫道的傳播，而是以介紹西醫的基礎生理學知識為主。明末關於這方面的知識，首先零散地出現在一些傳教士的著作中。入華的耶穌會士，為吸引更多的中國人入教，對十六世紀西方新興醫學特別是比利時維薩留斯《人體的構造》中的人體生理知識給予了一定介紹。一五六九年，主教加內羅在澳門設立醫院，可謂近代西醫傳入中國之始。利瑪竇的《西國記法》則是西洋傳入中國的第一部心理學著作。湯若望的《主體群徵》（一六二九年刻印）對人體解剖學進行了介紹。更為系統全面地介紹人體生理的著作是《人身圖說》和《泰西人身說概》。《人身圖說》主要論述臟腑、脈絡、溺液、女人自貢、胚胎等內容，共二十八篇，並附有五臟軀殼圖形二十一圖。《泰西人身說概》上卷敘述人體骨、肉、筋、皮、脈絡等十五部，下卷闡述總覺司、目、耳、鼻、舌、四體覺司、行動、語言等八部。此外，西方的醫療制度、醫院設施、藥物藥房等內容也在一些著作中提到。但明末西醫的傳入只是一個開始，難以被接受。到了清代，西醫才開始被應用。

一六九〇年（康熙二十九年）前後，康熙因身體欠佳對西醫產生興趣。他對傳教士白晉等人講述的西醫中的病因知識及相關的生理學特別是十七世紀法國解剖學家韋爾納的著作頗感興趣，指令他的最好的一個畫家，專畫人體解剖圖像，並將中醫中的銅人模型與之進行對比，發現銅人模型也有靜脈但無動脈和血管。無疑，康熙的一言一行都會產生極大影響。一六九八年，法國傳教士巴多明參考最先進的西醫理論，用了近五年的時間將白晉等人的講稿整理譯成滿文，編譯成《按血液循環理論及戴尼新發現而編成的人體解剖學》。康熙帝對此很關注，但為維護封建禮教未令刊行。此書在丹麥哥本哈根皇家圖書館被發現，一九二八年以《解剖學詮釋》出版。

西醫入華後，產生了兩種截然不同的態度。有些學者對西醫產生了濃厚興趣，常與傳教士研討西醫，行醫也兼採西醫治病。王宏翰便是第一位接受西醫的醫家。一六八八年王宏翰四卷本的《醫學原始》集中反映了他所受西醫的影響。乾隆時的王清任，也是篤信西醫的學者，平素常以未見人體臟腑為憾。一七九七年，灤州瘟疫流行，小孩死者多且多無棺材。王清任趁機察看小孩死者臟腑達三十多人，才弄清中國古代醫書所繪臟腑與實不符，後著成《醫林改錯》記述腦髓說，頗多卓見。

排斥西醫者也大有人在。經學家俞正燮出於反宗教情緒，誣衊中外的臟腑不同，抨擊西醫。姚瑩在《康猷紀行》中講述天主教源流，也引粵中奏章說習教的人，藉此誘淫婦女，取人死後目睛。

西醫，由於它在人體結構和生理功能認識及醫療體制上較中醫有所長，引起了人們出於獵奇心理的關注，但並未對中醫引起衝擊和震盪。直到一九〇八年，光緒皇帝和慈禧太后先後在數日內亡故，太醫院因而獲咎。太醫院作為舊時代傳統中醫的象徵從此消失。在清末至辛亥革命建立新政權時期，西醫被納入國家行政部門。這表明，西醫已正式進入中國，佔據中國醫譚的首要地位。

13 西藥史話

西藥是在西醫傳入中國後才有的概念，是伴隨著西醫的傳入而相應傳入的。西醫所使用的藥物被稱為西藥，中國的傳統藥物則相應稱為中藥。最早向中國介紹西藥的人是墨西哥方濟各會傳教士石鐸碌，他在康熙年間翻譯了西方醫藥學著作《本草補》。而真正促進西藥製造和應用的，恐怕要歸功於康熙帝。

一六九〇年，康熙帝向傳教士白晉、張誠等垂詢有關西藥的知識。他們便編寫了十八至二十篇有關各種疾病的醫學材料。康熙帝對此十分欣賞，而且當他得知用化學方法製造的西藥不僅能治病而且不像中藥一樣難吃時，便不惜重金令傳教士在宮內建立實驗室試製西藥，並規定所有的工具和器皿都要銀製的。在試製的過程中，皇帝多次駕臨觀看。所製西藥都歸康熙帝支配使用，有時也賜給皇子、大臣和侍從等。

一六九三年，康熙帝患瘧疾，病情嚴重，遍服各種中藥都不能治癒。適逢傳教士洪若翰和劉應進京，向康熙帝進獻金雞納（秘魯的一種樹皮，能有效治療瘧疾，以被治癒並將此藥傳播到歐洲的伯爵夫人的名字 Cinchona 命名，是奎寧 quinine 的俗名）。康熙帝服後痊癒，經常宣傳此藥的療效，視之為「聖藥」，賞賜給大臣和侍從。金雞納傳播開來。康熙帝對西藥、西醫愈益信任，西醫藥在中國開始進入實用階段。

康熙帝對來華的西洋人也區別對待，對那些內通曉西醫藥者，即召入京城。其中就有一六九九年（康熙三十八年）進入中國的傳教士羅德先。他精通外科又善於製藥，先後為康熙帝治癒了心悸症和上唇瘤。康熙帝外出巡行，羅德先亦伴侍左右。

服用西藥治病的人在京城內外逐漸多了起來。文學巨著《紅樓夢》第五十二回中就有一段關於使用西藥治病的記載：晴雯「發燒、頭痛、鼻塞、聲重。……寶玉便命麝月取鼻煙來給他聞些，痛打幾個噴嚏就通快了。麝月果真去取了一個金鑲雙金星玻璃小扁盒兒來，遞給寶玉。寶玉便揭開盒蓋，裏面是西洋琺瑯的黃髮赤身女子，兩肋又有肉翅，裏面盛著些真正上等洋煙。……晴雯聽說，忙用指甲挑了些，……忽覺鼻中一股酸辣透入囟門，接連打了五六個噴嚏，眼淚鼻涕，登時齊流。……晴雯笑道，果然通快些，只是太陽還疼。寶玉笑道，越發盡用西洋藥治一治，只怕就好了。說著，便命麝月往二奶奶要去，就說我說了：姐姐那裏常有那西洋貼頭痛的膏子藥，叫做『依佛哪』，我尋一點兒……半日，果然拿了半節來，便去找一塊紅段子角兒，鉸了兩塊指頂大的圓式，將那藥烤和了，用簪挺攤上，晴雯自拿一面靶兒鏡子，貼在兩太陽上」。這裏的「洋煙」、「依佛哪」皆說是西洋藥物，可見西藥在當時已有一定的傳播。

中國學者也開始著書介紹西藥。這要首推趙學敏於一七六五年著成的《本草綱目拾遺》。它是作者廣泛搜集花費三十八年著述的一部關於藥物的著作，其中較多篇幅介紹西藥，對傳入中國的西藥「藥露」、「洋煙」、金雞納等都有介紹。西藥逐漸成為中藥的有益補充，並日益得到中國人的認可。

14 鼻煙的傳入和鼻煙壺的流行

鼻煙（sunff），有紫黑、老黃、嫩黃等多種顏色，氣味醇厚、辛辣，具有明目、提神、辟疫、活血之功效。它既不用火，也不用嘴，而是只用鼻腔，把鼻煙放在人中部位，用鼻一吸即可。稍過些許時候，即會大打噴嚏，使人頓覺耳聰目明，渾身舒泰。

鼻煙的發明源自西方。據傳，一位經營煙草的義大利富商，囤積大量煙草，幾年後發現多有腐朽，嗅之有特殊氣味，遂進行加工，製成鼻煙。後來鼻煙的製作技術日臻成熟，人們將煙草和必要的名貴藥材碾成粉末拌勻，再加入適當香料，裝入密封容器內，待一定時間陳化後，便開始使用。作為一種高級享受，十七世紀吸食鼻煙在歐洲盛行。

中國最早的鼻煙大約在明代萬曆時首先由波斯傳入，但中國的鼻煙卻主要來自歐洲國家。明萬曆二十九年（一六〇一年）義大利傳教士利瑪竇進京拜見中國皇帝。他向萬曆帝進貢的物品中，鼻煙備受青睞。一些西方國家見此情景競相效仿，於是鼻煙大量湧入中國，其製作技術也隨之傳入。

最初吸食鼻煙者僅限於社會上層，也沒有特製的容器來盛裝鼻煙，除了西方原器外，常利用舊日盛藥的瓷瓶。這種瓷藥瓶小巧玲瓏、製作精美、嚴實不透，可謂中國最早的鼻煙壺了。鼻煙壺是燒料製品，大小僅如一只火柴盒子稍大，最初伴隨著鼻煙來自外國，隨著中國貴族和官商界對鼻煙嗜好的日益廣泛，中國有了專門製造鼻煙壺之業。

鼻煙壺的貴重在鼻煙之上。從材料質地上看，人們可依據自己喜好廣泛選擇銅、銀、玉、水晶、琥珀、瑪瑙、木等。至於造型，更是繁多，象、獅、花、鐘、雞、靈芝、茄子等形狀不勝枚舉。而其紋飾，千變萬化、豐富多彩，有山水草木、珍禽瑞獸、亭台樓榭，有的還飾以文字，更有人將自己的容貌繪於壺上。一件鼻煙壺，常能集琢製、雕刻、繪畫等藝術之大成。因而在清代，鼻煙壺被看作重要的饋贈、賞賜、進貢品。康熙帝就曾把一種精美的琺瑯鼻煙壺交給嘉祿，作為禮品送給羅馬教皇克萊西十一世。

甚至還出現了內畫鼻煙壺。內畫的形成有一段有趣的傳說，乾隆末年，一位地方上的小官吏進京辦事，他為人正直，為官清廉，希望以正常途徑得到辦理，但朝廷辦事效率低，他的事一拖再拖。地方小官吏錢糧耗盡，無奈寄宿在京城的一所寺廟裏。他嗜好鼻煙成癖，當玻璃鼻煙壺中的鼻煙用盡時，便用煙籤去掏挖壺壁上黏有的鼻煙，在內壁上形成許多的劃痕。這個鼻煙壺讓廟中的一個和尚看見，和尚通過實驗，用竹籤烤彎削出尖頭，蘸上墨在透明的鼻煙壺的內壁上畫上圖畫，一種奇特的畫就誕生了。

目前所見最早的鼻煙壺是清代順治二年程榮章刻的雲龍紋銅鼻煙壺。康熙時，曾傳諭設置清宮玻璃廠生產鼻煙壺及典章用品等以作賞賜和饋贈之用。到乾隆時，鼻煙壺的製作在形式、工藝與質地等方面有了飛躍發展。在北京，形成了「辛家坯」、「勒家坯」、「袁家坯」三大家互不相讓、激烈競爭的局面。鼻煙壺在玩賞方面的價值超越了其實用價值。

有一位「綿」字輩的皇族，是嘉慶皇帝的近支堂兄弟，愛鼻煙如命，他的下一代是「奕」字輩，與慈禧太后的丈夫同輩，竟將他的兩個兒子命名為「奕鼻」和「奕壺」這兩個怪名，而這兩個怪名居然也被載入「玉牒」（皇族的宗譜）中了。可見鼻煙和鼻煙壺在那時的聲勢。

15 遠東第一所西式大學——聖保祿學院

一五九四年，遠東第一所西式大學聖保祿學院（一五九四—一八三五年）在澳門竣工建成。這座氣勢雄偉的大學在當時只有馬尼拉的聖約瑟修道院和聖托馬斯大學才能與它媲美。

聖保祿學院的前身是建於一五六五年的聖保祿公學。一五九二年，中國傳教士的決策人范禮安在日本長崎召開了第一次副主教大會，建議為日本和日本以外的耶穌會士建立一所學院，以培養年輕一代的傳教士，而澳門地處遠東的中心，是實現這一目的最理想的地方。會議遂決定將聖保祿公學提升為大學，一五九三年開始施工，這就是一五九四年建成的聖保祿學院。

聖保祿學院從創立起至一八三五年毀於大火，共存二百三十多年。學生主要是來華傳教的耶穌會士和中日等東方國家的教徒，通過二年制教育或短期培訓，將許多西方人培養為中國通，進而成為漢學家，同時許多中國人被培養成通曉西學的人才，以利於傳教。

學院的課程設置主要包括三部分：人文方面有拉丁語、漢語、修辭學、音樂等；哲學方面有哲學、神學；自然科學方面有數學、天文歷史、物理學、醫藥學。中文為必修課，中西學生都必須學習，課時也最多。范禮安還為學院制定了嚴格的教學規則，包括學院的作息時間、課時安排、教學形式、禮儀、考試等。

聖保祿學院擁有藏書上萬冊的圖書館，包括：亞洲國家的語文、文學、哲學、史學、文化等書籍；傳教士在日本、中國、越南、韓國等國的報告；菲律賓、印度等地傳教情況等。聖保祿學院還擁有一個印刷廠，不僅印刷中文書籍還印有西文著作，其中一五八四年印刷的《天主實錄》是在華耶穌會士第一本中文教理書，《公教兒童教育》是全中國最早的一本西文書。聖保祿學院的醫療所和設備良好的藥房，擁有當時西方最新藥典中的藥品，除為修士和學生服務外，也為學院外的人治病。

聖保祿學院培養了大量溝通中西交流的傳教士。先後來進修學習的西方傳教士可查人數約有二百多人，幾乎包括了所有來華傳教的骨幹。在傳教過程中，他們把大量西方典籍翻譯成中文，連同新科技產品一起帶入中國，同時把一些中國古代典

大三巴（左）與聖保祿學院

籍翻譯成西文傳入歐洲。其中不乏在中西文化交流方面作出特殊貢獻的人，如義大利人利瑪竇、謝務祿、衛匡國，法國人金尼閣，比利時人南懷仁等。最著名的當屬在中國居住二十九年之久的義大利傳教士利瑪竇，他將大量的西方科學著作翻譯成中文，其中有《經天談》、《天學實義》、《渾蓋通憲圖說》、《幾何原理》、《同文算指》、《萬國輿圖》等，比較系統地介紹了西方天文學、數學、地理學等科學知識，引起中國一些有識之士向西方學習的興趣。在他病逝北京後，萬曆皇帝特賜地葬於阜成門外。繼利瑪竇主持中國傳教事務的法國人金尼閣，曾募集七千部西洋典籍攜至中國，分批運至北京等地，組織教徒翻譯，對西學在中國的傳播起了重大作用。

如今，曾為中西文化作出特殊貢獻的聖保祿學院僅殘留前沿一壁，供人瞻仰，令人遐思，然而其在歷史上的功績是不容忽視的。

16 中國最早的賽馬

賽馬被認為是一種「國王的運動」，三千多年來，從喜愛雙輪馬戰車的亞述國王，一直到現在的英國女王伊莉莎白二世和英國王儲查理王子，賽馬一直是貴族們非常喜愛的運動。中國的賽馬歷史，在寇茲（Austin Coates）的《中國賽馬》中有詳盡的描寫，此書被香港皇家賽馬會定為一九八四年百年慶典的紀念。西方賽馬傳入中國已是一百多年前的事情了，是由居住在中國的西方僑民首先開啟的。

馬術是從古代生產和戰爭中演化而來，大約在中世紀的古羅馬、古希臘，騎士精神蔚然成風，成為歐洲貴族們追求的時尚。騎馬、賽馬作為騎士的技能之一而被貴族們大加炫耀。英國是最早開始賽馬的國家。德比郡出產的賽馬更是聞名賽馬界。一八七〇年，英國的德貝伯爵創立英國大賽馬會後，每年六月的第一個星期三在倫敦附近的 Epsom 舉行賽馬，是英國非常有名的賽馬大賽之一。

中國的現代賽馬最早始於一八四二年至一八四四年的澳門。澳門賽馬每年舉行一次。一八四五年，英國人在香港扶林村修了一個小賽馬場，舉行了香港歷史上的第一場賽馬。到一八五〇年，賽馬已成為香港的一項經常性的娛樂活動。一八五〇年上海最早的跑馬場建立，位於今南京路河南路轉角。一八六二年，上海的賽馬會成立，並取代香港賽馬會成為東亞首會。

賽馬，這項英式運動立刻受到中國人的歡迎。雖然上海的賽馬會最初不向中國人開放，但看賽馬的人卻潮水般湧來，隔河遙望的場外圍觀者熱情十分高漲。每逢賽馬季節，上海跑馬廳外整天擠得水洩不通，「仕女雲集」，「轂擊肩摩」，「觀者如堵」，舉國若狂。據記載，光緒初年的賽馬場，四周設有短欄，賽馬場西端設觀眾席。賽事分春秋兩季，每季三天，前兩天賽馬，大約分為初賽和決賽，因而比賽一般分三四騎或六七騎依次角逐。最後一天為馬術表演，有跳牆、跳溝、跳欄等項目。這一天的觀眾也最多。「上自士大夫，下及負販，肩摩踵接，後至者幾無置足處。」這些觀眾中還有乘車前來的「南朝金粉，北里胭脂」，她們嬌倚在侍從的身上，鬢影衣香令一班看美人的興趣並不亞於賽馬的遊客神魂顛倒。

大約在宣統元年（一九〇九年），跑馬場正式向中國人開放，只要付錢就能進入跑馬場觀看。

票價從五角到六元不等，場中還供應茶點和西餐。中國人開始踴躍參加賽馬，並組織自己的賽馬會。賽馬不僅好玩，也意味著賭博。大約一八九〇年前後，香港的賽馬成為賭博的工具。到二十世紀三〇年代，除香港的賽馬業迅速發展外，上海有二個跑馬廳，天津有三個跑馬場，全國的賽馬場逐步發展到二十多個。上海跑馬廳在解放前曾一度成為亞洲最大的賽馬場。

舊上海的賽馬場，不只用來賽馬，西人還在這裏舉行閱兵、賽跑和自行車比賽。一八九二年，又在賽馬場內建立了一座游泳池，這是上海有記錄的第一家室內游泳池。無疑，上海的賽馬場也促進了其他運動項目的發展，促進了中國人對發展體育運動的認識。

17 最早乘氣球上天的中國人

法國是熱氣球的故鄉。十八世紀末，法國里昂附近的造紙工匠蒙戈菲爾兄弟發明了近代熱氣球。當他們看到碎紙片在篝火上飛舞時，不約而同地產生了利用熱空氣製造飛行物的念頭。一七八二年十一月二十五日，他們利用點燃麥稈後產生的熱氣，使一隻以柳條為骨架、外部蒙有紙皮的氣球升空，這被公認為世界上第一隻飛行成功的「現代」熱氣球。十九世紀中葉，美國內戰及普法戰爭，氣球又被用於戰場，再次掀起了氣球熱。中國就在這段時間認識並引進了西方的熱氣球。

中國的「孔明燈」具有和熱氣球相似的原理。由於光和熱的相互作用，燈籠有時會自動飛上天空，中國人稱這種會飛的燈籠為「孔明燈」。但中國人的熱學知識並沒有得到改進。所以當十九世紀西方的氣球傳入中國並進行氣球表演時，成千上萬的中國人購買門票觀看，一時間氣球成為中國人的新鮮玩意。

西方人發明了熱氣球後，立刻想到用它來實現載人飛行的夢想。人們首先將動物送上了天空。一七八三年九月十九日，蒙戈菲爾兄弟奉命為法國國王路易十六夫婦表演飛行。上午九時許，一隻容積一千二百立方米的熱氣球當著三萬觀眾的面，載著綿羊、公雞和鴨子各一隻，升至四百五十米的高度。法國國王路易十六為此大悅，賜名「蒙戈菲爾氣球」。一七八三年十一月二十一日，德羅奇埃醫生和達蘭德斯侯爵首次在波旁王朝皇妃行宮前升空乘坐氣球上天，實現了人類有史以來的第一次空中航行。

最早乘坐氣球上天的中國人可能是在法國的黎庶昌。光緒五年（一八七九年），黎庶昌在法國巴黎舊王宮，隨眾人試乘「備禮拜日遊人」乘坐的大氣球。這個

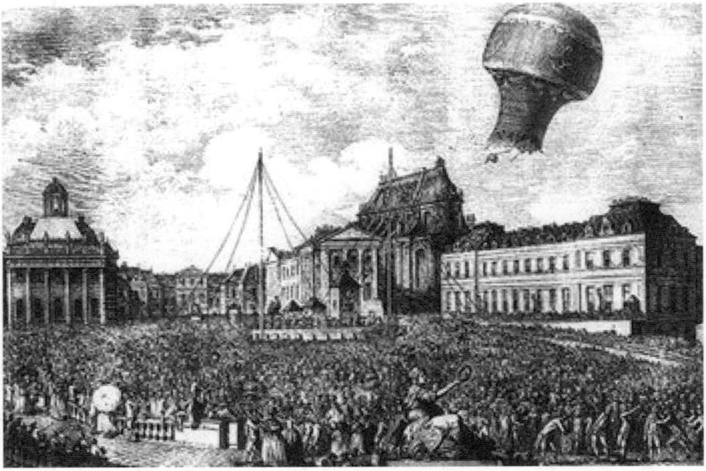

1783年9月19日氣球首次載著一隻公雞，一隻鴨和一綿羊升空

直徑達三十五米的大氣球，能載重二十噸。其球皮是用布縫製的，上面塗有橡膠、松香、白油等，日曬雨淋，不易損壞。而氣球下面懸掛的那只護以鐵欄的大圓木筐，可容納五十人，當時的乘坐費用是每人十法郎。因為是供遊人遊覽的，氣球用繩繫住，只能升到五百米的高空。若無繩繫，氣球可升至四五千米的高度。

中國陸地上的第一個載人飛行氣球大約發生在光緒十四年，即一八八八年，但它是由外國製作、外國人演習的。西人范達山製成一個「大可五六丈，高約八丈餘的」氣球，在當時建成不久的楊樹浦大花園演放。其中，被載上天空的是一位名為華利的西方女子。當氣球升到四里的距離時，華利從空中成功跳傘降落。

中國人在耳聞目睹外國人的氣球後，開始動手製作中國人自己的氣球。一八八七年，天津武備學堂教員華蘅芳自製的直徑一．六六米的氫氣球放飛成功。這是中國人自製的第一個現代氫氣球，開創了近代中國人製造航空器的先河。同年八月上旬學堂教習孫筱槎、參軍姚某以及天津縣知縣盧本齋三人，在共同參考了外國氣球後，改良製造出一支小型氫氣球，在總辦楊藝芳督導下試放到「十幾丈高」。九月二十二日，在天津督署門前又演放過大型氫氣球一具，小型氫氣球三具，清政府大臣李鴻章親臨視察。學堂還配有放球、灌氣、運載設施。中國人具備了施放載人氣球的能力。

18 西洋人發明的東洋車——黃包車

二十世紀初，當外國人看到中國滿街跑的黃包車時，都認為它是中國人的發明。殊不知，黃包車是由美國人在日本發明的，並由法國人將之從日本傳到中國。

黃包車發明於一八六八年。德國人類學家利普斯在其《事物起源》中談到黃包車是「美國人的一項發明。距今僅一百年前，住在橫濱的基督教傳教士果伯（Jonathan Goble），妻子有病，醫生囑咐她作『輕微的室外鍛鍊』。傳教士果伯在一個日本木匠幫助之下設計了這種車子」。一個名叫米拉的法國人，見中國的上海市內仍以轎子和獨輪車為主，便於一八七四年從日本引進三百輛黃包車，在上海開辦了最早的一家洋車行。因其從日本引進的，故稱之為「東洋車」。這一「天才」發明在歐洲毫無用處，高傲的歐洲人不甘去作人馬。但在人力資源過剩的東方，卻是得其所哉。黃包車「穩而價廉」，很快便在上海流行起來。

初期的黃包車兩輪高大，木製，外裹鐵皮，拉行時甚為顛簸，後改為鋼絲橡膠輪，車行更平穩，拉起來也較省力。當時的黃包車裝有銅喇叭、腳鈴和車燈，夏天有帆布防雨篷，冬天則掛棉暖篷，有的還在車廂和車把上鑲有細銅花活。

最初只有使館區的洋人才坐黃包車。到十九世紀末二十世紀初，坐黃包車的人日益增多。出入宮廷的人也常坐黃包車，甚至連慈禧太后、光緒皇帝也曾丟棄八抬大轎坐過黃包車。等到二、三十年代時，黃包車一度成為市區最常見的客運交通工具。在人口不足二百萬的北京卻擁有近十萬輛黃包車。黃包車也有了等級的差別。有錢人家裏置備的私人車稱為「包車」，車身華麗，車廂後還釘塊銅牌子，刻上「某宅自用」的字樣。這樣的高等黃包車價格昂貴，可售達一百至一百二十銀元，合一兩二錢黃金。

抗戰時期，隨著三輪車的出現，這種新的人力交通工具逐漸取代了黃包車的地位。一九四五年十二月，上海的美國兵發起了一次黃包車皇后競賽，每輛黃包車載一位小姐，從三馬路（今漢口路）外灘出發，自東向西，經南京路折入陝西北路，終於陝西南路。結果獲得第一名的僅以二十分鐘就跑完了全程。人們在歡呼的時候，或許忽視了黃包車夫的辛酸。這些貧苦的窮人，每天赤著腳奔跑在馬路上，風刀霜劍，晝夜不息，異常辛苦，卻所得甚微。一輛黃包車每天需向車主交納〇・八五元租金，卻只能租用從下午三時到次日凌晨五時十四個小時，許多車夫拉不上幾年，就勞瘁而死。黃包車七十年的歷史可謂是一部辛酸史。但無數的「駱駝祥子」把中國的歷史拉進了二十世紀，為當時的交通業作出了貢獻。

一九五六年，上海最後兩輛黃包車被送入歷史博物館。至此，黃包車結束了它的歷史使命。人們只得以其他的方式來緬懷這種中國人曾廣泛使用的交通工具。

黃包車

19 上海的百貨大樓

在上海的南京路上，至今還聳立著四幢古老的歐式建築，它們是曾在上個世紀名噪一時的「先施」、「永安」、「新新」、「大新」四大百貨公司的舊址。四大百貨被認為是開啟中國現代百貨業的鑰匙，堪與牛津大道、第五大街和巴黎大道上的百貨大樓相媲美。其創辦人馬應彪、郭樂、郭泉兄弟、李敏周、蔡昌的發達軌跡也有著驚人的相似：都是中山人，都曾在澳洲積累資本、後回國辦百貨。「彩票」、「禮券」、「摸獎」、「電臺廣告」都是最先從他們口裏迸出的新名詞。他們改變了中國人的消費觀念、生活方式乃至審美觀。

馬應彪、郭樂、李敏周、蔡昌在十九世紀八、九〇年代到達澳洲，他們將家鄉中山的「香牙大蕉」引進到昆士蘭，結果大獲豐收賣出了高價。馬應彪和郭樂的「生安泰」，壟斷了雪梨所有的香蕉生意。據統計，「生安泰」一年能賺四萬英鎊，而當時的一英鎊相當於現在的一．五英鎊，這些錢足以買下整條唐人街。當澳洲政府提出了限制華人種植香蕉的政策後，馬應彪等人帶著財富先後回國，敏銳地感覺到百貨大樓在國內雖為空白，但卻有市場需求。

先施公司下設的化妝品發行

一九〇〇年，馬應彪在香港興辦了中國的第一家百貨大樓——先施公司，擁有一個六層樓的商店、八個股東、十來個職員。先施引進「定價制度」，取消在中國商人中傳統的討價還價方式，並且向公眾承諾最大的公正和真誠。因此，該公司取名 SINCERE（中文義為「真誠」），全名即「先施公司」。它是第一間開發票給購買者的公司，也是第一家讓員工週末輪流休息的公司。「先施」最轟動的「第一」莫過於第一個推出了女售貨員。馬應彪讓妻子霍慶棠和她的兩三個妹妹，還有其他親戚朋友出來做銷售，這一招吸引了人氣，很多人即使不買東西也會來看熱鬧。

馬應彪迅速把目光投向了上海。一九一四年他在上海興建了七層百貨大樓。一九一七年，先施公司在上海的南京路上開設了它的第一家分公司，這也是中國內陸的第一家百貨大樓。為了吸引顧客，先施首創了新的各種貨物大主顧銷售，甚至用車子接送它們的特選顧客。先施將它全方位的商業策略引進到了上海。

先施的帶頭作用及巨大吸引力，立刻引起效尤。一九一八年，同樣建在南京路上的永安在先施的對面開張。永安在它七層樓高的商店裏不僅引進了先施的全套銷售策略，還於一九三二年建了一幢十九層高的三角形摩天大樓，並配備了所有的最新設備：高速電梯、暖氣、空調。一九二六年，李敏周用一百五十萬大洋和劉錫基創辦了第三大百貨公司新新，即今天上海第一食品商店大樓。其廣告詞是「本城唯一提供高等品質，上好服務，合理價格的理想商店」。為了商業宣傳，新新公司別出心裁發明了一種新的廣告策略，在六樓開辦了廣播電臺。因為電臺的播音室四周全用玻璃裝飾，所以都叫它「玻璃電臺」。玻璃電臺在一九二七年夏天開播，這也是中國人自辦廣播電臺中的第一家。這樣顧客在購物時不但能聆聽到當下最流行的歌曲，還能欣賞這最新的西洋玩意兒，它為新新吸引了無數的顧客。蔡昌的大新最終也沒能抵擋住上海的誘惑，一九二九年斥六百萬港元鉅資，在上海創立了他的分號，一九三六年，第四大百貨公司大新建成，樓高十層，雄偉壯觀，為四大百貨之冠。

這些半中半洋的豪華商店其與眾不同之處在於，在這裏「中外產品交織……銀飾品，絲綢，緞子，毛皮都種類繁多」。「遊客一上埠，就會發現他們家鄉的所有商品在上海的百貨大樓裏都有廣告有銷售。獵裝和 BVD 內衣陳列在一起，HOUBIGANT 香水下面，FLORSHEIM 鞋又緊緊地吸引著顧客的視線。上海百貨公司裏的這種世界格局足以在中外商店前誇口它是『環球供應商』……」而且這些大樓兼有消費和娛樂功能，裏面的電梯會把顧客送往各個樓層，包括舞廳、酒吧、咖啡館、飯館、旅館及有各種表演的遊樂場。例如，當時的先施飯店就擁有一百十四間客房，顧客可以任意挑選，「中式房是一至兩塊半美元一天，西式是二至六美元一天」。

四大百貨在競爭中各出奇招，快速屹立於上海灘，引領時代潮流，各具特色。但他們在競爭中也互相幫襯，如很多年前「永安」和「先施」的禮券是可以通用的，並且四大家族長期以來用通婚的方式互相滲透，維持良好的合作關係。

四大百貨的成功，讓當時很多對「實業救國」感興趣的人踴躍參股，連孫中山先生都買過先施公司的股票。擁有了豐厚的資金，四大百貨開始涉足金融、保險、服務、娛樂等廣泛的領域，從而把近代新式的商業運作模式帶進了上海。他們將在澳洲所學到的現代商業經驗，結合東方式的誠信，創建出特有的管理方法。這些在當時中國堪稱創舉的管理方式無形中增加了公司的名氣，也為中國的商業注入了活力。所以，能在這幾個公司謀到一份職業，成了社會地位的象徵。

上海的百貨大樓，勾勒出一幅現代消費圖，讓當時的國人震驚。他們站在了中國商業的前沿陣地，成為一個充塞外國商品和外國名字的「勇敢的世界」，令人神往。

20 中國芭蕾百年風雨

芭蕾，是法語 ballet 的音譯，表示跳舞或當眾表演舞蹈。作為一門舞臺藝術，它孕育於十五至十六世紀文藝復興時期義大利的宴飲活動，又稱為「宴會芭蕾」。隨著義大利貴族與法國宮廷的通婚，「芭蕾」被帶入法國，十七世紀形成於法國宮廷。路易十四時期（一六四三－一七一五年），芭蕾發展到鼎盛時期。路易十四本人喜愛舞蹈，並受過良好訓練。十五歲即參加宮廷芭蕾《卡珊德拉》的演出，扮演阿波羅神。法國的宮廷芭蕾把歌唱、舞蹈、音樂、朗誦和戲劇情節融為一體。一六六一年，法王路易十四在巴黎創辦了世界第一所皇家舞蹈學校，確立了芭蕾的五個基本腳位和十二個手位，使芭蕾動作有了一套完整的動作和體系。十八世紀芭蕾日臻完美，開始作為戲劇情節的載體，走上舞臺。十九世紀末期，它在俄羅斯進入最繁榮時期。女演員成為最理想的形象，職業作家和歌劇作家為芭蕾寫劇本成為普遍現象。

中國人初識芭蕾是十九世紀八〇年代，他們是清朝駐日本、歐洲的外交官們。而第一個學習芭蕾的中國人是駐法公使裕庚的女兒裕容齡。裕容齡生於一八八三年，一九〇一年隨同父親到法國巴黎，同年入法蘭西國立歌劇院和巴黎音樂舞蹈學校學習芭蕾，創下了中國人首次接觸芭蕾的記錄。但這位中國芭蕾第一小姐並沒有在芭蕾上走太遠。一九〇二年，美國舞蹈家、赤腳鄧肯在歐洲舞臺上掛起現代舞旋風。充滿激情、無拘無束的舞姿感染了裕容齡，她拜鄧肯為師，成為鄧肯的及門弟子。後來，裕容齡一直從事舞蹈職業。一九六六年「文革」風起，紅衛兵們居然記起了半個多世紀以前初跳芭蕾的第一人，已是龍鍾老人的她雙腿被打碎，一九七四年，九十一歲高齡的裕容齡辭世。

芭蕾在中國的傳播與發展雖晚了兩三個世紀，卻是飛躍前進。俄國的一批流亡者成為中國芭蕾的啟蒙者。十月革命後，一批俄國貴族滯留上海、哈爾濱等地，迫於生計，便以鋼琴為生，兼教芭蕾。芭蕾傳到了中國，並出現了中國第一批芭蕾者。上海舞蹈學院名譽校長、中國舞蹈家協會上海分會主席胡蓉蓉，就是那個時代的人。她在上海考爾斯基芭蕾舞學校接受了嚴格的芭蕾訓練，是二十世紀三〇年代滬上的童星，建國後教授出一批芭蕾高足。

裕容齡和她的《蝴蝶舞》

二十世紀二〇年代，外國文藝團體來華演出形成一個高潮，將芭蕾推進更多中國人的視野。但對中國芭蕾具有影響力的是俄羅斯學派。從一八五四年二月第一位蘇聯專家奧・阿・伊莉娜應邀來京開辦第一期「教師訓練班」起，到一九五八年中國上演第一部經典芭蕾舞劇《天鵝湖》，中國芭蕾實現了初創期的神速「三級跳」。在此期間，諳熟芭蕾藝術的戴愛蓮也發揮了重要作用。

一九五四年，北京舞蹈學校創立，中國芭蕾事業正式啟動。一大批蘇聯芭蕾藝術家、編導和教育家來華授藝，蘇聯莫斯科音樂劇院、蘇聯新西伯利亞歌舞劇院和蘇聯莫斯科大劇院先後來華訪問演出。一九五八年，古雪夫又為北京舞蹈學校排練出了世界經典芭蕾舞劇《天鵝湖》，從此誕生了有「第一代白天鵝」之稱的白淑湘為代表的第一批中國芭蕾人才，並相繼建立了北京舞蹈學校實驗芭蕾舞劇團。在蘇聯藝術家的傳幫帶之下，中國芭蕾藝術事業出現了第一個高潮。

進入九〇年代，一批芭蕾新秀嶄露頭角。一九九五年十月，中國第一次在上海舉辦了國際芭蕾舞比賽大獲成功，中國參賽選手展示的藝術水準令人瞠目。中國芭蕾舞演員不斷在國際芭蕾賽場上贏得大獎，出現百年來前所未有的可喜局面。

21 中國啤酒的由來

啤酒，是我們今天日常生活中不可缺少的飲料。孰不知，在一百多年前，對於中國老百姓來說，它卻是完全陌生的。據考證，古埃及和巴比倫的居民早在幾千年前便已開始用大麥釀酒，後來經由希臘人和羅馬人傳入歐洲，但是真正意義上的啤酒的誕生大概是在西元紀元前不久，在今天屬於法國的地方，出現了一種用大麥、燕麥或稞麥釀造而成的「塞爾瓦茲酒」，酒精的度數比現代啤酒高得多，它是可以稽考的今天啤酒的遠祖。近代以來，隨著大批歐洲人的湧入，啤酒才逐漸傳到中國來。啤酒的「啤」字，中國過去的字典裏是不存在的。後來，有人根據英文 Beer 的 Be 字頭的發音，譯成中文「啤」字，創造了這個外來語的文字。又由於具有一定的酒精，故翻譯時用了「啤酒」一詞，一直沿用至今。開始時有很多人不認識「啤」字，把它誤讀為「卑」，所以有一個時期把啤酒讀成「卑酒」。直到今天，粵語仍然將其讀作「卑酒」，上海方言中，它的讀音是「皮（啤）酒」。

早期的啤酒廠是由外國人創辦的。啤酒在中國的發展是先有啤酒後有啤酒廠。許多外國人來中國後喝不到啤酒，於是就從外國引入。二十世紀初，由於中東鐵路的修建，外國移民大量進入哈爾濱，為了滿足他們的生活需要，一九〇〇年，俄國商人烏魯布列夫斯基在哈爾濱創辦了烏魯布列夫斯基啤酒廠（哈爾濱啤酒有限公司的前身），這是中國最早的啤酒廠。以後又有捷克人、德國人相繼興建了幾個小啤酒廠，分布於哈爾濱。從一九〇〇年到一九三五年，哈爾濱先後有八家啤酒廠，後來都合併到

1906年，青島啤酒榮獲慕尼克博覽會金獎，這是青島啤酒歷史上獲得的第一項國際金獎

了哈爾濱啤酒廠。一九三二年日本入侵哈爾濱後，哈爾濱的啤酒業被日本人所壟斷。日本人開辦哈爾濱啤酒股份有限公司香坊工廠（日本投降後，改名為哈爾濱啤酒廠），產品是十一·五度哈爾濱牌（日文商標）瓶裝啤酒。哈爾濱牌（俄文商標）和德國黑啤酒由此受到了很大的影響，其他啤酒廠家有的停產關閉，有的被併入了日本公司。解放以後，哈爾濱市政府將哈爾濱啤酒廠收為國有。一九五六年，僅有的前進啤酒廠（原名烏盧布列夫斯基啤酒廠）與哈爾濱啤酒廠合併，廠名仍為哈爾濱啤酒廠。從此後至二十世紀八〇年代初，是哈爾濱啤酒廠獨家生產和供應哈爾濱啤酒市場的歷史時期，所生產的十一度哈爾濱牌啤酒一直延續到現在，人們習慣稱哈爾濱白牌。

自一九〇三年到一九四九年德國人、英國人、法國人、美國人、日本人先後在青島、上海、天津、瀋陽等地建立了啤酒廠。其中最有名的當屬一九〇三年由德國與英國商人創辦的「日耳曼啤酒股份公司青島公司」（青島啤酒股份有限公司前身）。該廠的生產設備、原材料從德國進口，是第一家以歐洲技術建造的啤酒釀製廠。該廠具有皮爾森風味的黃啤酒和慕尼克風味的黑啤酒一面世，一九〇六年即在慕尼克國際博覽會上獲得金獎。一九一六年起，該廠由日本人接管，先後生產了朝日啤酒、青島啤酒和麒麟啤酒。從一九四七年開始定名為青島啤酒廠，只保留青島牌商標。一九四七年，開始定名為青島啤酒廠，只保留青島牌商標。直至新中國成立前，青島啤酒年產量僅為一千二百噸。建國後青島啤酒保持了其優異品質和傳統歐洲風味，且產量不斷擴大，已成為中國啤酒工業和中國名牌的象徵。

後來，中國人在北京、煙臺、廣州先後建立起自己的啤酒廠。由於早期的中國啤酒價格太貴，很多人不認識，也不習慣，只有外國人和少數高級知識份子喝。當時的啤酒只在沿海大中城市銷售，更談不上出口，所以，一九〇三年至一九四九年四十七年裏，中國啤酒發展的速度不快，到解放前夕啤酒年生產僅為七千噸。建國後，中國啤酒獲得了空前的發展。其中青島啤酒在一九五四年就開始出口，這是中國啤酒的第一次出口，在當年香港進口啤酒十三個國家中青島啤酒佔末位。到了一九五九年它便一躍而為第一位，不但壓倒了號稱「黃啤酒之王」的皮爾森，還壓倒了佔第一位的荷蘭三馬啤酒。三馬的經理甚為吃驚，他不相信中國的啤酒會超過三馬牌，曾親自乘飛機到香港來調查。當他品嘗青島啤酒以後，他不得不承認青島啤酒是比三馬牌的好。青島啤酒具有德國啤酒濃厚的優點，又具有美國啤酒清爽可口的優點，因而青島啤酒不僅暢銷港澳地區，還暢銷美國和歐洲二十幾個國家，尤其是美國供不應求。

1903年的儲酒罐，能裝6噸青島啤酒

22 紫禁城裏的眼鏡風波

如今，眼鏡已成為人們一件不可或缺的日用品，近視鏡、老花鏡、太陽鏡等在眼鏡店裏琳瑯滿目。但一九二一年，就在清朝早已滅亡的時候，宣統皇帝溥儀佩戴眼鏡一事仍引起了軒然大波。

美國史學家布林斯廷在《發現者》中說：「西元一三〇〇年前後，有位年老眼花的歐洲匠人加工玻璃盤時，偶然發現透鏡可以幫助老人恢復眼睛的明亮，於是不久就有了一種帶柄的單片透鏡。後來人們把兩塊單片鏡的柄用關捩連接在一起，就成了放在鼻樑上的真正的雙片眼鏡。」十六世紀初，供近視眼鏡用的凹透鏡問世。一七八四年美國的班傑明・佛蘭克林發明出雙光眼鏡，眼鏡完善起來。

中國最早的眼鏡是在明代由西方傳入的，經海上和陸路傳入。最早初傳入的是單片鏡，後雙片眼鏡也傳入，但在當時極為珍貴。眼鏡最早名為「優逮」，是眼鏡的阿拉伯文 uwainat 的譯音。因其讀音與《楚辭》中的「靉靆」相似，於是明朝人便用「靉靆」來稱呼眼鏡。「眼鏡」一詞直到清初才出現。因為中國缺少高品質的玻璃，便以水晶製鏡片，為了與西洋眼鏡相區別，本國水晶鏡稱為眼鏡，靉靆則專指進口的玻璃鏡。此後，眼鏡逐漸取代靉靆，成為通用詞。

溥儀

明末清初，眼鏡流行漸廣，但只是王公貴族的玩物，是區分人們身分高低的裝飾品，而不是為了改善視力。在清代康熙、雍正朝時期，眼鏡仍是稀罕之物，成了帝王恩賜親臣的寵物。雍正眼睛近視，且又特別喜歡眼鏡，為了方便工作與生活，他特別諭旨：京中大殿內安眼鏡兩副，乾清宮大殿上備用眼鏡兩副，弘德殿安眼鏡一副。後又在四宜堂如意床上安茶晶眼鏡一副。乾隆時眼鏡成為紈袴子弟追逐的時髦。到清代中葉，眼鏡已較為普及，眼鏡盒也應運而生，有木雕、皮覆、緞縫、銅刻、漆製、殼造，爭奇鬥豔、目不暇接，大多眼鏡盒穿繩帶、垂流蘇佩於腰間，如同玉佩、荷包、煙袋。等到嘉慶年間，眼鏡的度數有了深淺之分，近視者佩戴眼鏡的很多，但多為年輕人。

早期的舶來眼鏡多由洋行銷售，到道光年間，中國人自己的眼鏡鋪已有很多。其中乾隆年間創辦的「三山齋」可謂是北京最老牌的眼鏡店。而一九一一年在上海開張的精益眼鏡公司是中國最早用科學驗光的眼鏡店，民國時其分號遍布全國各大碼頭。孫中山先生就曾到精益配過眼鏡，並為之題「精益求精」四字。

與眼鏡寸步不離的皇帝當屬溥儀。他患有嚴重近視和其他眼病，必須戴眼鏡。但戴眼鏡始終與中國的傳統習俗不符。以至一九二一年，宣統皇帝溥儀佩戴眼鏡引起了軒然大波。溥儀在《我的前半生》中說：「我十五歲那年，莊士敦說我眼睛可能近視，建議請個外國眼科醫生來檢驗一下，如果確實的話，就給我配眼鏡。不料這個建議竟像把水倒進了熱油鍋，紫禁城裏簡直炸開了。這還了得！皇上的眼珠子還能叫外國人看？皇上正當春秋鼎盛，怎麼就像老頭子一樣戴『尖子』（眼鏡）！後來莊士敦不知費了多少口舌，加之我堅持這才解決。」溥儀的眼鏡便在「精益」的北京分號配製。在他以後的生活中再也不能缺少眼鏡了，甚至在照相或別人為他畫像時，也不肯把眼鏡摘掉。

眼鏡的普遍使用是不可避免的。二十世紀三〇年代，美國 Forum 雜誌請了威爾遜、房龍和杜脫蘭三位名家，共同擬了六十六個世界歷史上的最重要年代。其中，一二五〇年有兩項影響後世的發明，就包括被培根稱為「對於老年人和目光弱的人都有用處」的眼鏡。可見，眼鏡發明的世界意義之大。

23 「德律風」趣聞

電話初傳中國時稱為「德律風」，是英語telephone的音譯。中國之有「德律風」，始自英國人一八八一年將此設於上海租界。「電報之法奇矣，德律風則奇之又奇。」但不到三十年，「德律風」便遍於全國。

電話由英國人貝爾發明。一八六九年他到美國波士頓大學教授聲學，一八七六年二月他試驗成功了世界上第一部可供實用的電話，隔著幾間房間，他用電話叫自己的助手說：「沃森先生，過來——我等你。」這就是用電話傳送的第一句話。貝爾的電話首先在紀念美國獨立一百周年的費城博覽會上展出，前來參觀的巴西皇帝佩德羅二世放下聽筒，大聲叫喊說：「它在說話呢！」

1908年，上海外灘7號（今中山東一路7號）
丹麥大北電報公司報房

一八八一年美國建立了第一家電話公司。

上海是世界上最早擁有電話的城市之一。據說，十九世紀七〇年代末就在電話剛發明不久，兩個在上海的外國人就在十六鋪擺了兩個電話機，供遊客通話以謀利，每次收費三十六文。一八八一年，丹麥大北電報公司首先在英任上海公共租界埋電桿，裝設電話二十五家，開啟了「德律風」在中國的發展。就在美國電話公司建立的第二年（一八八二年），中國的第一家電話局在外灘創辦。十九世紀末，中國政府積極提倡電話的發展，並制定了發展方針：杜絕洋人插手，華商集資自辦電話事業，與電報相輔相成，自通商口岸逐步向省會及各州縣推廣。不久，電話出現在各大城市。大清的直隸總督也在光緒年間開始使用電話。

民國十年，電話走進了紫禁城裏的皇宮。末代皇帝溥儀也用上了電話，並時常拿電話找樂子。溥儀在《我的前半生》中寫到：「我十五歲那年，有一次聽莊士敦講起電話的作用，動了我的好奇心，後來聽溥傑說北京（當時稱我父親住的地方）也有了這個玩意兒，我就叫內務府給我在養心殿裏也安上一個。內務府大臣紹英聽了我的吩咐，簡直臉上變了色。……第二天師博們一齊向我勸導：『這是祖制向來沒有的事，安上電話，什麼人都可以跟皇上說話了，祖宗也沒有這樣幹過……這些西洋奇技淫巧，祖宗是不用的。……』『外界隨意打電話，冒犯了天顏，那豈不有失尊嚴？』『我就連這點自由也沒有？不行，我就是要安！』」

溥儀如願裝上了電話，對著電話本，他看到京劇名角楊小樓的電話號碼，便搖攪柄對話筒叫了號，一聽對方有應答，便學京劇裏的道白腔調念道：「來者可是楊——小——樓呵？」對方哈哈大笑問：「您是誰啊？」溥儀忙把電話掛上了。同樣的玩笑他還和雜技演員徐狗子開過，還給東興樓飯莊打電話叫過酒席。也是用電話，溥儀約見了「白話文運動」的幹將胡適。

二十世紀二〇年代，城市裏有了供大眾用的電話。三〇年代，撥打號碼的自動電話取代了人工接線的手搖磁式電話。國民黨的中心南京約在一九二九年從美國購置了五千門自動電話機，實現了更新換代。但蔣介石直到一九三七年還不習慣自己撥號碼打電話。一九三八年蔣介石住在武漢，那裏的電話號碼是五位，但他常撥四位，不是打錯就是不通。打不通電話的「委員長」常發脾氣，有一次甚至要把武漢電話局局長叫來。蔣介石到重慶後，電話局索性在他的官邸都裝上了西門子式手搖電話，先由總機的接話員撥號接通，然後再搖蔣的電話。這樣無論誰都要拿著話筒等他，蔣介石也習慣了一拿起聽筒就開始說話。

24 騎自行車的真龍天子

自行車，拉丁文Bicyoletta，是「快」和「步行人」的意思。目前許多國家的自行車收藏很興旺，相繼建立了自行車博物館。在臺灣有自行車博物館，大陸的收藏還只限於自發的個人行為。隨著一些收藏精品報出不菲價格，「自行車收藏」正慢火細煨地呈現出趨熱走勢。這種為中國人廣泛使用的交通工具並非中國人的發明，卻是舶來品。但這項舶來品卻深受中國人的喜愛，連貴為萬乘之尊的大清皇帝也愛上了騎自行車。

自行車的最初模型是一六九一年法國人西弗拉克發明的擁有一前一後兩個輪子的車，只能靠輪子滾動，沒有駕駛裝置。一八一七年，馮·德雷斯發明了可駕駛的自行車，一八六一年，人們在自行車的前輪裝上了腳踏板和曲柄，但沒有齒輪和鏈條，踏板每轉一圈，車輪也只能轉一圈，所以要想車子跑得快，前輪必須盡可能做大。一八八五年英國人斯塔利發明了腳踏車鏈條，使自行車變得既快又安全。一八八八年鄧祿普又給自行車裝上了充氣輪胎。這樣自行車才算完善起來。

最早傳入中國的自行車是前輪大、後輪小的高輪自行車，大約在光緒初年。而同治五年（一八六六年）赴歐洲的中國考察團在巴黎街頭最早見到了它們，最初稱為「腳踏車」，或「單車」，張德彝在其《歐美遊記》中始稱之為自行車。後來李鴻章訪美時，也遇到一個騎高輪自行車的女孩，甚覺新奇，還特意邀請她到紐約的旅館敘談。最初由於難駕馭，騎車的人很少。鏈式傳動自行車的引入改變了這種情況。首先擁有這種新型自行車的是在沿海做生意的西商，第一個擁有自行車的華人則是宋氏三姐妹的父親宋耀如。他很喜歡騎車，一九〇〇年其長女宋靄齡過十歲生日時，他還把自行車當禮物送給她。

十九世紀末三名二十歲左右的西方青年騎著剛發明的新款自行車，從英國出發進行環球旅行，

最早傳入中國的自行車

歷時五百三十二天行程一萬四千三百二十二英里來到上海，成為轟動一時的新聞。中國人開始嘗試騎自行車的樂趣，到二十世紀二〇年代，城裏年輕人買車已經很容易了。

但被重重封建城牆包圍起來的末代皇帝溥儀，直到一九二二年結婚時才擁有一輛自行車，是堂兄溥佳送他的新婚禮物。溥儀從未騎過自行車，看到車後十分高興，便不顧朝臣的阻礙開始練習起來，練了幾天便學會了，常帶著隨從在宮中騎車取樂。為了騎車方便，甚至叫人把宮門門檻全部鋸掉。宮中還曾以一百元月薪，聘請飛車小李三當自行車教習。一九二五年溥儀被趕出紫禁城躲進日本使館後，還常在深夜帶了隨從「騎自行車外遊」，騎到紫禁城外的筒子河邊上，望著曾經擁有的一切，妄想有一天能夠復辟。溥儀一生都很喜歡騎自行車，直到晚年時還常常騎車，而且騎得很快。

據說這位末代皇帝不但騎車著迷，買車還上癮，甚至命內務府不惜從鹽業銀行貸款購買各國的名牌車。據清宮檔案記載，溥儀經常留用宮裏騎著玩的自行車有二十餘輛，包括英國的「三槍」牌、德國的「藍」牌、法國的「雁」牌等。

當「真龍天子」也已經騎上自行車的時候，表明用自己的雙腳而轉動的現代交通工具在中國誕生了！一九三〇年前後，最早的國產自行車「紅馬」和「白馬」組裝起來。新中國成立之後，自行車在中國獲得了前所未有的普及和發展，成為名副其實的「自行車王國」。

25 中國的第一家自來水廠

今日自來水成為人們日常生活最不可缺少的一部分，改變了以往人們吃水難的窘境。殊不知，中國的自來水廠最初是由外商首先在租界內設立的。

在有自來水之前，中國城市居民的飲水很不容易，主要依賴買味道好的井水吃，這種井水在當時稱甜水。自明末起，北京城市就有專門給人送甜水吃的職業，賣甜水的鋪子被當時的人叫做「井水窩子」。但買甜水吃的花費很高，一家的供水大約每月要花費二兩銀子，相當於二十斤豬肉的花費，並非任何人都能吃得上甜水。十九世紀末以後，日益增長的城市人口使城市的污染日益嚴重，剛興起的輕紡工業排放的工業污水使水道被污染，中國人傳統使用井水、河水的習慣已經不合時宜。上海「城中食水腥穢，飲者多生疾病」。甚至失火也常由於河水枯竭無法取水而延及數十戶，造成重大的損失。租界內也面臨著同樣的問題。

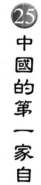

光緒初年，曾有官商提議，仿效西方人的做法，設機器鐵管建水廠以周濟居民用水，後因所需費用巨大而無果。此後，又有士紳主張設立自來水廠，但因守舊者多、風氣未開，仍未果。

直到光緒六年（一八八〇年）恒昌、怡和等幾家洋行通過公共租界工部局組織了自來水公司，並於同年十一月在英國倫敦註冊。這就是英商上海自來水公司——中國的第一家自來水廠。一八八三年六月二十九日，英商自來水廠在楊樹浦建成，正式放水，李鴻章參加了放水典禮。從靜安寺到小東門，水管遍地埋設，一氣流通，又每隔數十步豎一高約四尺的吸水鐵桶，下面雨水管聯結，用水時將機栝拈開，極為方便。抗戰前夕由最初的蒸汽機水泵改用電動水泵，並增加了加氯消毒裝置。其他城市也相應建立了自來水廠。一八九八年天津自來水廠建立，一九〇一年德國人在青島建立水廠，東北的水廠多由日本人建立。

英商自來水廠最初只向租借供水，後也向租借外的居民供水。但由於它壟斷了上海的自來水，常藉為租借外居民供水的名義，擴大租借的範圍。一九〇四年英國人的自來水管已經埋到了閘北，他們還給當地居民編發「租界水牌」。為了不讓洋人的水電公司繼續向中國居民滲透，危害中國利益，一九〇七年，上海實業家、上海城廂內外總工程局總董李平書奏請成立華商水電公司，經過兩年的準備，一九〇九年中國官商合辦的「閘北水電公司」在恒豐路底的潭子灣建立，並成功供水。

一九四九年前，上海集中了中國城市自來水供應的四分之一，而其中一半又是由英商上海自來水廠提供的。中國供水設施的真正發展還是在最近幾十年，不但自來水的應用範圍迅速擴大，而且淨水的技術也從過去用氯液逐漸改為臭氧、紫外線。

26 洋酒走上中國皇帝的婚典

一九二二年十二月一日（農曆十月十三日），清末廢帝溥儀在北京紫禁城舉行大婚典禮，為助溥儀大婚，黎元洪特從關稅內撥出十萬元。北京紫禁城外的街道上人山人海，萬頭攢動，人們都來爭看下臺的宣統皇帝溥儀的大婚禮，這是中國歷史上最後一次皇室的帝婚大典了。然而末代皇帝的婚禮也有一些與眾不同的特色，竟也用起了西方高級宴會用品。溥儀的婚禮向著名的西式飯店北京飯店訂購了「豐盛的冷食、糕點和法國香檳」。法國香檳——這一西方高級宴會的必備品，此時竟也走上了封建皇帝大婚的酒席上。這是史無前例的。當時走進中國的洋酒不僅品種多，而且日益被中國人認可，但在中國的外國酒館的洋酒主要是葡萄酒、白蘭地、香檳和啤酒。

中國葡萄酒之父：張弼士

鴉片戰爭後，洋酒隨著洋人的到來而登陸中國。例如，第二次鴉片戰爭（一八五六—一八六〇年）期間，一群來自歐洲葡萄酒王國的法國大兵在漂洋過海來到中國時，甚至帶來了造酒的小型機器。他們發現了京津地區的優良葡萄，釀造出了和法國一樣味道甜美的葡萄酒。這群法國大兵中的一個，後被派到南洋荷屬殖民地當領事，一八七九年在那裏遇到了後來中國張裕釀酒公司的創始人張弼士。在請張弼士喝法國葡萄酒時，這位領事告訴了他中國天津和煙臺的葡萄也能釀出同樣的美酒。張弼士牢牢記在了心裏，一八九三年他在廣州創辦了張裕釀酒公司。但張裕葡萄酒並未馬上上市，直到民國二十三年那些儲藏了十餘年的陳年佳釀才陸續上市，令張裕葡萄酒一鳴驚人。「葡萄美酒夜光杯，欲飲琵琶馬上催」表明了中國人對葡萄酒的喜愛。在進口的洋酒中，葡萄酒所佔的數量最多。一八七九年英國駐上海領事阿連璧的一份貿易報告，記錄了當時中國上海港進口洋酒的數字，「七千二百八十五箱的啤酒，二千二百八十箱的杜松子酒，二萬零一百五十五箱的葡萄酒和三千二百七十五箱的白蘭地……」。

除了葡萄酒，銷售最多的恐怕是白蘭地。十九世紀末受歐美風影響，一些城市已是「煙必雪茄，酒必白蘭」。傳說十六世紀時，有個荷蘭船主為了運輸方便，用蒸餾的方法將葡萄酒濃縮，這種蒸餾濃縮過的葡萄酒就被稱為白蘭地，英語稱之為 Brand，意即「生命之水」。剛釀成的白蘭地酒精很高，中國人飲時常兌水。

正宗的香檳只出在法國的香檳省，香檳酒由此得名。它能產生天然的泡沫而且酒味純正，是西方高級宴會的必備品。但由於價格昂貴，中國的冒牌香檳很多。正宗的法國香檳一般也只能出現在類似溥儀大婚之類的重大慶典上。

為了滿足外僑的需要，十九世紀六〇年代，上海首先出現啤酒廠。啤酒原產德國的巴伐利亞。十九世紀時西方人酷愛飲啤酒，據說美國第一任總統華盛頓年輕時曾當過啤酒廠老闆，還寫過關於啤酒的論文。上海的啤酒廠是由埃凡洋行創辦，老闆亨利．埃凡曾隨戈登攻打太平天國，六〇年代在上海辦起了啤酒廠，銷量巨大。到二十世紀，隨著生產成本的降低，外商紛紛在中國開工廠。今天青島啤酒廠的前身——青島英德麥酒廠就在此時創辦。

十九世紀中後期，洋酒在中國不但站穩了腳跟，而且佔據了很大市場。到二十世紀九〇年代中國又成了洋酒特別是高級洋酒的重要市場。

27 麵包糖果趣聞

東西方有著不同的飲食風格。洋人的到來，必然也將他們的飲食風格帶來。中國最早的麵包作坊，就是專為洋人而設的。

據有關史書表明，明朝萬曆年間，義大利傳教士利瑪竇最先將麵包的製作方法引入中國沿海城市。中國的麵包房最早出現在香港，主要為全港的英人而設。清咸豐五年（一八五五年），英商愛德華．霍爾在租界開辦第一家麵包工廠。隨後英國人亨利．埃凡在一八五五年從香港到上海，於一八五八年創辦了埃凡饅頭店，專為洋人製作麵包、糖果。埃凡迅速發財致富，有趣的是，埃凡發財後回國，但不久破產，又回到上海重起爐灶，辦起了麵包坊，再次致富。清光緒三十年趙連芳之父在百老匯路設立作坊式麵包房晉豐號，製作麵包、西點，這是中國人在上海製作麵包、西點的第一家工廠。

至二十世紀四〇年代後期，麵包製作已有七十餘家，眾多的中外廠商構成了多樣化的麵包品種，其中較著名的有法國式大菜小圓麵包、英國式土司方包、美國式花旗方包、猶太式鹹棍子麵包、俄羅斯羅宋麵包，以及經過改造的中國式花色麵包，如佛手麵包、豆沙圓麵包等。

中國人對麵包不是太習慣，但糖果就不同了，孩子們最喜歡、最難忘的就是糖果。末代皇帝溥儀在《我的前半生》中就記述了英國老師莊士敦給他帶來一些外國糖果時的喜悅：「那個漂亮的輕鐵盒子，銀色的包裝紙，各種水果的香味讓我大為高興。莊士敦講那水果味道是如何用化學方法造的，那些整齊的形狀是用機器製成的，我一點也聽不懂也不想懂。我吃了兩塊糖，想起了檜柏樹上的螞蟻，想讓它嘗嘗化學和機器的味道。」

王韜在參加英格蘭邦迪的工廠時，最早看到了西方人生產悅目可愛的西式糖果的過程，「無一不可機器行事」，「所製之糖，各色皆有」，芬馨撲鼻。巧克力是糖果類產品中的高檔品種，食後能提神，補充大量熱能。上海開埠以來，由洋行從海外進口，以供在滬洋人需要。張德彝在《航海述奇》中最早記述了巧克力。有意思的是，熟悉巧克力的洋人竟將中國的豆瓣醬當成了朱古力。有個法國人想嘗嘗中華食物，張德彝認為天下食物無非是五穀六禽菜蔬等物，唯中土之醬，外洋必少，於是贈他醬磚一方。此人以為是鹹巧克力，便割來煮以白水，哪料味鹹且苦，便又回來問張為何故。

遺憾的是，儘管中國人喜愛糖果，但中國並沒有像樣的糖果廠，也沒有能用機器生產砂糖的工廠。直到一戰爆發後，在菲律賓開辦糖果餅乾公司的馬玉山回國，先後在香港、廣州、北京、上海開辦糖果餅乾公司。一九二一年，他的企業已能生產兩百多個品種的食品，後又成立「中華國民製糖公司」，打算以國產原料取代進口砂糖。遺憾的是，後因資金缺乏，各地企業相繼倒閉。

冼冠生和他的冠生園也是中國近代食品工業的先驅。他以一家兼售糖果餅乾的廣東菜館起家，民國十二年組建股份有限公司，集資十萬元，餅乾產量有了新的突破，逐漸發展成一個擁有二千職工的大企業。一九二五年冠生園已能生產梅子、糖果、餅乾、罐頭、果醬果露、麵包西點等六大類、二千餘種食品。北伐勝利後，宋美齡隨蔣介石回奉化省親，帶的禮品就是冠生園的糖果餅乾。

但必須一提的是外國人在中國糖果食品業上的成功與壟斷。一九二三年，美國冒險家沙利文在上海創辦「上海糖果廠」，最初每天只出產麵包十個，但到解放前夕沙利文已月產麵包二十萬個，糖果一．四萬斤，餅乾七萬斤，幾乎操縱了上海的麵包、糖果、餅乾市場。

28 汽水的由來

百多年前的老上海，夏天的防暑降溫只能靠一把芭蕉扇。說到冷飲，汽水是那時時髦的玩意兒，僅供洋人享受，平民老百姓根本無法吃到。汽水是一種碳酸飲料，是與化學工業緊密相連的。在近代中國化工業落後的情況下，它必然是一種舶來品，但中國的汽水已擁有約一百五十年的歷史了。

汽水，是英國化學家普利斯特列發明的。當他見到釀酒廠的發酵缸裏不斷冒出氣泡時受到啟發，一七六八年他在化學實驗室裏發現，把碳酸氣直接溶於水中，能獲得和礦泉水一樣的水溶液。這就是最早的汽水。一八二〇年德國藥劑師史屈魯夫首次建廠，生產人造礦泉水，從而形成了真正的汽水供應市場。由於碳酸是一種化學藥品，最初是在化學實驗室裏發現的，因而生產汽水的都是製藥廠。

汽水，最初傳入中國時被稱為荷蘭水。所謂荷蘭水，有人說是從荷蘭引進之水，也有人說水中帶有藍色而命名。其實它只是放有蘇打和薄荷加糖調和之水，可謂是中國最早的汽水。薄荷清涼，蘇打產生氣體，飲之能通氣，故美其曰「荷蘭水」。荷蘭水在老上海曾經風靡一時，價廉物美，人人愛喝。為滿足洋人的需求，大約在咸豐同治年間，英商老德記藥房最先在中國的上海製造汽水。汽水製造業的興旺，也促使其他的西藥房和商行開始在中國製造汽水。同治二年（一八六三年），末士法汽水公司和卑利遠也荷蘭水公司相繼開始生產。清光緒十九年，正廣和公司生產各種汽水，成為上海規模最大的汽水廠。由於它使用蒸餾水製造，加上用料考究，注意衛生，口味純正，注重服務和廣告宣傳，逐步成為上海的名牌產品。民國七年，原英商屈臣氏汽水廠，轉讓給中國人郭唯一獨資經營，成為中國人經營汽水業之始。接辦後，營業逐年發展，後改組為股份有限公司（一九五六年遷北京市）。

這些汽水公司除了生產汽水外，還生產一些其他的飲料，如：蘇打水、氧鋰水、薑汁水、薑汁啤酒、金雞納霜水、鉀水和檸檬水等。這時的汽水生產雖基本運用機器生產，但生產效率仍不高，而且裝汽水時常發生瓶子爆炸，所以工人頭上都帶了粗鐵絲面具已備防禦，喝汽水時也常有爆炸傷人事發生。

直到十九世紀九〇年代，汽水生產才有了大幅提高。最早生產汽水的老德記藥房首先引進「一付最新式和最好的機器」。接著正廣和洋行也引進整套設備，大規模從事汽水的製造，每時可加塞裝瓶九十打。起初用馬車送貨，後又成為租界內商用汽車的首創者。汽水工業已逐漸從地方工業發展成為供應廣大地區的工業，上海成為一個重要的製造中心。

十九世紀八〇年代喝汽水的還主要是在華洋人，進入二十世紀三四〇年代這一狀況大大改觀。

可口可樂這一新型汽水開始在中國市場獨領風騷。天津的英商山海關汽水廠從一九一八年就已開始向美國可口可樂汽水公司接洽代理。為了促銷，英商當年曾舉行猜謎、贈彩以及在各種文具、器皿、用品上標印可口可樂的商標和圖樣，然後大量地免費贈送。雙方訂下合同，由美國運來可口可樂的濃縮液，再由英商山海關汽水公司製成汽水，裝瓶經銷。一九四七年的日銷達三千四百萬瓶。可口可樂已成為當之無愧的汽水飲料。汽水也已逐漸成為中國人喜愛的飲料，而不再是專門為在華的洋人製造的。

29 中國人初嘗西餐

一百多年來，西方的科技發明極大地改變了中國人的生活方式。對於自古便將「民以食為天」作為信條的中國人來講，西餐的傳入可謂是在中華璀璨的飲食文化上錦上添花。但對於用慣了筷子，喝慣了高粱燒酒的中國人來講，用刀叉、吃麵包、飲洋酒也需要一個接受過程。中國人接受西餐，有一個痛苦過程，中國商人和洋人打交道，就得吃西餐，開始中國人看著三分熟的牛排，有的竟生吞下去然後跑回家吐出來。但漸漸地中國人的胃口逐漸「培訓」得西化了，愛上了吃西餐。

京師同文館的學生、中國最早培養的譯員張德彝，與洋人的接觸較早，但直到去外洋考察，他才在洋人的船上初次嘗到西餐，在《航海述奇》中記載了他於同治五年（一八六六年）在英國輪船上初嘗西餐的情景。「每日三次點心，兩次大餐……所食者，無非燒炙牛羊雞魚，再則糖餅、蘋果……飲則涼水、糖水、熱牛奶、菜肉湯、甜苦洋酒」。「每人小刀一把、大小匙一、叉一、盤一、白布一、玻璃酒杯三個」，寫調料瓶則曰「五味架」，「分裝油、醋、清醬、椒麵、鹵蝦」。可見鴉片戰爭後，即便是較為開放先進的中國人，對西方的飲食習俗還是很陌生的。

然而，在最先與外國通商的口岸廣州，那時已經有了中國人開的西式餐館——「番菜館」。到十九世紀六七〇年代，「番菜館」才陸續從廣州遷到了上海和北京。但據有關史書透露，在明朝萬曆年間，徐光啟在把義大利傳教士郭居靜等人引入上海時，就同時引進了西菜，當時叫做「番菜」。中國人一直自以為是世界中心，將別的國家都說成「番」，西餐自然稱之為「番菜」。開埠後的上海，於一八八二年由中國人開創了第一家西菜館——「海天春番菜館」。

「西人肴饌，俱就火上烤熟，牛羊雞鴨之類，非酸辣即腥膻，蓋風尚不同，故嗜好亦異焉」。由於風俗不同，當時光顧番菜館的中國人為數不多。但到了十九世紀九〇年代，「向時華人鮮過問者，近則群屐少年，巨富大賈，往往攜姬挈眷，異味爭嘗，亦沾染西俗之一端也」。這一時期上流社會喜好去番菜館的情景可見一斑。

天津起士林餐廳創始人一家

「番菜館」的不少菜是用進口的罐頭和調味品作原料，烹製方法大多不中不西。即便是外國人親自掌勺的飯店，草創時期菜肴也難免簡陋。八國聯軍侵入北京時，有兩個法國人在現在北京火車站西北的蘇州胡同開了家三間門面的小酒館，除了賣一二角錢一杯的紅、白葡萄酒，做的也只是炸豬排、煎雞蛋之類的小生意。但就是這家小店，後來竟發展成了如今聞名世界的北京飯店。一九二二年溥儀在北京紫禁城舉行婚禮，就曾向這家著名的西式飯店訂購過「豐盛的冷食、糕點和法國香檳」。大概就在此時，溥儀養成了吃西餐的嗜好。李淑賢在《溥儀與我》中說，他們夫婦「每月到莫斯科餐廳東安市場內或和平飯店吃一兩次西餐。兩個人吃一頓不過花三四元而已」。

北京飯店在京城雖然首屈一指，但西餐登陸中國北方，天津是橋頭堡，中國北方第一家西餐廳，就是天津的利順德。利順德創始人是英國牧師殷森德，他在咸豐十一年（一八六一年）於天津租界紫竹林造了座具有印度風情的英式平房經營餐飲、旅館和貨棧。如今天津利順德保存的一套同治二年（一八六三年）訂製的金銀餐具，已成了西餐傳入中國的實物證明。天津的起士林餐廳可謂中國北方最為正宗的西餐廳。起士林是一位德國僑民的名字，原來是德國威廉二世的點心師，威廉二世倒臺之後，流落到天津，為養家活命，開了個麵包作坊。除烤麵包外，還做幾樣菜肴，口味地道，顧客盈門。後來起士林先生買了地盤，建起高樓，辦起了餐廳。自此，中國北方才有了第一家正宗的西餐廳。

1903年開業的天津起士林餐廳

到了二十世紀三、四〇年代，西餐在沿海各大城市廣為流行。吃西餐的不只是上層社會的富豪，許多公司職員、報館記者也成了上海沙利文、北京起士林等中檔西餐館的常客。

30 新型建築材料水門汀

水門汀，即水泥的英文名稱 cement 的音譯。二十世紀初，水泥還是一種新型的建築材料，許多達官貴人、名門顯貴的公館別墅，外牆都塗上厚厚的水泥，灰濛濛的一片，以顯示其別墅的高檔時尚。蔣介石在溪口武潞之濱建造的小洋樓，便是這種鋼筋水泥建築，展現了當時的建築風格。水泥的傳入引發了中國近代建材業和建築業的發展，並成為中國土木工程和各民族民居建築常用的建築材料。

在工業水泥產生前，東西方都曾有過天然水泥。羅馬就有一種水泥，是用火山灰跟石灰配製而成，既便宜強度又大，曾用作古羅馬萬神殿圓屋頂內部的材料。但這種用特殊火山灰當原料製作水泥是可遇而不可求的，不能適應社會的需要。因而，十八世紀末西方出現了人造水泥。一八二四年，一個英國石匠亞斯普丁（Joseph Aspdin），因他在廚房發明的水泥，獲得了專利權。他把石灰石和廚房火爐裏的灰土混合後加熱並磨成粉，就創造出加水就會變硬的水泥。由於它的樣子很像英國南部卡特蘭島（Protland）上一種名為 cement 的粗砂岩石，所以亞斯普丁就把它稱為 cement。水泥的出現為建築也帶來了新的發展。一八四九年，法國人已經將水泥用於船舶的建造了。

水泥，在中國有五花八門的譯名，塞門德泥、四門汀、士敏土、西敏土等，但用得最多的是水門汀，俗稱洋灰。中國人最早認識水泥是在光緒五年（一八七八年）赴歐洲考察時。當時赴歐洲考察的徐建寅就在《歐洲雜錄》中記述了水泥的成分和燒造工藝，他說巴黎的石灰廠以松石為原料，研碎後用水調合成塊，俟乾後放入窯中燒造。他還記下了當時德法水泥的市場價，德國每桶七十八馬克，法國每噸為五十八法郎三十分。

水泥還有一個譯名叫「細棉土」，一八八六年，唐廷樞創辦了中國最早的水泥企業「唐山細棉土廠」。但由於賠累不堪，幾年就告倒閉。一九〇六年周學熙在唐山細棉土廠的基礎上，開辦了「中國境內最大的，而且也是最好的水泥工廠」——啟新洋灰公司。此外還有湖北大冶水泥廠，創於一九二一年的中國水泥股份有限公司——率先實現水泥包裝紙袋的國產化，及創建於一九三五年的江南水泥廠。

但國產水泥不能滿足社會需要，中國的建築業淪為洋灰的天下，洋人激烈地爭奪中國水泥市場。英國 **J. B. WHITE & BROTHERS** 公司在中國經銷「堡得蘭牌」水泥多年，上海四馬

1914年興建的啟新洋灰股份有限公司動力廠

1921年啟新洋灰股份有限公司

路的義記洋行專銷它的產品。還有一家謙和洋行出售「鐵貓」牌水門汀。此外，早在一八九一年上海就出現了一家外貿經營的水泥製品廠，把洋灰鋪地的方法帶到上海。一八九二年法租界公董局就用這種材料鋪了領事館路（今北京東路），這也是上海有水泥路的開始。

31 草帽也是舶來品：盛錫福草帽店

二十世紀五六〇年代，毛澤東去農村視察，夏日炎炎他常攜一頂草帽，站在赤腳的農民中間。毛主席戴草帽曾不只一次地被畫家畫進了畫中，看著毛主席手中的草帽，會有誰還記得，原來它的編織方法和式樣是由西方傳入的，而這就要從劉錫三和他的盛錫福帽店說起。

據悉，草帽是十六世紀由德國羅陵州的農民首先發明，後逐漸普及於歐美各國。用麥稈編製的草帽辮是製草帽的原材料，於是草帽辮逐漸成為中國出口貨物中的大宗。同治十一年（一八七二年）出口草帽辮的價值在上海港十九種主要出口商品中位居第十五位，但二十年以後的光緒十八年，草帽辮的出口已躍居十九種商品中的第六位。

西方人為了進口草帽辮，便把草帽辮的製作技術傳授給產麥區的農民，然後利用中國廉價的原料和勞動力從中國大量進口草帽辮。「受雇於人而為編工者，每日可獲金鷹洋一角至四角。」「婦孺之受雇者，每日可得美金一分至一分半之賃價……中國人工之賤，無與倫比。」

劉錫三，原是山東掖縣的一個莊稼人，清朝末年在青島的一家外國飯店做茶房。但他聰明伶俐，利用跟外國人接觸的機會，很快學會了英語。他又進了美國人設在天津的「美清洋行」，當了名練習生，專學草帽辮的出口生意。山東是當時草帽辮的重要產地。草帽辮幾乎全部來自煙臺，山東省萊州城外十五英里的沙河是它的主要市場。劉錫三又憑著其山東人的優勢，在草帽辮的生意中大展拳腳，積累了豐富的經驗。

外商對出口草帽辮要求相當苛刻，一要編織巧妙，形式整齊；二要寬仄劃一，尺碼不少且無沾汙者；三要無破裂，不變色者。一些外商便在中國開辦製帽廠，用出口餘下的劣質材料製草帽，賣給中國人。這樣草帽的編製和製作技術便都傳入了中國。草帽業勃興於濟南、上海、天津、清江、成都等處。僅山東一地，就有製帽廠三所，日產帽約可達二千頂，濟南亦有製造廠三十處。

民國元年（一九一二年），劉錫三同友人合資在天津估衣街開辦了盛聚福小帽店。小店開張後，生意很興隆，年年盈利。後因發生矛盾，劉錫三與友人分手。這樣，盛聚福的買賣分到了劉錫三的手中，他決心把買賣做大些。他從東南銀行得到一筆可觀的貸款，又在天津法租界二十一號路選好店址，把盛聚福改為盛錫福，在民國六年（一九一七年）重新開張。「盛」是「生意興隆茂盛」之意，「錫」和「福」都是取自劉錫三的名字（劉錫三的乳名叫「來福」）。最初他只經營草帽，並在秋天兼做些彈棉花的業務。

民國初年，許多人剪去長辮，摘下瓜皮小帽，脫去長衫之後都想換上適合潮流的新式服飾、鞋帽。富於革新精神的劉錫三，看準社會潮流，向社會推銷歐美式的「時帽」。二十世紀三〇年代，他又從德國禮和洋行進口了全套製作呢帽胎的機器，開始生產各式禮帽。盛錫福仿製輕巧美觀的巴拿馬草帽和英、法、美式呢帽，自然受到人們的歡迎，成為當時的暢銷貨，盛錫福因此在帽業中脫穎而出。

後來，盛錫福逐漸走出了天津，在北京、上海等地開設了自己的分號。盛錫福由此成為全國最大的帽子商店，僅北京就有四處分號。其中王府井大街的盛錫福還有為國家領導人和外賓服務的任務。他們曾給毛澤東做過將校呢圓頂帽。二十世紀五〇年代，盛錫福為陳毅外長出訪印尼，做了一頂金絲草草帽。六〇年代，周總理去莫斯科訪問時戴的水獺皮帽，也是盛錫福做的。國內外各界人士慕名到王府井大街盛錫福買帽、訂做帽子的，不計其數。

32 由天然冰到人造冰

炎炎昔日如何來抵擋咄咄逼人的暑氣？如今，人們習慣喝上一杯冰鎮飲料或去品嘗一下風味各色的冰淇淋。然而，在古代要想在炎炎的夏日尋得一塊晶瑩透涼的冰塊，就不可能像今天這麼容易了。但是聰明的中國人卻有自己的方法，那就是設水窖來儲藏天然冰。

中國人三百年前就已經知道藏冰。大約二百五十年前，我們的祖先已知道用冰來冷藏食物。後來隨著白砂糖的出現，宮廷的御廚就別出心裁的將瀝上香精的大米和牛奶、白砂糖冰凍成「雪條」，獻給皇上消暑，這便是世界上最早的冰棒。

設在北京御城河邊的幾十處冰窖，為當時的中國人提供了大量廉價的天然冰。明代的開冰制度就曾提到「立夏日開冰，此文武大臣，編氓得買賣」。可見那時候的冰不僅賜給官吏消夏，而且只要有錢百姓也可買賣。大約花十個銅板，就可買到一尺見方的天然冰塊。

但並非所有的人都能享受天然冰。北京人因住在天子腳下，所以才能享受到這諸多的便利，諸如在夏日裏享受清爽宜人的天然冰。廣大的平民百姓最常享受的消暑方法大概也就是井水浮瓜吧，用只有三四度的井水將瓜果浸透來吃，倍感清涼爽口。香港人是在鴉片戰爭後成為了英國殖民地才用上天然冰，「那些冰塊，還是從美國用帆船運來銷售的商品，每磅要賣五仙，近於當時的米價。」當年在香港經營這項生意的是一八四五年開業的「丟杜洋行」，夏天的銷量可多達七八百磅。

天然冰的使用必然受到一定的限制，人造冰的發明便成為一種必需。發明冷藏法的是僑居英國的美國人雅各．珀金斯，一八三四年他獲得了英國的專利。此後他的一個助手又用製冷器造出了少量的冰。一八六二年，一個移居澳大利亞的蘇格蘭印刷工獨立設計的製冷器首次問世。

中國的第一家人造冰廠出現在香港。一八六六年，香港第一家製冰廠建立，但香港的人造冰最初售價每磅為四仙，後來工廠擴大了規模，產量增加了，售價又降至每磅三仙，這才終於把價錢較貴的美國貨天然冰逐出了市場。一八八〇年，上海製冰廠創建，到一八八四年這家公司生產的冰，每磅只售一分，日產量為四噸。幾年後中國商人也創建了自己的製冰廠。

十九世紀八〇年代，廣州和福州也先後都建立了製冰廠。沿海城市的冰廠，主要賣冰給出海作業的漁船，用來冷藏魚蝦。一九〇八年和記洋行又在漢口開設了中國第一家冷凍食品廠，次年四月，裝有冰凍機器的拉馬號輪船將這個廠的冷凍雞、鴨、麥雀、鵝、水鴨、獐等裝運赴英國，這是由中國內地貨運冷凍食品的開始。

33 流淚的樹：橡膠是如何傳入中國的

被人們稱為「綠色金子」的橡膠樹，原是南美巴西亞馬遜河流域的一種野生樹種。它能流出一種漿液，美洲的古老居民印第安人就叫它「流淚的樹」。這種漿液經過凝固會形成膠乳，即為橡膠。十三世紀左右，當地的印第安人就已知道使用橡膠製品了。直到哥倫布發現美洲，人們才知道橡膠。但這種生橡膠，冷天沒有彈性，熱天又會變得很黏，用途並不廣泛。直到美國費城人查爾斯．古德伊爾發明硫化橡膠。

查爾斯．古德伊爾（一八〇〇—一八六〇年）是美國康乃狄克州新黑文人。他是硫化橡膠的發明人，人稱「橡膠工業之父」。新黑文的同鄉們經常這樣說他：「如果你碰上這樣一個人，頭戴膠皮帽，身穿膠皮風衣，裏面穿著膠皮背心，下身著膠皮褲子，腳蹬膠皮鞋，手拿膠皮包，就像一個膠皮人，那麼不用說那肯定是古德伊爾。」聽了這段描述，讓人忍不住發笑。但卻有這樣的膠皮人。古德伊爾一直沉溺在對橡膠的研究中。他憑著自己的熱情和執著反覆試驗，終於發現在生橡膠的加工中加入硫磺，可以使做好的橡膠既富有彈性，又不再受溫度的影響，橡膠才成為一種理想的原料，從此橡膠工業發展起來。

十九世紀八〇年代，橡膠樹已傳入東南亞，並首先在馬來西亞引種成功。南洋華僑對東南亞橡膠事業的發展作出了世界公認的貢獻。二十世紀初，膠園已遍布馬來西亞、泰國等地。一八六三年，英國船隻運載三十餘擔生橡膠到達中國，中國境內才最早出現橡膠。一八六六年，中國開始進口雨衣、氣枕等橡膠製品。一八八四年，現代廣泛使用的膠鞋也登陸中國。但這時進口的橡膠製品數量很有限，例如一年進口的膠鞋只有五千雙左右，每雙鞋的進口價約為半兩銀子。到二十世紀初時，橡膠製品的進口數量不斷增加，品種已多達一千種，主要有車輪胎、膠鞋、膠帶、醫用手套、熱水袋、雨衣、皮球等。

隨著橡膠製品進口的增加及使用的增多，人們開始關心本國的橡膠生產。一八八〇年徐建寅以一個技術專家的身分考察了德國西門子電機廠的橡膠生產線。十九世紀末洋務派的有識之士開始調查中國境內的橡膠資源。民國時期，橡膠樹由東南亞傳入中國，主要經由三條途徑：歸國華僑何麟書從馬來引種橡膠樹於海南島；雲南傣族愛國領袖刀安仁從新加坡引種橡膠樹於滇西干崖；泰國華僑錢仿周從泰國引種橡膠苗於雲南西雙版納。中國的民族橡膠工業首先在廣州、上海等地陸續發展起來。

一九一五年，從馬來西亞等地歸國的華僑，首先在廣州創辦了名為「中國第一家」的橡膠廠，主要生產做假牙的膠牙托和膠鞋底。一九一九年，旅日華僑容子光兄弟和其在上海的同鄉合資創辦了中華製造橡皮有限公司，生產人力車胎、皮鞋底和玩具洋泡泡，但原料全靠進口。每天只能生產車胎二十付，皮鞋底十打，洋泡泡約三十打，品質也無法與舶來品競爭。

二十世紀二〇年代，國際市場橡膠原料價格下降，開辦橡膠廠獲利變大，於是大大小小的橡膠廠紛紛成立。一九二一年，參加第五屆遠東運動會的運動員穿的還是讓外國人瞠目結舌的布鞋，但到二〇年代中期膠鞋（跑鞋、運動鞋）卻已開始在學生、工人中流行。三〇年代時已極為普遍了。

34 追求時尚娛樂的舞廳

早在十九世紀中期，當上海的外國人把社交舞這一純粹的西方習俗介紹到中國時，它就很快贏得了中國人的喜愛。一九二七年，永安公司開設了中國第一家舞廳——大東舞廳。當像大東舞廳這些第一批舞廳開張時，成群結隊的中國人前去觀看。漸漸的，舞廳成為城市的一道風景線，一些雜誌也開始介紹各種流行交誼舞。到一九三六年，上海已有舞廳三百多家，這些舞廳成為當時的外僑及各階層的中國人時尚的娛樂方式。

舞廳，首先是為服務外僑而設的。外國人和一些有錢的中國人常出入那些頭等舞廳或卡巴萊，它們裝飾華美，常有歌舞表演，像華懋公寓頂樓、國際飯店的天臺、百樂門舞廳、大都會花園舞廳、聖安娜及維也納花園舞廳等。外僑不僅建造舞廳，而且還時常組織舞會。隨著婦女的人數越來越多，漸漸的達到了舉辦大型活動所需的男女比例。每年大公司、領事館、富裕的家庭、社團組織、警務處和軍隊都輪流舉辦舞會。

當時在上海的英國人的社交生活總是排得滿滿的，交際舞會多得讓人應接不暇。例如英國人維克多・沙遜爵士，一到上海就買地造屋，成立了華懋地產公司，位於外灘的華懋飯店就是維克多・沙遜的傑作。沙遜經常在華懋飯店的屋頂寓所舉辦場面浩大的舞會，這些舞會和沙遜的事業一樣令人目眩。沙遜酷愛舉辦假面舞會，一九三三年二月的一次舞會，他要求來賓打扮得像遭遇「海難」時那樣，服裝從睡衣到燕尾服應有盡有。沙遜爵士也為兒童舉辦假面舞會。但這些舞會並非對所有人開放，只有要人或某要人的孩子才會受到邀請。它們是外僑的天下，只有少數華人夾雜其間。

每年的七月十四日法國國慶日那天，法租界照例要舉辦舞會。上午在顧家宅公園舉行閱兵式，閱兵式後，領事館會在大廳舉行招待會。到了晚上，人們放起了焰火，軍樂隊奏起了美妙的樂曲，人們便興奮地舞起了華爾滋！

20世紀20年代的沙遜大廈

除了這些高檔舞廳，還有價錢不等、為各色中國顧客服務的、數量更多的小舞廳。這些小舞廳通常只有一支小樂隊，一些「的士舞者」或伴舞女郎，舞女和顧客一般都是中國人。小舞廳的價錢比較便宜，喝杯清茶只需兩角，可以隨意地坐上五六個鐘頭，也可以不必理會音樂的調子盡情地跳，甚至可以觸摸舞女的身體。

舞廳逐漸進入各個階層，成了流行的象徵。它也為一些藝術家提供了新的創作空間，如葉淺予、張樂平等上海的藝術家都曾用舞廳和舞女作為他們的創作題材。二十世紀三〇年代的天才作家穆時英就有意識地在舞廳為他的藝術尋求靈感。傳說他在一個叫「月宮」的舞廳，苦苦追求一個舞女，並最終娶她為妻。

35 散發迷人異域風情的咖啡館

有關咖啡由來的傳說有好多種，但人們不會忘記非洲是咖啡的故鄉。咖啡樹很可能是在埃塞俄比亞的卡發省（KAFFA）被發現的。隨著一批批的奴隸從非洲販運到也門和阿拉伯半島，咖啡也就被帶到了沿途各地。首批被人們稱作「卡文卡恩」的咖啡屋首先在麥加開張，人類歷史上第一次有了這樣一個場所，無論什麼人，只要花上一杯咖啡的錢，就可以進去坐在舒適的環境中談生意、約會。大約十七世紀咖啡才經由通商航線，漸漸風靡義大利、印度、英國、法國等地。一六五〇年左右，英國牛津出現了西歐第一家咖啡館。此後咖啡店迅速發展起來，特別是在富有浪漫色彩的法國，咖啡館成為一個充滿政治、文化特色的公共領域。

在十九世紀上半葉的上海，咖啡館也同樣流行。它成了中國人，特別是上等華人、外國人和作家、藝術家最受歡迎的一個休閒場所，是對西式現代生活方式體驗的空間，是中國人追求摩登、展現情趣的一種方式。

中國咖啡館的建立最早來自上海的法租界。和平安寧是法租界的特點，法國當局拒絕商人在住宅區做生意。和英租界內的摩天大樓、豪華公寓及百貨公司形成鮮明的對比是，沿著進入法租界的霞飛路兩旁的法國梧桐，你會被帶入了一個寧靜而富有異域風味的法國文化的氛圍中。法租界的風光別有一番情趣。在這裏你看到的不是展現西方商業文明的宏大的建築，而是教堂、墓地、學校、公園、電影院，還有咖啡館。「醉人的爵士樂夜夜從道路兩側的咖啡館和酒吧裏傳出來，告訴你裏面有女人和美酒，可以把你從一天的勞累裏解放出來。」

咖啡館散發著的濃郁的異域文化風味吸引了中國人，成為朋友聚會的理想場所。法國人的咖啡館情懷加上英國人的下午茶風俗，使那些追求時尚、熱愛文化而又囊中羞澀、兩袖清風的作家、藝術家都不約而同地青睞於既實惠又高雅的咖啡館，每天下午那裏的咖啡、茶和點心都比較便宜，可以隨意地坐上幾個小時。因而，每天下午去咖啡館成為他們必不可少的日常儀式。這些熱情的作家、藝術家常去的咖啡館有：南京東路上的新雅（喝茶、吃點心）、純粹外國風味的沙利文（喝咖啡、可口可樂、檸檬汁和「冷飲料」）、靜安寺路口的德式「番丹拉爾」（喝

法租界上的霞飛路是咖啡館的聚集地

咖啡、吃蛋糕）、「君士坦丁」和俄式咖啡館（喝正宗的阿拉伯黑咖啡）、「小男人」、「巴爾幹」，還有霞飛路上的復興館等。

一到黃昏，他們就各自走進自己習慣的幾家咖啡館，一面品著那些來自異域的刺激液汁，一面傾瀉著個人心坎裏積蓄著的思緒，彼此交流著快樂的情感。還可以時不時地欣賞咖啡館裏漂亮的女侍，聆聽從鋼琴和提琴上發出的優美旋律。親法分子張若谷曾生動、恰當地總結了去咖啡館的三種樂趣：咖啡本身的刺激，「不亞於鴉片和酒」；提供了與朋友長談的地方，「此乃人生至樂」；最後是，咖啡館有動人的女侍。

這些有特殊魅力的咖啡館，被中國的一批親法作家積極地傳播著，也給予了他們古怪美好的異域感，逐漸發揮著一種法國文化沙龍的作用。

咖啡館成了「現代城市生活的點綴」，「一個很好的約會地點」。坐咖啡館也就成為當時中國人摩登生活的一種象徵，如同電影、汽車，是現代性的重要標誌。

36 標點符號的引進與推行趣事

標點符號，正式作為漢語書面語言的組成部分，在中國還不到一個世紀。隨著清末以來中外文化交流愈益密切，在漢語中使用統一的標點符號成為一種必然趨勢。

中國古代的書面語言沒有標點，漢代以來用「、」和「↓」符號表示句子的停頓。到元代把

「↓」改為「。」。這種符號不能表示語氣、詞的性質與作用，經常產生理解上的困難，甚至誤解。例如，從前有個財主生性吝嗇，在聘請教書先生時講明膳食微薄，並與這位教書先生寫下一張沒有加標點的合約為據。合約寫著：「無雞鴨亦可無魚肉亦可青菜一碟足矣。」財主理解為「無雞鴨亦可，無魚肉亦可，青菜一碟足矣」，欣然簽了字。哪知吃第一餐飯，教書先生就大喊大叫了起來：「怎麼盡是素菜，沒有葷菜？我不是約定了『無雞，鴨亦可；無魚，肉亦可；青菜，一碟足矣』的嗎？」弄得財主哭笑不得。

中國的大門被打開以後，派駐國外的留學生漸多，中外交流頻繁起來，標點符號亦被介紹到中國。第一個從國外引進標點符號的人是清末同文館的學生張德彝。一八六八年二月，前駐華公使浦安臣帶領「中國使團」出訪歐美，張德彝位列其中。他有一個習慣，即無論到哪個國家，都喜歡把當地的景色、人物、風俗習慣記錄下來，以「述奇」為名編成小冊子。他在《再述奇》（現名為《歐美環遊記》）中有一段介紹西洋的標點符號，說：「泰西各國書籍，其句讀勾勒，講解甚煩。如果句意義足，則記『。』；意未足，則記『，』；意雖不足，而義與上句黏合，則記『；』；又意未足，外補充一句，則記『：』；語之詫異歎賞者，則記『！』；問句則記『？』；引證典據，於句之前後記「」；另加注解，於句之前後記『（）』；又於兩段相連之處，則加一橫如『——』。」雖然張德彝不是有意識地向國內知識界引入標點符號，甚至帶有反對的口氣，覺得這些標點繁瑣，但是卻在無心栽柳的過程中為中國語言符號的發展帶來了新風。

一八九七年，廣東東莞人王炳耀最先根據中國原有斷句方法，吸收國外新式標點，草擬了十種標點符號，即「，」讀之號，「。」句之號，「○」節之號，「V」段之號，「：」句斷意連之號，「——」接上續下之號，「？」詰問之號，「！」慨歎之號，「！」驚異之號，「<>」釋明之號，並倡議採用。

一九〇四年商務印書館出版了中國最早使用外國標點符號的書籍《英文漢詁》。一九〇九年，魯迅與周作人共同翻譯出版《域外小說集》，引進使用好幾種標點符號，並新創兩種符號，還在「略例」中專門介紹書中使用的標點符號。一九一八年五月，語文學家陳望道在《學藝》雜誌發表《標點與革新》一文，全面系統地引進並介紹了西洋十種標點符號。陳獨秀、李大釗主編的《新青年》，從一九一八年五月起全部以白話文編排，並使用新式標點符號。一時間，標點符號風靡全國。

一九二〇年，北洋政府根據胡適、錢玄同、劉復、朱希祖、周作人、馬裕藻六名北大教授提出的《請頒行新式標點符號方案》，發布五十三號訓令——《通令採用新式標點符號文》，中國第一套法定的新式標點符號由此誕生。

但新式標點符號的地位，還需要一定的時間來鞏固。例如，二十世紀三〇年代，上海有家書局發稿子按字數算稿費，標點符號不計算在內。於是，魯迅先生有一次給這個書局寄去的稿子，既沒劃分段落，更無一個標點，書局無可奈何，只得寫信給魯迅：「請先生分一分章節和段落，加一加新式標點符號。」魯迅回信說：「既要作者分段落加標點，可見標點和空格還是必要的，那就得把標點和空格也算字數。」書局只得認輸。

37 西式婚禮走進中國

西式婚禮有著與中國傳統婚禮截然不同的風格與味道。所營造的溫馨浪漫、自然融合的氣氛是傳統婚禮所無法比擬的。新人們就像童話中的主角一樣，美麗的公主嫁給了英姿勃勃的王子。但在「父母之命，媒妁之言」的中國封建時代是不可能的，西式婚禮走進中國也歷經了一番艱難曲折的歷史。

宋恕、譚嗣同等人早在戊戌變法前就提出了「婚姻要兩情相願」的主張，力圖改變女子被深鎖閨中、男女不能自由交往的陋習。一九〇二年，清政府的新政措施中允許滿漢通婚和勸止纏足，創造了一個寬鬆自由的輿論環境。此時的婚姻觀念也更為開放。「婚姻自由」在報刊中頻頻出現，成為一股相當有影響的新潮觀念。一些留學青年也陸續學成歸國，不僅帶回了西方的婚姻觀念，而且率先成為婚姻自由的實踐者。

擺脫原有羈絆的最好辦法，就是利用大眾傳播媒介。一九〇二年六月二十六日，天津《大公報》刊登了中國歷史上第一則徵婚廣告。內容如下：今有南清志士某君，北來遊學。此君尚未娶婦，意欲訪求天下有志女人，聘定為室。其主義如下：一要天足。二要通曉中西學術門徑。三聘娶儀節悉照文明通例，盡除中國舊有之陋俗。如有能合以上諸格及自願出嫁又有完全自主權者，毋論滿漢新舊，貧富貴賤，長幼妍媸，均可。請即郵寄親筆覆函，若在外埠能附寄大著或玉照，更妙。信面寫ＡＡＡ，託天津《大公報》館或青年會二處代收。此後，徵婚廣告時常見諸報端。

傳統的中國婚禮，講求各種繁文縟節，令人不堪應付。陳獨秀曾感慨，中國人的成婚之禮，是「淘氣的事」、「傷心的事」、「受罪的事」。往往「女家為了聘禮，男家為了嫁妝，都要大鬧一場」。婚姻形式必然也成為改革的對象。西式婚禮，簡潔和愉快，展現了新郎新娘的意志，雙方父母居於次要位置。這與中國傳統婚禮完全由父母做主不同。西式婚禮在中國最早出現於十九世紀末，但沒有形成什麼氣候。一九〇五年左右，由於其形式頗合主張婚姻自由人士的口味，一時間實行者大有人在，報刊的報導也起到推波助瀾的作用，在一些大城市成為時尚。

蔣介石與宋美齡的西式結婚照

報紙的記錄或許可以讓我們體會一下當時西式婚禮的情景。一則題為《文明結婚》的報導，即是當時西式婚禮的情形，展現了中西合璧。從形式上看，保留了一些傳統婚禮的成分。叩謁家長，宴飲歡聚，兩新人相向兩揖一節，明顯是從傳統婚禮承襲過來的。介紹人本是可有可無的，也在新式婚禮上出現。一對新人都是學生身分，可見敢於舉辦西式婚禮的人都有一定的文化背景。演說是當時西式婚禮所特有的，多半是針對婚姻自由、男女平等發表一番言論，有為一種新事物鳴鑼開道的意思。因此，演說者都是說話有一定影響力的社會名流。馬相伯、穆抒齋都是當時上海的知名人士。《大公報》一九一〇年報導的一場也題為《文明結婚》的婚禮上，演說者為該報的創辦人英斂之。演說詞中有「夫婦之道，最重愛情。有此種真精神以固於其間，則百年和合，永無反目之虞。中國數千年來，婚姻一事，專聽父母之命及媒妁之言，其禍之烈，不可勝言……且中國結婚一事，繁文縟節，虛浮濫費，舉皆無益……」在這則報導中，還專門記錄了新郎新娘互戴結婚戒指的細節：「仿泰西通俗，互將戒指戴於手上。」中國人戴結婚戒指的風俗，也許就是從那時開始的。

除結婚形式外，人們對結婚場所的選擇也有所注意。一九一一年上海《時報》發表了一篇題為《上海應有而未有之事．文明結婚廳》的文章。文曰：「近來文明結婚者日多，以張園為結婚之所，實為不美，因張園為一大茶館而已，日為流氓妖女勾引之處，以此污穢之地，豈可容一對新人行文明結婚乎？西人在禮堂行婚，視結婚為最高之舉，而處以最高之地位。今我輩雖不信彼教，然結婚禮堂不得不備。以我之意，莫妙建造一廳，四周草地，植以花草，廳中設結婚台，下設座位，以便賓客休息之用。其廳曰文明結婚廳，欲行文明結婚者，須在該廳行禮。」可見人們不僅在形式上模仿西式婚禮，還注意到西式婚禮烘托出的結婚的神聖性，力圖在環境上創造與西式婚禮相似的氛圍。以致後來上海人愛到基督教的活動場所——青年會禮堂去舉行婚禮。

一九二七年十二月一日，蔣介石與宋美齡在上海昆山路景林堂宋宅舉行基督教徒的結婚儀式。一九二八年十月二十五日，《民國日報》載文大聲疾呼：「舊式的婚姻陋習，實不能容它再留在青天白日之下，至少也應著著實實改革一下。」一九三四年二月，蔣介石發起了以「禮儀廉恥」

為準則的新生活運動，其中的重要一項是革除舊俗，鼎新風紀。上海市市長吳鐵城聞風而動，於一九三五年二月七日，頒布《上海市新生活集團結婚辦法》，以實行「簡單、經濟、莊重」的集團婚禮。其大致內容是：凡本市市民結婚，均可申請登記，經市社會局核准後公布報端；核准參加集團結婚者，交近時四寸全身照三張，二寸半身照一張，手續費二十元；婚禮在市政府大禮堂舉行，由市長、社會局長證婚；參加婚禮的除家長、親屬外，還邀請各界代表觀禮祝賀；發給新人結婚證書及紀念品，以資永久紀念；定每月第一個禮拜三為集團結婚日，盛夏七、八、九三個月除外。市政府決定，一九三五年四月三日為首屆新生活集團結婚日。當日，五十七對新人由家長陪同，穿著由著名服裝師設計、亞美織綢廠名牌絲綢製作的新郎新娘婚禮服，在歡快的婚禮進行曲中，由手提紅紗燈籠的社會局青年科員男女各兩人引導，雙雙攜手走進喜堂，舉行集體婚禮。並由當時上海市長吳鐵城宣讀結婚證詞：

中華民國二十四年四月三日，上海市政府舉行新生活集團結婚首屆典禮，本市長吳鐵城及社會局長吳醒亞為之證婚，五十七對新人參加，依法結為夫婦。

集體婚禮儀式結束後，吳鐵城向觀禮來賓發表了即席演說，呼籲人們改革舊婚俗，提倡集團結婚：

中國自革命以後，關於舊的禮制有很多已不合時代的精神，不復適用。就婚嫁而言，舊有的禮節太繁瑣而又鋪張，有悖革命精神，浪費了不少的金錢時間，甚至社會上還有許多人，將畢生省儉積蓄所得盡花於上，實屬勞民傷財。市政府有鑒於此，推行新生活集團結婚，以求簡樸、經濟、莊嚴、隆重。

一九三五年，當上海舉辦了中國首次集體婚禮，這一新式婚禮在上海家喻戶曉，而且隨著眾多報紙雜誌的宣傳，西式婚禮在全國引起很大的迴響。西式婚禮已真正為中國人所接受。

38 追悼會的引進

二十世紀初，天津《大公報》登載了一則消息：「有一天午後，在下坐著人力車，往估衣街去，剛走到老鐵橋，眼望見前面人山人海，擁擠不堪，耳聽著簫鼓管弦，喧天聒地，凝神一看，原來是一家出闊殯的。當時因為街衢填塞，人力車不能通行，只得下車，站在一旁，看看熱鬧，什麼紙錢紮啦，旗幡啦，官銜牌啦，擺列有多半里，五光十色，迎風招展。僧經啦，道經啦，喇嘛經啦，接連著三四起，吹笙擊鼓，各奏其能。又故意遲遲其行，使道旁觀者，有欲罷不能的光景，約摸著足有一點鐘的工夫，剛剛走完。」這種陳舊的出殯現象，引起了有識之士的關注，很多人提出了喪葬改革措施，追悼會隨之引進。

這場喪葬改革的先導，就是在報紙上登載現代訃告。古代報喪多用書面形式，稱「赴告」或「訃聞」，由專人送達，從周代一直延續到清代。一九〇五年天津《大公報》首先登載一則《訃聞登報》的消息，這是一種介紹性的宣傳文字。文中說：「訃聞登報，外國習以為常，近日華報亦數數見之，可謂輸入文明之現象也。」作為一種「輸入文明」的舉措，一九〇六年四月七日，《大公報》登出天津金融家嚴信厚的訃聞，這也是天津第一份現代訃告。

在現代訃告出現的同時，引進西式的簡樸追悼會以取代繁文縟節的舊式葬禮也開始出現。近代音樂家李叔同，乃留洋學生，接受新式教育，思想比較開放，一九〇五年七月三十一日，他為其母所開的追悼會，別開生面。當天到會四百餘人，贈輓聯哀辭二百餘幅。《大公報》刊登李叔同發布的《哀啟》：「敬啟者。中國喪儀繁文縟節，俚俗已甚。李叔同君廣平，願力祛其舊，爰與同人商酌，據東西各國追悼會之例，略為變通，定新喪儀如下：（一）凡我同人，倘願致敬，或撰文詩，或書聯句，或送花圈、花牌，請勿饋以呢緞、軸幛、紙箱、銀錢、洋元等物。（二）諸君光臨，概免弔唁舊儀，倘願致敬，請於開會時行鞠躬禮。（三）追悼會之儀式：（甲）開會。（乙）家人歌哀詞。（丙）家人獻花。（丁）家人行鞠躬禮。（戊）來賓行鞠躬禮。（己）家人致謝來賓行鞠躬禮。（庚）散會。同人謹啟。」這樣的追悼會既避免鋪張浪費，又摒棄僧道誦經等封建迷信，令時人感到新奇，也讓更多的人對追悼會表示稱讚。

天津甲辰科最末一位狀元劉春霖，雖然受的是傳統封建教育，但在一九〇七年也同樣採用文明辦法，為其妻舉辦了簡單喪禮。葬禮不延僧道誦經，不用紙糊樓庫，原定於初六日發引，因當日大雨，於是改為初七日。對於這樣的舉措，尤其是下葬日子改期，引起社會議論。《大公報》以《喪儀文明》為題報導：「中國婚喪禮儀，每摻雜以種種迷信之陋習，故有志之士多有倡議改良者，然錮蔽已深，驟難更變。今劉殿撰（劉春霖曾任翰林院修撰）能毅然行之，殊堪佩服，特志之以為世俗勸。」喪葬改良之風，為中國的喪葬活動帶來了一絲革新的氣象。追悼會在中國開始流行起來，尤其受一些有知識的開明階層歡迎。

39 現代廣告在中國是如何興起的

早在春秋戰國時，中國就已出現廣告，當時酒店、藥鋪就有「懸幟」、「懸葫蘆」作為象徵標誌的廣告，也有用手繪書寫懸掛張貼在店鋪外或城門附近的告示。十一世紀時，宋代就開始有印刷招貼廣告或在商品中夾帶木版印刷的「仿單」。中國歷史博物館內陳列的宋代「濟南劉家功夫針鋪」的印刷廣告即是明證。但中國的現代廣告是和西方的入侵分不開的。

明末清初，彩印廣告在中國沿海一帶出現。當時一些外國商船，為兜售商品，靠岸後四處張貼廣告，因為從海上而來，人們稱之為海報，但數量很少。海報的大規模出現是在一八四〇年後，中國沿海沿江地區被迫開放，外國資本紛紛進入，為了搶佔市場，進行了大規模的產品廣告宣傳，如香煙廣告、化妝品廣告、藥品廣告、銀行廣告、保險公司廣告等。

彩色印刷技術是一八七八年創造出來的。外商在其所在國大量印製彩色招貼廣告，再帶到中國來，免費贈送市民客戶。在那個彩色印刷技術剛剛起步的時代，能得到一張彩色廣告畫，對一般人來說實屬不易，逢年過節，便張掛起來增加喜慶氣氛，商家也藉此達到了宣傳產品的目的。只要買兩盒英美煙草公司的紙煙，就可以憑煙盒內附裝的贈品券換取一張月份牌畫。中國廣告無法與之抗衡。直到一九〇四年上海文明書局進口了彩色印刷機，中國才開始有自己印刷的彩色印刷品。到一九一五年，上海已引進了可以用三色印刷，多達十二種顏色的彩色印刷機，印出的廣告與原樣幾乎沒有差異。中國的商號、公司開始與洋廣告一爭高下。

現代廣告的興起及其成熟和藝術化也是來源於國外。起初外國駐華洋行、公司直接在國外印製一些歐洲油畫及風景畫並配以商品廣告作為廣告宣傳品，運到中國來贈送給經銷商和消費者。但由於中外文化差異，中國人對西方的藝術並不了解，這些現代廣告很難為中國消費者接受，其促銷效果也不好。這就迫使他們尋找新的、能為中國廣大消費者喜歡的廣告繪畫題材。於是他們試著用中國老百姓喜愛的國畫、年畫加配商品廣告的方式來做宣傳。

中國從宋代開始就有掛年畫、貼對聯的習俗，老百姓喜歡「灶王」、「門神」、「財神」等題材，外商看到了這一點，大量複製，邊款上面配以商品廣告，反映人民彼此的祝願和對美好生活的嚮往。到了清末民初，廣告由贈品轉變為商品，在市場競爭中，又促使它走向色彩鮮豔明快、題材內容多樣的趨勢。除「灶王」、「門神」、「財神」外，逐漸吸取了戲曲故事、民間傳說等民間文化內容。

二十世紀二〇年代初，美女圖案開始大量出現在香煙廣告中。它源於中國的仕女畫，並吸收西洋畫的環境布置、裝飾和效果，這些廣告印製精美，有的還在上面燙金，顯得十分華貴，為當時的百姓所青睞。起初的美女圖案多展現清代的柔弱病態和宋明時代的柔美嬌羞風格，到二〇年代後期，開始出現唐代的豐腴嬌豔風格，到了三〇年代，廣告中的美女又都成了「時髦女郎」，個個彎眉細眼、圓潤光潔、甜媚世俗。四〇年代，時髦女郎及其養尊處優的城市場景成為最重要的表現內容，女人形象更突出，逐漸發展到純為審美消費的「美女圖」。

從這些廣告的題材可以看出，此時女性文化十分突出，中國的社會正擺脫封建束縛逐漸開放起來。中國廣告的發展歷程不但見證了中國商業的發展狀況，也是中國社會的一種生動寫照。

第二章 東學西漸

1 圍棋的外傳

圍棋是中國人發明的一種古老的益智遊戲，是陶冶性情的技藝，中國傳統的琴、棋、書、畫四藝中，所謂的棋就是指圍棋和象棋。在漫長的歲月中，圍棋逐漸傳播到世界許多國家和地區，當今圍棋已成為一個世界性的比賽項目。

傳說圍棋是堯發明的。據說堯的兒子不甚聰明，堯便作圍棋以教化他，即「堯造圍棋，以教子丹珠」。圍棋古稱「弈」，已有幾千年的歷史了，春秋戰國的文獻上就已有了關於圍棋的最早記載，西漢時期圍棋緩慢地開始發展，直至東漢時候圍棋才逐漸為士大夫們所喜愛，到東漢末期及三國時期圍棋發展迅速，當時的很多著名人士都鍾愛這項活動，比如曹操和他的幾個兒子皆是下圍棋的高手。兩晉南北朝時候是圍棋的一個黃金時期，圍棋開始定型，棋盤上縱橫各有十九道線，三百六十一個棋位。當時的名士崇尚清談，放蕩不羈，他們覺得人生如棋，棋如人生，常常在圍棋的世界裏盡情搏擊，揮灑自如。隋唐是圍棋的第二個黃金時代，圍棋突破為士大夫壟斷的局面開始向民間傳播，並且圍棋向專門化方向邁進。在以後的幾個朝代，圍棋常隨著國家的興衰幾經起落，到清朝末年國家危急存亡之時，已少有人將閒情逸致及時光消磨在棋盤上，棋壇也隨之衰落了。今日，隨著國家的興盛，許多優秀的棋手不斷湧現，圍棋得到了進一步的發展。

圍棋在中國經歷了起起伏伏，在傳入國外的過程中也歷經了不少歲月。自兩漢時候就有不少使節出使西域，開通絲綢之路，中國與很多民族都有了交往，在漫長的歲月裏圍棋就曾傳入到古印度的很多國家，直到現在孟加拉、不丹、尼泊爾等國家還流行著古老的圍棋遊戲。圍棋還傳入到東南亞國家，和鄭和一起下西洋的馬歡在《瀛涯攬勝》中還提到三佛齊國的人愛好弈棋，三佛齊國指的就是今天的印尼一帶。

大概在南北朝時候，圍棋傳入了朝鮮、日本，至今在日本和韓鮮半島圍棋都是非常發達的，尤其是在日本，圍棋是他們的「國技」。唐朝的時候很多來中國的日本僧人和留學生愛好圍棋，他們向中國棋手學習請教，與他們切磋技藝，比如我們所熟知的吉備真備在中國待了十九年，就非常愛下圍棋，回國後大力傳播圍棋技藝，與很多高僧一起在日本推動圍棋。天皇、貴族大夫、僧人、宮廷女官等壟斷了圍棋運動，將其視為陶冶性情的好方法。日本書籍中還有一個有趣的記載，說醍醐天皇（八八五—九三〇年）和當時日本的「棋聖」寬蓮法師下圍棋，以一個金枕頭做賭注，結果天皇還是輸了金枕頭，不過這個言而無信的國君又最終派人從寬蓮法師那裏奪回了金枕頭。圍棋在日本逐漸發展了起來，尤其是明治維新之後，日本圍棋出現了非常繁榮的局面，並逐漸發展成為他們的國技。

歐洲人對中國圍棋的了解是經過怎樣一條道路呢？早在明朝時候，義大利傳教士利瑪竇來華時曾向歐洲人簡略地介紹過中國的圍棋，但在西方社會沒產生什麼影響。真正把圍棋引入西方世界的當屬德國人奧斯卡·科歇爾特（一八五三—一九四〇年），他在歐洲棋壇上有著非常重要的地位，只不過他是從日本學得中國圍棋的。這個德國人具有良好的學識，曾當過化學工程師，大概在十九世紀七〇年代中期來到日本，在那裏住了將近十年。科歇爾特對棋類遊戲很感興趣，一次生病臥床的時候看了一些圍棋類的書，不甚明白，於是想拜日本人為師。沒想到這個過程還很曲折，一些日本圍棋大師不肯教他，認為這些洋人根本看不懂這類遊戲，不過科歇爾特經過一番努力之後還是成功拜了一位頂尖的圍棋大師，這樣他的圍棋技藝進步很快。科歇爾特覺得應該向歐洲介紹這門棋藝，於是自一八八〇年起，他陸續在德國的雜誌上陸續發表關於圍棋的文章《日本人和中國人的遊戲：圍棋》，次年德語單行本《日本人和中國人的遊戲：圍棋，國際象棋的競爭對手》在日本橫濱發行，這是歷史上第一本以西方語言寫成的關於圍棋的書。這本書發表後逐漸引起德國人的興趣，後來在德國的萊比錫地區出現了圍棋社團，以後德國和英國的一些學者參照科歇爾特的書陸續發表了一些圍棋著作。圍棋逐漸在西方世界流行了起來，正像科歇爾特曾經說過的「我們的象棋界將認識到圍棋技巧的獨特和深度完全能與象棋媲美，圍棋會很快和象棋一樣得到人們的熱愛」。

2 中國茶是如何傳入歐洲的

中國是茶的故鄉，在這片美麗的土地上，茶香四溢，茶文化源遠流長。今天茶已經是與咖啡、可可並列的世界三大飲料之一，世界上的飲茶之風最初就是從這個古老的國度傳播開去，它曾東傳日本、朝鮮等亞洲國家，在日本還形成了頗為講究的茶道。在地球的另一方——歐洲地區，人們也有飲茶的習慣，如英國就是飲茶大國，他們的「下午茶」就是非常有名的。那麼就讓我們了解一下中國的茶走入西方的歷程。

茶在中國的歷史已達幾千年了，傳說是神農氏發現了茶這種植物。茶葉最初起源於古代巴蜀地區，所謂「茶者，南方之嘉木也」，那裏有很多野生茶樹，後來人們還有意栽培這種植物，西周時茶葉曾是巴蜀地區上交周天子的貢品。秦漢統一以來茶葉迅速向巴蜀以外的地區傳播，但當時主要還是在南方地區擴展，經魏晉南北朝到隋唐朝時北方地區才開始飲茶。值得一提的是，唐朝時陸羽（大約七三五—八〇四年）寫了一部關於品茶、沏茶、煮茶的經典著作——《茶經》。陸羽是一個無父無母、無名無姓的棄兒，據說是被竟陵（今湖北天門市）龍蓋寺的主持智積禪師撿起並收養成人。智積禪師喜好品茶，陸羽從小耳濡目染也煮得一壺好茶，常為恩師烹茶。陸羽有些放蕩不羈，不為世俗所拘泥，甚至有時還有違師意，後來他離開了寺院，四處漂泊。陸羽長相難看還有些口吃，一度吃過不少苦頭。多年來陸羽遊歷四方，結交了不少名士，見識廣博，又注意各個地區的茶葉，所以對茶有相當的研究。所以顏真卿在湖州任職期間召集編纂百科全書形式的《韻海鏡原》，陸羽也被邀請，編寫茶這一部類。陸羽在這本書詳述了茶之源、茶之具、茶之種類、茶之烹煮等內容，這在當時是前無古人的，恐怕在某種程度上也是後無來者的。陸羽由此被尊為「茶聖」。到宋朝時茶真正遍布大江南北，民間的茶文化也興起，至明清時期全國各地茶館盛行，飲茶之風極盛。

茶真正傳入西方是在十六世紀，在此之前也有人推測是否茶早就通過古代中西方的交通要道——絲綢之路輾轉進入歐洲地區，或許也有可能，但是在十六世紀，來華的傳教士們卻帶著好奇在他們的書信或著作中描述中國的茶，可見到那時為止中國的茶還不為西方人所熟知。所以，可以想像，也許當初中國的茶根本沒到過西方，或者就算曾到過西方，那麼也是因為某些原因被忽略掉，沒有流行起來。不管怎樣，十六世紀歐洲人才正式提到中國的茶，大約十七世紀開始大量將茶運往歐洲。

現今可知西方人最早的一本提及中國茶的著作是一五四五年威尼斯地理學家喬瓦尼・巴蒂斯塔・賴麥錫（一四八五－一五五七年）所著的《航海旅遊記》，書中提到：「契丹國復有樹一種，各地之人皆用其葉。樹名契丹茶。……覺胃不舒暢時，僅將此汁，略飲少許……」可見在這本書中歐洲人認為茶是當作藥用的。義大利傳教士利瑪竇（一五五二－一六一〇年）和葡萄牙教士克魯茲（？－一五七〇年）分別稱茶為「Cia」和「Cha」二者發音相似，這是因為他們都在廣東等南方地區待過，從而模仿廣州人對茶的稱呼。二人都提到這是中國人的一種飲料，他們用來招待客人，這樣才顯得有禮貌云云。就這由樣在華的一些傳教士陸陸續續地向西方人介紹了中國的茶。

十六世紀初的時候，當時的葡萄牙曾與中國有過貿易，茶葉也在運回的貨物之列，很快當時的荷蘭人也參與了進來，而且勢頭更猛，大有排擠葡萄牙之勢。荷蘭在一六〇二年成立了東印度公司開展與東方的貿易，一六一〇年他們首次載著中國的茶回到歐洲。荷蘭人稱茶為「Thee」，因為荷蘭人同福建人進行過貿易，將福建人稱茶的音寫為「Thee」，後來荷蘭人將茶轉運至英國、法國，茶的英文就演化為今日的「tea」了。在荷蘭，十七世紀後期茶就已經走進了荷蘭百姓的生活中，至今他們仍然保持著喝茶的習慣。荷蘭人運回茶的主要目的並不是要自己享用，他們要用茶來賺錢。他們將茶轉運到英國、法國、德意志等地區。

十七世紀五〇年代茶進入了英國，一六六二年葡萄牙王國的公主凱薩琳嫁給了英國國王查理二世，當時葡萄牙王室已有飲茶之風，這位公主更是喜歡喝茶，茶葉作為公主的陪嫁物品之一走入了英國王室的大門。在她的影響之下，英國王室宮廷中盛行飲茶之風，不過這時中國的茶還是相當奢侈的物品，只在上流社會中流行。到十七世紀末，轉運到英國的茶日漸增多，茶也不再那麼昂貴，倫敦很多咖啡館中引進了茶，一般百姓也能喝得起了。十七世紀後期和十八世紀上半期，中國的茶葉大量進口到英國，英國在對外貿易中處於嚴重的入超地位，為扭轉這個局面，英國做起了鴉片貿易。十八世紀中期時倫敦的飲茶之風相當普遍了，後來茶便成為一種非常普遍的飲料，時至今日很多英國人每天都喝茶，他們常在茶中加入檸檬、鮮奶，一天至少要喝個四五次，早上起床喝一杯，早餐時一杯，上午還要喝，下午四五點鐘還有「下午茶」，晚上更是少不了。

茶傳入法國的時間大抵和英國相仿，據說一六三六年茶就來到了巴黎，六〇年代法國國王路易十四的藥方中，就曾把中國的茶當作消化的良藥，因為據說中國人之所以健康長壽就是因為常喝這個，不過當時茶在法國並不像在英國那樣流行，法國普通人還是不常飲用，但是現在法國人的喝茶之風很盛，大街小巷中茶館與咖啡館比肩林立，成為一景。

在北歐尤其是在瑞典，茶的傳播很有意思，十八世紀瑞典國王古斯塔夫（一七七一──一七九二年在位）對傳來的茶持懷疑態度，因為有人說這是東方一種有益的飲品，有人就很不相信。於是國王便讓死刑犯試飲，並許諾免他死罪，結果這個人每天飲茶卻安然無恙，這樣國王才放心喝茶，瑞典的飲茶之風始盛。

中國的茶在東歐的傳播可是歷經波折。如在俄羅斯，現在的俄羅斯人還是很喜歡喝茶的，他們有自己的烹煮調製方式。但是中國的茶在俄國歷史上有好幾次傳入的機會，卻都被錯過了。早在十三世紀上半葉時，「一代天驕」成吉思汗的子孫們征服當時的基輔、莫斯科等公國，當時蒙古人的飲茶之風十分興盛，但並沒引起那些小公國人們的注意。到十六世紀八〇年代時，俄國人又征服西伯利亞，那裏有些游牧的蒙古人，他們也是嗜茶如命，但是俄國哥薩克對此沒什麼好奇。十七世紀上半葉一個俄國使團來到中國西北，那裏的人將茶作為禮物送給他們，但是這些俄國人十分勉強地將其帶回國。十七世紀中葉俄國使團出訪中國，當時的順治皇帝將茶葉作為對沙皇的回贈禮物，好笑的是這些使節竟在北京就地把它們賣了。到了一六七五年，奉沙皇之命來中國的又一個使者才向國內介紹了中國的茶葉，「不是樹，又不是草，它生長著許許多多的細條……當你習慣時，你會感到它更芬芳了。中國人很讚賞這種飲料，……並且用來款待客人」。漸漸地一些俄國人對茶葉有了了解，以後中俄在邊境進行貿易，茶葉成為其中一個重要門類，但運進俄國的茶葉還是有限的，所以俄國境內還只是上層貴族能夠喝得上，直到十八世紀末，茶葉才真正走進民間，俄國飲茶的風氣才日漸形成。

今日中國的茶已香飄五洲四海，正如外國人所說的，中國的茶是東方人贈給西方人的最好的禮物。

3 端午節：海外千里共佳節

端午節是中國的一個重要節日，已延續數千年，與春節、中秋節一起並稱為三大傳統節日。端午節內容豐富，風俗濃厚，展現著中華民族特有的風情。在漫長的歲月長河中，這一節日還影響到我們周邊的很多國家。一些受中華文化影響很深的民族也效仿中國慶祝這一節日，每逢端午，他們也隆重歡度，可謂海外共佳節。

農曆每年的五月初五就是一年一度的端午節，又被稱為端陽節、端五節、天中節，它在中國的由來很久了，民間的習俗眾多，不同的地域有不同的端午文化。不過，不管各地風俗有多麼不同，有幾樣可是共同的，比如端午這天都會吃粽子，插艾草，賽龍舟，在手腕、腳腕上戴五彩絲線。關於端午節的傳說相當多，有屈原說、吳越民族圖騰說、民間的送瘟神說……

端午節來自屈原是一種很常見的說法，值得一提的是現在很多的學者認為這一說法事實上並沒有太確鑿的依據，因為很多習俗在屈原之前就有了。不過這個故事人們已經代代相傳了千年，不管端午節是否真的源自屈原，屈原為國投江這一淒迷的傳說就足以讓世代人銘記。屈原（約西元前三四〇—西元前二七八年）是戰國時期楚國的士大夫，著名的政治家和愛國詩人，《史記・屈原賈生列傳》中說他「博聞強志，明於治亂，嫻於辭令」。但是楚懷王卻聽信小人讒言將其流放，後來在西元前二七八年，楚國為秦國所滅，屈原傷心欲絕，投汨羅江而亡。人們感念屈原的一片愛國之心，紛紛划漁船來救，但是沒有找到屈原的屍體。為了不讓河中的魚蝦、惡龍吞食屈原的屍體，人們紛紛往江中扔米、雞蛋，隨後又將米包成粽子投入江裏，還划船敲打來驚嚇水中魚蝦。據說屈原投江這天正是農曆的五月初五，以後每年的這天人們便吃粽子、划龍舟。

端午節源於南方吳越地區的圖騰祭一說，是講在遠古的時候南方的吳越民族有自己的圖騰崇拜習俗，他們將船上刻上龍形，進行祭祀。據說粽子類的東西也是他們祭祀時的一種食品，手腕、腳腕上所帶的五彩絲線可能是當年他們手腳刺青紋身的一個替代品。在五月初五這天，他們所進行的一切活動都是為了驅邪避陰，祈求保佑。

民間端午這天送瘟神的故事也很有趣。傳說天上的一個神仙想要考察人間百姓心地如何，於是扮作一個乞丐下凡，來到一戶富人家討要吃喝東西，不想這家主人橫眉冷對，無比吝嗇，毫無憐憫之心。神仙大怒，認為人間的百姓刁鑽邪惡，決定發動一場瘟疫來懲治他們。第二天早上他又巧遇一婦人，懷中抱一小孩，手中牽一大孩準備過河，來到河邊時，婦人卻放下懷中小孩，抱起大的孩子過河。神仙感到奇怪，問其原因。婦人答道，大的孩子是丈夫前妻所生，小的孩子是自己親生，過河有些危險不想對不起丈夫前妻，神仙聽後頗為感動，慨歎人間也有大善之人，於是給她一棵艾草，囑咐她明天會有一場瘟疫，將此草插在大門上便不會受瘟疫的影響。婦人回去後，又將此事告訴鄉親們，於是村中家家插上艾草，躲過了瘟疫。這便是端午插艾草的風俗。還有一故事是說村裏一個人得了瘟疫，經高人指點得知是被五鬼纏身，幾經周折仙人終於捉得五鬼，將其封在罎裏，裝在船中，讓其順流而下，這天百姓紛紛來到河兩岸，到船行至自己身邊時便往水裏扔米、茶葉一類的東西，表示瘟疫從此一去不返。

端午節的內容十分豐富，傳說與習俗也遠不只這些。它不僅是中國的一個比較隆重的節日，我們周邊的很多國家也受中國習俗影響慶賀端午節，比如在朝鮮半島、日本、越南、泰國、馬來西亞、新加坡等地。當初端午節是如何傳入這些國家的已不十分清楚，但可以想見的是這些國家曾與我們有很深的交往，他們曾積極學習和仿效中國的政治制度、生產技術、禮儀風範等，所以端午這樣的習俗傳入這些國家也是可以想像的。

4 走向世界的中國豆腐

提起豆腐，大概不會有人覺得驚奇，它是今天最常見的一種食物了，不過千萬不要小看它，一方小小的豆腐價值可不低呢。它不僅鮮嫩美味，而且營養價值頗高。中國是名副其實的豆腐之鄉，豆腐從這裏走向世界許多地區和國家，為世界飲食文化作出了一份貢獻。那麼豆腐是如何被發明，又是如何走向世界的呢？

豆腐，在中國有兩千多年的悠久歷史，古稱「菽乳」、「黎祈」、「乳脂」、「脂酥」等等。關於豆腐的起源問題，不論是民間傳說還是文獻記載，大多認為是西漢的淮南王劉安發明的。其實在劉安之前民間已經有將豆子研碎的多種吃法了，不過還沒用石膏積攢，所以沒成豆腐狀。宋代理學家朱熹曾作有八首《素食詩》，其中有一首是關於豆腐的，云：「種豆豆苗稀，力竭心已腐。早知淮南術，安坐獲泉布。」在詩末，他還注有「世傳豆腐本為淮南王術」字樣。元末明初的大學者葉子奇在《草木子》中，提到：「豆腐始於漢，淮南王劉安之術也。」明代李時珍《本草綱目》中也說，「豆腐之法，始於漢淮南王劉安」。劉安（西元前一七九－西元前一二二年），西漢時期人，漢高祖劉邦的孫子，被封為淮南王。《史記》中記載「淮南王安為人好讀書古琴，不喜弋獵狗馬馳騁」。他醉心於道家，有方士門客上千，曾集結這些人編有著名的《淮南子》。劉安和這些方士們經常研究煉丹成仙之術，民間還傳說他最後成仙升天了，連雞狗都跟著沾了光，所謂「一人得道，雞犬飛升」，當然這是關於他的傳說了，實際上他多次起來謀反朝廷，最後是自殺而亡。據說豆腐就是在劉安等人煉丹的過程中被發明出來的，一次他煉丹時，無意間碰灑了一碗豆漿，而這豆漿恰恰灑到有石膏這類東西的煉丹原料上，很快豆漿凝結成了豆腐，軟軟的，口感很好。不久，豆腐便流傳開了。

除了劉安發明了豆腐這種說法，民間還有這樣一個故事。有這樣一家三口：兒子、媳婦和婆婆，不過這個婆婆對媳婦有些苛刻，就是平常的豆漿也不想讓她喝。一天婆婆要出遠門，在外住上幾日。媳婦竊喜，婆婆一走，她就開始磨豆子，要做豆漿喝。當豆漿開鍋，她正往外舀時，她聽到一陣腳步聲，以為是婆婆回來了，於是慌忙把剛煮好的豆漿舀到一個曾醃製過鹹菜的罈中。不想，原來是丈夫回來了，而此時罈裏的豆漿已經凝固，夫妻倆一吃，竟然十分美味，丈夫於是將其命名為「逗夫」，即後來豆腐的諧音。

雖然有明確的文獻記載，但很多人對豆腐起自西漢劉安這種說法持懷疑態度，理由是直到唐末宋時文獻中才有明確的「豆腐」字樣出現。不過二十世紀五〇年代末的一次考古解決了這個爭論。

一九五九年至一九六〇年，考古工作者在河南密縣打虎亭村漢墓中發掘出了豆腐作坊畫像石，農業考古專家兩次奔赴現場考察，這一畫像石非常清晰地描繪了傳統製豆腐的工藝流程，如泡豆子、磨豆子、過濾、點漿、整壓等程序，證明了豆腐確實起於西漢。

中國的豆腐最早是傳入了日本，大部分人認為，唐朝的鑒真和尚（六九七—七六三年）東渡日本時將豆腐的製作方法也帶了過去。日本人視鑒真為豆腐界的鼻祖。一九六三年紀念鑒真大師逝世一千二百周年時，來參加紀念活動的人中豆腐業的人士佔了相當大的一部分。江戶時期日本的《料理物語》中已出現了十多種豆腐的製作方法。一九五二年的時候，四川「麻婆豆腐」來到了日本，那是一個叫陳建民的人帶去的，他一個人從香港來到日本，在那裏製作四川菜，日本人得以嘗到四川的「麻婆豆腐」，陳建民因而成為「麻婆豆腐王」。宋朝時，豆腐又傳進了朝鮮。一八七三年，在奧地利的維也納舉行的萬國博覽會上，中國豆腐及其他一些大豆製成品深受好評。此後，豆腐逐漸傳播到西方歐美國家。《豆腐為二十世紀全世界之大王》記載，本世紀初年的時候，中國一些留法的學生勤工儉學時，曾在巴黎創辦過豆腐公司，還生產一些其他的豆製品。據說他們的豆腐一度還小有名聲。

豆腐營養價值極高，李時珍《本草綱目》中寫道：「寬中益氣，和脾胃，消脹滿，下大腸濁氣，清熱散血。」現代醫學也證明豆腐的營養價值極高，它富含豐富的蛋白質，比肉類中的蛋白質要高出許多，所謂「此物有肉料之功，而無肉料之毒」，而且易於為人體所吸收。《延年種錄》中說「豆腐令人長肌膚，益顏色，填骨髓，加氣力」。豆腐還對高血壓、冠心病等有輔助療效。一直以來中國豆腐雖然傳入西方，但他們好像不太習慣食用，直到二十世紀豆腐才在那裏真正流行開來。西方人講究營養，流行減肥，積極防治疾病，真正認識到豆腐的好處，號稱這將是二十一世紀最佳的、全球性的保健食品，豆腐及其他豆製品在西方風靡一時，美國政府還建議學校的午餐裏以豆腐作為蛋白質的攝取對象。現在西方的豆腐產業發展得很迅速。不僅如此，來到中國的西方人對中國廚師用一方小小豆腐做出的一桌色香味俱全的美味佳餚驚歎不已，更是對這豆腐刮目相看。

5 走出國門的筷子

筷子有幾千年的歷史，遠遠不是單純的就餐工具這麼簡單，已成為一種獨特的標誌，古老中華文明的象徵，並且在發展的過程中影響了其他文明。

在久遠的時候，我們的祖先也經歷過用手抓飯的過程，可是後來碰到熱的食物怎麼辦呢？於是嘗試用小樹枝、木棒、竹棍之類的東西夾取，漸漸的，類似筷子之類的東西就出現了。真正意義上的筷子起於何時？一說可以追溯到夏代；一說是商代，因為《史記》中記載商代紂王已經使用象牙筷子；此外還有春秋戰國說。不論怎樣，筷子在中國至少有兩三千年的歷史了。筷子又稱「挾，箸，筯」等，秦漢時候稱為「箸」，因為「箸」與「住」同音，而「住」有停止的意思，多少有些不吉利，古人對此是十分講究的，於是取「住」的反意為「快兒」，又因為大部分用竹子製成，故最終為「筷」。筷子是讓中國人感到驕傲自豪的發明。諾貝爾獎得主李政道博士說過：「如此簡單的兩根東西，卻高妙絕倫地應用了物理學上的槓桿原理，筷子是人類手指的延伸，手指能做的事，它能做，且不怕高熱，不怕寒凍，真是高明極了」。還有學者測定，人在使用筷子時，有八十多個關節和五十條肌肉參與運動，並且都與腦神經有關。不管此種說法是否有些誇張，不過使用筷子使人手靈活巧妙，有利於大腦倒是真的。

亞洲有相當一部分國家是用筷子進食的，總共約有十五億人口。中國的「筷兒」可是功德無量。在唐代之前，中南半島上受中華文明影響的越南等國就學會了使用筷子。筷子傳入朝鮮島也有一千多年的歷史，今天朝鮮人仍在使用筷子，幾乎沒什麼改變。而在日本，很早的時候日本也有類似筷子的東西，唐朝時，中日交流繁盛，日本遣唐使來華學習，據說是一個叫小野妹子的遣唐使將筷子帶回了日本，日本由此開始使用中國的筷子。今天在日本有「筷子節」，他們對「中國筷子」做了改動：中國人的筷子較長，頭平頂粗，日本人的筷子較短，前面的頭是尖尖的，這是因為中日兩國民族性格和飲食習俗不同。中國人熱情好客，喜歡圍坐在一起吃飯，觥籌交錯，推杯換盞，所以筷子一定要長一些，而日本人則是分餐制，一人一份，也就不用那麼長的筷子，還有，他們常吃海鮮，尖尖的筷子頭可以幫助其進食。此外，印尼、馬來西亞、新加坡等國家使用筷子的風氣也日盛，這是因為明清以來，華僑經常南下，隨著華人的不斷流入，筷子也走上了這些國家的餐桌。

6 饅頭是如何傳入日本的

世界上以饅頭為主食的民族並不多，其中的大系還是在中國的北方地區。北方人多喜歡吃饅頭這樣的麵食，除此之外，日本人食用饅頭的歷史也是很久遠的，他們的饅頭正是傳自中國。

饅頭在中國已有一千七百多年的歷史了，相傳是三國時的諸葛亮發明的。西元二二五年蜀國丞相諸葛亮率大軍南征西南少數民族，七擒七放蠻族首領孟獲，從而成功收服南方少數民族。班師回朝來到瀘水時，忽然烏雲密布，狂風驟起，兵不能渡，軍士報告丞相，諸葛亮於是問孟獲，孟獲說此水原來就有猖神作怪，來往的人都必須用七七四十九顆人頭並黑白牛羊祭奠，到時候風浪就會平靜。諸葛亮親自到瀘水邊察看，果然看到陰風狂作，波濤洶湧。諸葛亮又急問當地的土人，這些當地人說，自從大軍來此，夜晚常聽得水裏鬼神哭號，從黃昏到天亮，陰鬼無數，在此作禍。孔明尋思道：自蜀軍南征，蜀兵與蠻人在此死傷很多，孤魂怨鬼無法消逝，所以在此興風作浪。土人們建議說用四十九顆人頭祭奠才好。諸葛孔明覺得已有無數冤魂，又豈能再胡亂殺人。想來想去，計上心來，他讓人宰殺牛馬，牛馬肉外包上麵粉，形狀仿照當地人的頭，因為那時將這些人稱為「蠻人」，故稱其為「蠻頭」，後來寫作「饅頭」。今天的饅頭就是這麼演化來的，分為無餡的饅頭和有多種花餡的饅頭。

日本的饅頭源自中國，其始祖是中國人林淨因，他是日本奈良饅頭的創始人。日本人尤其是飲食界人士每年都要聚會進行拜祭饅頭始祖林淨因的儀式。林淨因是元代浙江人士，當時有一位叫龍山德見的日本僧人來到中國遊歷，研習佛法。林淨因與他交往很好（另有說淨因拜龍山德見為師），一三五〇年，林淨因隨龍山禪師一起東渡去了日本定居奈良，開始了在他鄉謀生的歷程。日本人當時還不懂得麵粉發酵的方法，林淨因便以中國的饅頭手藝為生，在饅頭裏放入了適合日本人口味的花餡，並在饅頭上寫上「林」字進行銷售。據說他的中國饅頭非常受歡迎，林淨因還將饅頭進獻給日本天皇，得到天皇的讚賞，賜給他一名宮女為妻。林淨因大喜之日，做了大量的林氏饅頭饋贈鄰里。有意思的是，以後人們結婚的時候就興起了送饅頭的習俗，預示著好運和喜慶。後來禪師龍山德見去世，林淨因一時惆悵滿懷，想起以前和龍山在中國的很多事情，思鄉之情難以消解，終於在一三五九年回到了中國。留在日本的妻兒對此也十分無奈，在他走後，他們便繼續製作中國饅頭以作紀念。他的二兒子惟添盛佑繼承了父業，開設了饅頭屋，遠近聞名。林淨因的孫子也曾回到祖父的故土中國學習饅頭點心製作手藝，回到日本後，定居在一個叫鹽懶的小村子，不久改姓鹽懶，他做的饅頭非常出名，稱為鹽懶饅頭。林家幾代將中國的饅頭做了改動，裏面放了適合日本人口味的東西，與中國的白饅頭略有不同，不過換湯不換藥，饅頭的製作發酵技術還是一樣的。就這樣，饅頭這一種好吃的麵食在日本逐漸受到歡迎，很多日本人見做饅頭賣饅頭有利可圖，便紛紛效仿，由此中國的饅頭在日本流傳了下來，直至今日。

7 中國畫對近代西方繪畫的影響

中國畫，簡稱「國畫」，是中國的傳統繪畫，歷史悠久，風格獨特，自成一體，是世界藝術寶庫中的一朵瑰麗的奇葩。它表現的意境悠遠，畫風清新淡雅，不僅深受國人喜愛，而且也為世界人民所青睞。近代時，中國畫漂洋過海，曾像一股清風吹到西方畫壇，給西洋畫壇帶來不少啟迪和借鑒。

中國畫與西洋畫有很大不同，大抵都反映了一種地域特色和民族特性。東方民族含蓄內斂，所畫的作品充分展現了這個特點，不管是國畫中的山水畫、人物畫還是花鳥畫都給人一種清新恬靜的感覺。中國畫注重線條的描繪勾勒，善用墨色，並與詩詞、書法、篆刻等有機結合，最重要的一個特徵是講求意境，與西洋繪畫相比它並不太注重寫實，而是講求作畫人主觀意志的表達，所謂「墨筆由我舞，揮灑一片天」。與東方繪畫以自然作為描繪主體不同，西方繪畫一直以來人物畫佔據著相當大的比例；西洋畫注重寫實不注重意境的表現，他們要求準確，力求在平面上完整表達立體的事物，而不是以線條的點到為止為原則，畫面中的主體大都是襯有背景圖案的，中國畫中一張紙上可以只有一朵花或一隻鳥的做法，在西方人看來是不可思議的。從直觀的角度而言，中國畫是清新充滿神韻的，西洋繪畫是平實厚重的。

十五世紀末新航路的發現使得世界各民族的交往又向前邁進了一大步，西方世界發現了繞過非洲南端的好望角進入印度洋直達東方的新航路。在古老的絲綢之路之外，中西交通又掀起了一股熱潮。早在十六世紀，當時的新航路的開路先鋒葡萄牙就徘徊在中國的南方海域，並進佔了澳門，在以後的幾個世紀裏，歐洲的傳教士紛紛來到夢寐以求的古老國度傳教，在這僅列舉幾個大家非常熟悉的人物，最著名的如歐洲漢學之父利瑪竇，曾被清朝順治帝尊為「瑪法」（滿語，意為爺爺）的德意志的傳教士湯若望，頗受康熙皇帝信任的比利時人南懷仁……這些耶穌會士大多受過良好的教育，精通數學、天文，懂得軍事、醫藥，有的精通繪畫、音律，且見識廣博。這些來華的傳教士驚奇地看著這個遼闊統一的國家，經常著書立說或者寫信回國，向歐洲人介紹這個古老的文明，介紹這裏的政治制度、禮儀習慣、風土人情等等。尤其是在十七及十八世紀的時候，歐洲掀起了狂熱的「中國熱」，中國的絲綢、漆器、瓷器、傢俱等一些精美的工藝品受到歐洲上層人士的熱愛，他們都以能擁有中國的東西而自豪，這時期的不少中國寶物運抵西方，在這之中就有中國的藝術精品——中國畫。

隨著不少傳教士久居中國，逐漸了解中國的風土，具備了相當的藝術鑒賞力，他們就常親自或者委託他人將中國的一些書籍及藝術品帶回到歐洲，中國畫冊就是其中的一個重要門類。可以說這時中國畫出入西方，成為歐洲畫家鑒賞學習中國藝術的藍本。尤其是在十七及十八世紀的法國，他們中很多人對這透著異域色彩的作品十分著迷，揣摩中國畫的運筆和畫法，他們的很多作品中或多或少帶著中國畫的痕跡。例如法國著名藝術大師華多（一六八四—一七二一年）、布歐（一七〇三—一七七〇年）等人都從中國畫中得到過靈感與啟示。華多的名作《舟發西岱島》很有些中國畫的意境，背景處遠山迷濛，層巒疊嶂，有些像水墨畫。十九世紀中西美術有了更多的交流，中國畫對西洋畫的影響有所深入。一八六二年倫敦國際美術展上出現了許多東方繪畫，引起很多人的好奇。享負盛名的美國印象派畫家威斯勒（一八三四－一九〇三年）從中國的水墨畫中受到很多啟發，他覺得西方的美術重寫實，重敘事，但是卻少了一點神韻，而中國畫是靈動雋永的，於是威斯勒力圖在自己的畫作中表現出一種意境和韻味，以使得他的繪畫更加完美。他的帶著東方風格的作品以及他本人所持的理念還一度在西方畫界引起爭論，一些頑固守舊的畫家固執地秉持西方繪畫的理念，認為他的作品中出現的中國因素有些不倫不類，不過時間證明，好的作品始終不會被淘汰，他的畫最終還是得到了西方畫界的認可。威斯勒的傑作《藝術家之母》、《小藍帽》等畫作就是中西繪畫結合的典範。

8 中國轎子在國外

一七〇〇年的一天，法國的凡爾賽宮熱鬧非凡，這裏正在舉行盛大的舞會，王公大臣、貴婦名媛們正齊集一堂，等待著「太陽王」路易十四的出場。沒想到路易十四現身的時候，竟是坐在一頂中國式的轎子裏。不錯，正是中國的轎子。十七至十八世紀時，歐洲正颳起一股「中國風」，隨著歐洲傳教士的來華，西方人開始日益了解這個古老的民族，他們對中華文明充滿了好奇和崇敬，尤其是路易十四時期中國的物品諸如絲綢、瓷器、漆器等被視為非常珍重的時尚用品，中國的典章制度也為當時的名流們所推崇。轎子在當時也備受青睞，不只法國，德國和西班牙的大公們也經常乘著中國轎子「招搖過市」。

轎子是中國古老的交通工具之一，已有兩千多年的歷史了。一九七八年河南省出土的一個古墓中發現了轎子，距今二千五百多年，是迄今所發現的中國最早的轎子，當然這個轎子還不成型。轎子在不同的時代有不同的名稱，清代著名學者俞正燮在《癸巳類稿．轎釋名》中道：轎「古者名橋，亦謂之輦，亦謂之輜……亦謂之擔，亦謂之擔輿，亦謂之竹輿，亦謂之平肩輿，亦謂之肩輿……而今名曰轎，古今異名同一物也」。據說轎子發端於車，它的雛形是一種被稱為「肩輿」之類的東西，戰國時就有了，大致是去掉車輪，由人抬著車廂走，故名肩輿（輿為車廂之意）。漢唐時候，又有了「步輦」，從輦的字面我們就可以看出些許脈絡，「二夫抬車」，就是用人抬著走的車子。唐朝著名畫家閻立本有一幅人所熟知的《步輦圖》，步輦就是類似床的東西置於兩根抬槓上，兩宮女抬著，四個角另外各由一個宮女扶持著，唐太宗端坐其上。漢唐時候，轎子還不是達官貴人們的主要交通工具，他們出門則騎馬或乘車。

轎子這一稱法明確出現在北宋時期，它的形制也開始完備起來，有了頂蓋，四周有了遮攔，人們不再盤腿而坐而是垂足而坐。轎子在宋朝真正流行，並成為官員們的主要交通工具。自從兩晉以來，官員們發現，牛車要比馬車舒服，於是「滿朝文武，無乘馬者」。宋朝的時候人們又發現，牛車比不上轎子，於是乘轎之風日盛。像以前一樣，轎子是等級和身分的象徵，皇帝乘什麼樣的轎子，官員乘何種轎子等等都有明確規定，普通老百姓是不可以隨便乘轎子的，除非一種情況，那就是自宋朝開始，新娘乘坐花轎。明清時轎子的應用達到了極致，十六人抬或三十二人抬大轎據說裏面放上一碗水的話，水也絕不會濺出一滴。

對於中國轎子，還有一點是需要說明的，那就是世界上並非只有中國有轎子，古埃及、古波斯、古羅馬等國也是有過類似轎子一樣的東西，不過像中國轎子這般源遠流長、豪華精緻的，恐怕在世界上是獨一無二的。轎子傳入亞洲地區是較早的，早在漢唐時候，同典章禮儀、政法制度一起東傳到了朝鮮、日本。古代朝鮮、日本的皇族和官員也以轎輦作為各自身分的象徵，他們平時或外出所乘的轎子在顏色、形制、規格、等級上是有嚴格區別的，很多規矩都是照搬了中國的情況。轎子傳入西方大概是在十七至十八世紀，新航路開闢之後，西方人發現了通過海路到達東方的途徑，大概在十六世紀的時候就有葡萄牙人率先抵達中國南方海域，自此以後陸續有外國使團、商人、傳教士之類來華。對於當時還處在四分五裂狀態的歐洲子民來說，中國有統一的疆域，完備的政治體制，發達的自然經濟，豐富的物產資源，秀美的山川江河，巧奪天工的華美建築，精巧細緻的手工藝品，這真稱得上是「天朝上國」。於是不少人紛紛著書立說，通過各種手段向西歐人介紹他們在中國的所見所聞，中國的大量實物通過多種途徑運抵西歐。當時歐洲很多人著迷於這些東來的器物，歐洲王室以能擁有中國物品為無上光榮，法國的國王路易十四就有專門的宮殿來陳列中國的瓷器，路易十四和路易十五的情婦們非常喜愛中國絲綢做成的衣服。轎子也在這股中國風中踏上歐洲的旅程，隨很多物品一起被運到西方，而且以後歐洲人自行仿製，自己製造轎子。國王們從當時的使團、傳教士、商人的書信、文章以及口頭描述中知道了轎子在東方的含義，於是，法國、德意志邦國、西班牙等國的王室們也都爭相乘坐中國轎子來來回回，這股風氣一度很盛。十八世紀末期，一度流行歐洲的中國熱逐漸消退，這耗費頗多的中國轎子也漸漸從歐洲的舞臺上引退。

9 中國的傘是如何傳到國外的

傘，這一遮光避雨的日常用具，有著悠久的歷史，包含著深沉的歷史韻味，並形成了獨特的傘文化。它曾是帝王皇家、達官貴人威儀的象徵，是民間戲曲、雜耍的重要道具，也是給人們帶來無限遐思的美好器物，民間傳說《白蛇傳》中西湖借傘一段，一傘定下許仙和白娘子的千古姻緣，流傳千古，經久不衰。風格各異、斑斕美麗的傘也是中國人民帶給世界的驚喜。

傘是誰發明的呢？這裏有一個美麗的傳說，不過這個傳說也是有多個版本，一說是春秋時魯班發明的。魯班經常在外做木活，妻子雲氏往來給他送飯，有時遇上大雨十分辛苦，妻子雲氏說要能有個活動的亭子好了，魯班受此啟發，便做出了最初的傘，用一柄木棍做傘柄，四周束以細木條或竹條之類的東西，上面再以遮雨的東西覆蓋，下雨時撐開，天晴時收起來，十分方便。另一說是講魯班之妻雲氏發明了傘，她覺得魯班在外幹活非常辛苦，尤其雨天時更是苦不堪言，但是畢竟沒有那麼多避雨的地方可以隨時躲避，於是冥思苦想，發明出一個「活動的亭子」——傘。這就是關於傘的傳說，不過早期的傘曾以絲綢覆蓋，所以並沒在民間普及，尋常百姓還是雨天穿蓑衣戴蓑笠。漢代之後，人們開始用不浸雨的油紙做傘，大概唐朝的時候，油紙傘已流行於當時的大街小巷了，唐宋時候，製傘業發展起來。

唐朝時，中國的傘先後傳入朝鮮、日本以及周邊的東南亞國家。傘在日本是一個重要物件，唐朝時往來中國的日本僧人、生意人等將中國的油傘以及製傘的技術帶回了日本，並發展起來，撐傘穿和服的女人曾是日本的一景。

中國的傘向深受漢文化影響的亞洲國家傳布是很順利的，不過歐洲人接受中國的傘可是頗費了一番周折。其實早期歐洲國家中也有類似傘的一種東西，精確說來應該是中國古代的「蓋」。中國古時候帝王大臣出行都配有大大的羅傘，也就是「蓋」，以遮陽避風彰顯統治者的威儀。歐洲地區也有這樣的「蓋」，比如在古希臘，這樣似傘一樣的東西是貴族們必不可少的東西，奴隸們為自己的主子高舉著以遮陽。中世紀時，傘是宗教權力的象徵，教皇的大羅傘極為華美精緻。歐洲的民間沒有日常用的雨傘，中國的傘進入那裏尤其是傳入英國時有一段非常有趣的故事。一七四七年一個叫約拿斯·漢韋的英國旅行家將中國的油紙傘帶回了英國，他在中國旅行時看到下雨的時候人們撐著這個東西，雨後一收非常方便，於是便也買了一把帶回英國。下雨的時候，約拿斯便在雨中得意地撐著中國的傘，不想人們把他當作瘋子，認為他舉著這樣一個奇怪的東西簡直是對神靈的褻瀆，有人用石塊砸他，有人朝他尖叫，有人追趕他。不過下雨的時候，有把雨傘是相當方便的，中國的油傘還是勢不可擋地流傳開來，人們逐漸接受了它。十九世紀時，傘在英國的發展出現了一個高潮，人們又用很多不同的材料製造出各種各樣的傘，傘變得更加方便實用。傘不僅被用來擋雨，還被用來遮陽，而淑女們更是把漂亮的傘作為她們必不可少的裝飾物件之一。這個時候傘成了人們的必備物品之一，源自中國的傘在英國和歐美地區迅速流行。

第四章
名人史話

1 越南建築師阮安與明初北京城的設計建造

人稱阮安「手自指畫，形見勢立」，「目量意營，悉中規制」，可謂東方建築史上不可多得的天才建築師。莊嚴雄偉的明都北京城不是出自中國人的手筆，而是出自安南（今越南）建築師阮安的手筆。

明永樂五年（一四〇七年），明將張輔佔領安南，明成祖朱棣即命張輔搜羅安南各種人才，赴京聽用。永樂年間，明將先後三次廣搜安南人才，分別於一四〇七年、一四一三年和一四一七年陸續送南京聽用。約有一萬六千人到達明都，他們為明朝的建築業及中國與東南亞的文化交流作出了貢獻。

在這些安南優秀工匠中，范弘、王謹和阮安受到重視。明成祖派人教他們讀書，研讀中國經史，接受中國傳統文化薰陶。後范弘和王謹在朝中任職，而阮安則成為出色的建築師，為明初北京城的建造貢獻了畢生精力。

明代北京城是在元代皇城的基礎上，按照朱元璋營造南京城的形制進行規劃和設計，布局與南京城幾近，但氣魄更加雄偉。一四〇七年五月，北京宮殿的籌建準備工作啟動，一四一七年正式開始建造。無論繪畫、設計還是營建，阮安始終是一個全面負責這項浩大工程的主要人物，是明都北京城和皇城的總設計師。營建期間的重點工程是紫禁城（即宮城）和皇城。由阮安設計的紫禁城，南北長九百六十米，東西寬七百六十米，包括前三殿（奉天殿、華蓋殿、謹身殿）和後三殿（乾清宮、交泰殿、坤寧宮）。後三殿北通御花園，園的中央有欽安殿。宮門正門是午門，北門是玄武門。宮城東西兩面城牆，設有東華門和西華門。紫禁城周圍開鑿護城河，用條石砌岸。此外，還在南郊興建了天壇。

到永樂十八年（一四二〇年），在三年的時間內即完成了大部分工程。這座北京城布局勻稱，莊嚴雄偉，是繼中國古代歷史文化名城長安後的又一座世人嚮往的名城。明成祖頒詔遷都。永樂十九年（一四二一年）正月初一，北京正式成為明王朝的新都。

一四四〇年，明英宗下令重建北京宮城中的奉天、華蓋、謹身前三殿，仍由阮安設計。阮安在原有的基礎上，精思籌畫，使重建後的前三殿比原來更壯觀。

此後，阮安還負責治理楊村河道。竣工後，又奉命治理張村河。因勞累過度，死於任上。阮安來到中國後，四十年如一日，兢兢業業，克己奉公，死時「囊無十金」。

2 被順治帝封為「通玄教師」的湯若望

湯若望作為早期西方傳教士中的一位佼佼者，不但憑藉自己掌握的西洋曆法知識在大清朝站穩了腳跟，而且成了順治帝的良師益友，贏得了順治的尊敬和信任。一六五三年，他被封為「通玄教師」，獲得了傳教士中最高的殊榮。

湯若望（一五九二—一六六六年），耶穌會傳教士，德國人，一五九二年五月一日生於科隆，

湯若望在北京

一六一九年受耶穌會派遣來到中國。精通天文曆算，在入京的頭兩年中，便以對月蝕的準確測算贏得了明代戶部尚書張問達的賞識，並協助徐光啟、李天經編成《崇禎曆書》一三七卷，又受明廷之命以西法督造戰炮。順治元年（一六四四年），清軍進入北京，明亡。湯若望以其天文曆法方面的學識和技能受到清廷的保護，受命繼續修正曆法。

順治帝在一座巴洛克建築的教堂裏第一次見到了湯若望，得知他來自一個叫做日耳曼的西洋國度，生於貴族之家，卻放棄了爵位繼承權，選擇做個傳教士，還遠渡重洋來到中國。因為他對西洋天文曆法很有研究，所以自前明以來都被聘任執掌欽天監。他苦學漢文，將中國視為第二故鄉，和不少漢大臣都頗有交情。順治帝對湯若望的欽佩之心油然而生。

西洋立法是湯若望走向成功的鑰匙。早在明末，他就參與編修《崇禎曆書》。清朝建立後，湯若望、華龍民等開始效忠新的君主。

湯若望得到清廷信任的首要任務就是對《崇禎曆書》進行整理和刊刻。他將原有的一百三十七卷壓縮為一百卷，並加上他補寫的《籌算》、《曆法西傳》和《新法曆引》，共計一百零三卷，於一六四五年（順治二年）出資刻印，更名為《西洋新法曆書》。攝政王多爾袞將之定名為時憲曆予以頒行。

一六四六年湯若望被加為太常寺卿，一六五二年順治帝賜湯若望朝衣朝帽，一六五三年又賜湯若望「通玄教師」的稱號（後因避諱康熙帝玄燁之諱，改為「通微教師」）。順治帝冊封湯若望的聖諭以滿漢兩文寫在木匾之上，懸掛在北京耶穌會的大客廳內。

湯若望還是順治帝的良師益友。在多爾袞攝政期間，湯若望曾暗示順治帝要注意他皇叔的專橫跋扈，而且預言多爾袞會早逝。順治帝親政後，親切地稱湯若望為「瑪法」（滿語，是「長者」的意思），而不呼其名，以顯示對他的尊敬。順治帝臨終議立嗣皇，曾徵求湯若望意見。

湯若望

湯若望經常出入宮廷，對朝政得失多所建言，先後上奏章三百餘封。值得一提的是，順治帝還特意從湯若望進諫的三百餘件奏疏中選出一部分，隨身攜帶，以便於隨時取閱查詢。陳垣曾說：「吾謂湯若望之於清世祖，猶魏徵之於唐太宗。」足見湯若望的影響力之大，但湯若望所做的一切都是服務於他的傳教目的的。

康熙三年（一六六四年），楊光先在輔政大臣鼇拜等支持下，控告湯若望等傳教士藉修曆為名，內外勾連，謀為不軌。湯若望被捕入獄，次年擬凌遲處死。不久京師地震，湯若望免死羈獄，旋獲孝莊太皇太后特旨釋放。康熙五年七月十五（一六六六年八月十五日），病死於寓所。

3 乾隆皇帝的首席畫師——郎世寧

乾隆帝對西方藝術有著濃厚的興趣，西方的繪畫更是名列其中。在他供養的西洋畫師中，首席畫師當推郎世寧。郎世寧將西方繪畫藝術與中國傳統繪畫藝術有機地結合起來，尤其是創作了新體繪畫，為中國的繪畫注入了活力。他的畫贏得了乾隆帝的喜愛，乾隆帝也十分敬重這位遠道而來的西洋畫師。

郎世寧，原名Giuseppe Castiglione，一六八八年七月十九日生於義大利的米蘭，十九歲加入耶穌會。郎世寧在很年輕的時候，就以畫馳名。曾為熱那亞耶穌會的教堂和葡萄牙里斯本的哥因勃拉修道院創作了許多油畫和壁畫。其畫技更為葡萄牙王后所賞識，特意挽留郎世寧為其子女畫肖像。一七一五年，郎世寧來到中國的澳門傳教，不久前往北京，晉見了康熙帝。康熙帝很欣賞他的繪畫才能，便命他學習中國畫，並不時入宮作畫。

雍正帝時期，郎世寧正式以臣屬身分效奉朝廷。這時期的郎世寧開始調整他的西方油畫技巧，迎合中國皇帝的審美要求和中國傳統的美學觀念，利用中國的紙、絹、墨、筆和顏色，嘗試中西合璧的新體繪畫的創作。《聚瑞圖》、《百駿圖》是當時的典型代表。郎世寧還奉雍正之命擔負起培養學生的工作，培養出了一批受清朝皇帝喜愛的宮廷畫師。

乾隆時期，郎世寧的繪畫成就達到頂峰。他的創作極為豐富，作品包括油畫、建築裝飾、線法畫、肖像畫、紀實畫、工藝美術品等，尤其是他中西合璧的新體繪畫，乾隆帝極為欣賞。

乾隆二年，郎世寧為乾隆和他的十一位后妃畫像。在繪畫中，乾隆帝還跟郎世寧開玩笑說：「你看我的這些妃嬪中間誰最漂亮？你可以為你認為最美的一位畫像。」但第二天乾隆帝問及「在昨天那些妃子裏你選中了誰」時，郎世寧卻答：「我沒有看她們，當時我正在數陛下房上的琉璃瓦。」乾隆帝對郎世寧更加敬重、信任。畫成後，乾隆帝十分喜愛，將其密封在精緻的紅漆盒中，並親筆御題「心寫治平」四字，並命令任何人不得擅自打開此盒。可見，乾隆帝對郎世寧肖像畫的看重。

乾隆八年，郎世寧作《十駿圖》，每幅所繪駿馬體格壯健，依骨骼肌肉的起伏以筆墨逐層渲染，背光處墨深，凸起處墨淡，極具立體感，手法寫實，生動逼真。乾隆帝十分喜歡，命令交付內廷懋勤殿，收藏在特別的紅漆金龍箱中。乾隆帝還不只一次地寫詩稱讚郎世寧技藝高超的新體繪畫，「凹凸丹青法，流傳自海西」，「我知其理不能用，爰命世寧神筆傳」。

郎世寧以自己的繪畫才能，為清廷增添了許多動人的色彩。但另一方面，他的創作並不是完全自由的，他必須依照乾隆帝的旨意行事。郎世寧的畫多是由乾隆帝命令繪製的，而且事前要先由乾隆審查批准，但乾隆帝十分關心郎世寧的繪畫創作，為他提供了豐厚的條件。

乾隆帝對郎世寧的日常生活也關懷備至。他常去看郎世寧作畫，幾乎每天都光顧郎世寧的畫室，甚至自稱是郎世寧的學生，對他相當地尊重。乾隆帝多次賞賜郎世寧銀兩、美食、錦緞等。有一次，郎世寧病重不起，乾隆帝得知後十分焦急，特命御醫前去診治，還賞銀一百兩專門作為治病的費用，並恩准他病癒後可以在家中作畫。乾隆二十二年，郎世寧七十大壽，乾隆帝特意為他舉行隆重的祝壽活動，賜給他親筆御書的頌詞和各種物品。乾隆帝還多次答應郎世寧寬免傳教士、弛禁天主教的請求。郎世寧在乾隆帝心目中的地位之高，可想而知！

郎世寧作為清宮畫師，創作了許多的優秀作品，並融合中西創作出新體繪畫，為中國的繪畫藝術作出了貢獻，並與清朝的皇帝建立了和諧的關係，尤其是乾隆帝，深得其信任。一七六六年七月十六日，郎世寧在北京逝世。乾隆聞訊十分悲痛，頒布諭旨對其表示哀悼，高度評價了郎世寧近五十年服務宮廷的功績。

4 北京王府井大街曾經被稱作「莫理循大街」

提起北京王府井大街，人們自然會想到那是一條車水馬龍的商業大街，恐怕很少有人會把它與一個外國人的名字聯繫在一起。然而，王府井大街的英文街名「莫理循大街」卻從一九一五年一直掛到一九四九年。那麼，莫理循是何許人呢？看過電視劇《走向共和》的人，或許會記得有一位外國記者揭露時任戶部尚書翁同龢撥款給奸商購買南洋木材興建頤和園，而拒絕撥款給李鴻章購買海軍裝備的事情，而且還津津有味地評說中日《馬關條約》簽訂的內幕。這位記者就是莫理循。實際上，在一八九五年《馬關條約》簽訂之前，莫理循只是一個在中國旅行探險的大學生，成為記者卻是後來的事情了。

莫理循，即喬治·厄內斯特·莫理循（G·E·Morrison），一八六二年出生於澳大利亞維多利亞州，曾先後在墨爾本大學和英國愛丁堡大學學醫，獲得了博士學位。然而，他真正感興趣的不是醫學，而是旅行和探險。他十八歲的時候一個人徒步旅行六百五十英里，穿越當時非常荒涼的澳洲內陸。一八九四年二月，他來到中國，「莫理循」就是這時候他為自己的中國護照選定的中文譯名。他入鄉隨俗，穿上長袍，戴上裝有假辮子的小帽，從上海出發沿長江西行，途經武漢、宜昌、重慶、宜賓，進入雲南的昭通、昆明、八莫，而後南行直達緬甸的首都仰光。一年後，他據此行程寫的遊記《一個澳大利亞人在中國》在英國出版了。這本書出版後，其精確的觀察和獨到的分析打動了當時譽滿全球的《泰晤士報》。

一八九七年，莫理循被《泰晤士報》聘為駐北京記者。在北京的時間裏，莫理循最初一直居住在使館區內。當時他的住所在肅王府對面，而肅王府就在英使館的御河（御河即今正義路）對面，位於今正義路與東長安街這一個角上。這是莫理循於一八九九年買下的。一九〇二年七月，莫理循賣掉了這所房子，在使館區外的王府井大街以七百五十英鎊買下了一座後來聞名中外的住宅。這個住宅原是倫貝子府臨街的出租房，當時與曾廣銓（李鴻章的幕僚）和美國外交官司戴德為鄰，東北是位於東堂子胡同的外務部，南面是使館區，西面靠近紫禁城，也就是今天的王府井百貨大樓南鄰

莫理循和他的僕人們

至大甜水井胡同之間。後人考證，莫理循故居在一九三八年時門牌是王府井大街九十八號或一〇〇號，如今是二七一號。實際上，這幢房子就在原來那個住所北邊約六七百米的地方，但已是中國人的居住區了。莫理循不住英國使館，而在王府井自置房產，主要是為了更好接近中國民眾，了解中國民眾。

在十七年的記者生涯裏，為了獲取第一手材料，莫理循不顧生命的安危，目擊了多種事件的過程，特別是他曾作為日軍的隨軍記者，報導了日俄戰爭的實況。正是莫理循來自第一時間的獨家報導，使《泰晤士報》成為當時報導中國消息的權威，是國際社會認識這個古老、神秘的東方國度一個極為重要的視窗。他的工作受到了《泰晤士報》的表揚，「全世界都從《泰晤士報》上了解中國真正發生什麼事；你的工作得到了普遍的稱讚，你的文章被廣泛引用」。莫理循由此成為具有世界影響的記者，被人們尊稱為「中國的莫理循」，享有很高的聲譽。他住宅所在的王府井大街因此被稱為「莫理循大街」，這是當時外交圈盡人皆知的事。「莫理循大街」的英文街名牌也從一九一五年一直掛到一九四九年，可見莫理循在當時外交圈的地位是何等的重要！

莫理循在北京生活了二十年，結識了許多中國高層的政治人物。其中，他與袁世凱的私交甚密。一九〇二年三月二日，莫理循在保定對袁世凱的第一次採訪即被他吸引，在電文中稱他是一位愛國的官員，從此開始了兩人長達十五年的交往，直至一九一六年袁世凱去世。辛亥革命爆發後不久，莫理循在第一時間向世界提供了許多獨家報導，「從一九一一年十月十一日至一九一二年三月十日前，莫理循至少發表了七十一則報導，僅十月十一日至十一月二十四日，他所發表的內容已達

莫理循

八千一百一十三字，郵資就用了五百九十一鎊十一先令五・五便士」。他以自己的方式鼎力支援袁世凱，通過《泰晤士報》引領英國輿論的導向，宣稱中國有能力建立自己的新國家，袁世凱則是建立共和國的最佳人選。袁世凱亦有意利用他作為大報名牌記者的特殊身分贏得大國勢力的支持。他深知這位充滿智慧、熟悉中國事務的記者對他及中華民國政權的意義，於是便向莫理循發出邀請，聘他為中華民國政府的政治顧問。一九一二年八月，莫理循正式接受了中國政府的任命，從而結束了他的記者生涯。第一聘期是一九一二年八月一日至一九一七年八月一日，一九一六年四月八日續聘至一九二二年九月三十日。正是由於這樣的身分和地位，莫理循對民國初年的中國政局產生了重要的影響。

儘管與袁世凱的關係極為密切，但莫理循忠實地履行顧問的責任，從不把友誼與國事混成一談，對袁世凱並不一味地逢迎。正如他本人所說「我提出的意見並不高明，但我至少對總統說了真話」。作為顧問，莫理循希望袁世凱通過各項改革樹立其政權的威望，通過發展工業使國家強盛；他支持中國擺脫列強組成的六國銀行團的束縛；雖然對孫中山有偏見，他仍勸誡袁世凱不要因為孫中山反對他就取消孫氏建立的鐵路總公司；一戰期間，他主張中國加入協約國一方以提高國際地位，爭回被帝國主義掠奪的權益。最值得一提的是，莫理循在政治顧問任內對中國影響的最大作為，就是與端納合作，共同將日本妄圖滅亡中國的《二十一條》透露給外部世界，引起國際輿論的注意，使日本有所顧忌，從而有所收斂。

而且，莫理循極力反對袁世凱稱帝。當楊度等人極力幫助袁世凱當皇帝時，與古德諾發表《共和與君主論》支持袁世凱稱帝不同，莫理循在《大陸報》發表文章表示反對，認為稱帝是很不明智的選擇。一九一六年三月二十二日，袁世凱不顧全國人民的反對，逆歷史潮流，葬送共和，宣布稱帝。莫理循對此感到非常厭惡與痛苦，他寫道：「一九一二年我滿懷希望開始為這個政府服務，現在我的失望與當時的希望一樣大。」袁世凱死後，莫理循繼續為黎元洪、馮國璋、徐世昌等政府獻計獻策。一九一九年「巴黎和會」期間，身患重病的莫理循出任中國代表團的政治顧問，面對日本人的領土要求，他與中國代表團一道力爭去獲取當時情況下最為可能的外交協議。期間，他被迫回英國治病。第二年五月三十日，莫理循與世長辭。這時，離中國政府的聘約期滿還有兩年零五個月。在生命的最後時刻，他說：「我現在的一個希望是回到中國。我不願意死，但如果死也要死在中國，死在多年來對我如此體恤的中國人懷中。」可見他對中國的熱愛與眷戀。

莫理循影響至今的重要文化成就是他的圖書館。莫理循來到中國之後，花了大約二十年時間收集書籍，成立了一個圖書館。館址最初在北京使館區的住所。一九〇〇年使館區被圍攻，莫理循把書籍移到了肅親王府。就在書籍移出之後數小時，舊址就起火了。搬到王府井大街後，莫理循將原有建築徹底改造，把建有防火牆壁的南廂房作為他的圖書館。他的圖書館藏書非常豐富。在二．四萬冊圖書中，期刊有一百一十種。關於中國及遠東各國的專門雜誌無不收入，其他和東亞稍有關係的普通雜誌也極為豐富，很多都是從創刊號起，完整無缺。英國政府藍皮書、各領事的商務報告和美國政府的外交報告中關於東亞的部分也網羅無遺。中國海關季報、年報、十年報，自初號起，亦極完備。還有關於西方人傳教的刊物也甚完整。這些藏書幾乎全部是西文著作，基本上沒有漢文和日文書籍。當他準備告老還鄉時，莫理循想把這個圖書館出售給中國的學術團體或個人，讓它留在中國，首先供中國人使用。遺憾的是，當時中國的當權者忙於權力之爭，而有識之士又囊中羞澀，一時間竟無人問津。莫理循表示，他的圖書館不能留在中國，但也至少留在亞洲。最終，莫理循圖書館被日本人買去，後來被充實為「東洋文庫」，成為東京大學圖書館的一部分。

對於莫理循這樣一位《泰晤士報》在中國的常駐記者和中國政府的政治顧問，是親歷中國近代史著名事件最多的西方人之一，長期以來卻被中國學術界所忽視，更不為普通民眾所知。可見，「莫理循大街」作為王府井大街在舊中國時期的英文名稱被人們所遺忘，也是自然的事情。直到近年來，在有識之士的不懈努力下，莫理循才得以成為在中國最為人知的澳大利亞人。他的遊記《一個澳大利亞人在中國》，也有了中文版（中譯本名為《中國風情》，國際文化出版社一九九八年）。二〇〇三年以來，《北京的莫理循》（譯著）、《莫理循與清末民初的中國》（竇坤著）、《莫理循眼裏的近代中國》（三卷本，沈嘉蔚編撰）等著作的問世，使人們更加走近這位澳大利亞人。

5 末代皇帝的英國老師——莊士敦

二十世紀初，紫禁城裏的皇帝溥儀讓世人驚訝：他戴上了眼鏡，學會了騎自行車，用上了電話，還有一個英文名字「亨利」，大婚前，他給自己的皇后起了個英文名字「伊莉莎白」。一九二二年初，他還毅然親手剪下自己的辮子。他這些令人震驚的超常之舉與其洋師傅莊士敦的影響是分不開的。

莊士敦，一八七四年生於蘇格蘭，原名金納德·弗萊明·約翰斯頓，莊士敦是他的中文名字。他早年畢業於牛津大學，後考入英國殖民部。一八九八年來華成為英國駐香港的一名官員。一個偶然的機會，他成為已經遜位的清朝末代皇帝的老師。由此，他也成為近代唯一一位在紫禁城中生活過的外國人。他深諳中國文化，漢學功底深厚，以學者兼官員的身分在中國居住了三十四年，遍歷中國的名山大川，更對末代皇帝溥儀的思想產生了深遠影響。莊士敦充滿傳奇色彩的經歷使之成為中英兩國的新聞人物。

一九一七年，張勳復辟失敗，滿清皇族受到更大的壓力，唯恐溥儀的皇帝尊號和優待條件被取消。李鴻章的四子李經邁便向皇族建議，讓溥儀學習英文及自然科學知識，已備政變時以出國留學為退路。莊士敦遂在李經邁的推薦下成為溥儀的英文老師。

一九一九年二月二十二日，莊士敦正式接受清室內務府的聘請，並簽了三年合同，這在兩千年來的帝王教育史上還是史無前例的。一九一九年三月四日，莊士敦第一次進宮授課，從此開始了與溥儀朝夕相伴的學習生活。

莊士敦對溥儀產生了較好的印象。他發現這位遜位皇帝很關心國內外政治新聞，而且風度翩翩，並不傲慢自大，對這份差事很滿意。除教授英語外，莊士敦還給溥儀講述有關天文、歷史、地理、政治和英國法制等知識。溥儀對他的洋老師也頗有好感，特別是對他的課充滿興趣。他常常賜給莊士敦一些古錢、古瓷、書籍、字畫等。幾位皇貴妃也常賜給他水果或點心。溥儀也越來越信任他的這位洋老師，不久就敕旨莊士敦可以自由出入紫禁城。一九二二年十一月十九日，溥儀大婚之前又賜莊士敦頭品頂戴，成為與陳寶琛等漢人師傅處於同等地位的重臣，並將續聘合同一再延長。

在莊士敦的教育和影響下，溥儀的頭腦中注入了新思想，所以皇宮中不時出現一些新鮮事。莊士敦還是溥儀與外界溝通的唯一橋樑，當時，莊士敦與北京新青年及文學革命的幹部們有比較密切的往來，他將《新青年》等激進雜誌帶給溥儀閱讀，將文壇上的活躍人物引見給溥儀，甚至他還為溥儀引見了許多外國人，包括印度文學泰斗泰戈爾、英國海軍駐中國艦隊司令亞瑟·萊韋森、日本駐華使館參贊吉田茂等。

莊士敦在威海碑口廟探古訪幽

溥儀的思想越來越進步，他甚至願意

廢除他的特權，包括帝號和皇宮私產，只是由於莊士敦覺得不合時宜，溥儀才打消了這個念頭。

一九二四年，北京政變發生後，溥儀被逐出紫禁城，移居其父的醇王府，與外界失去了聯繫。莊士敦為保護溥儀，為之四處奔波，並親自將溥儀送到公使館內最好的房間——日本公使夫婦的臥室。形勢所迫，一九二六年，莊士敦正式辭去「帝師」一職，其工作重心也轉到處理英國名下的庚子賠款事宜。然而，這時莊士敦仍在積極為溥儀安排日後的生活。種種努力使莊士敦成為溥儀的知心朋友，溥儀也對這位朋友兼老師充滿了深厚的感情。

一九三一年十一月底，莊士敦回國。他從一個外國人的獨特視角，對他在中國的耳聞目睹和親身經歷的大小事件，真實地記錄，寫成《紫禁城的黃昏》一書。一九三四年，《紫禁城的黃昏》在倫敦出版，一時間轟動歐洲，莊士敦的聲名遠播。這本書也為莊士敦帶來了巨大的財富，他用這本書的版稅購置了一座小島，用以陳列中國文物，逢年過節時則穿戴清朝朝服，邀請親朋好友聚會，藉以寄託對溥儀的思念。一九三八年，六十四歲的莊士敦病逝，埋葬在了這座小島上。

莊士敦啟程歸國

6 一根鑽石手杖的故事：格蘭特與李鴻章的交誼

一八七九年春天，在美國南北戰爭中功勳卓著的美國第十八屆總統格蘭特，卸任後偕妻子朱麗亞和兒子富利德對清朝中國進行了一次私人訪問，受到中國官方高規格德接待和禮遇。期間，他遊覽廣州並拜會了兩廣總督劉坤一，到北京參觀了紫禁城和天壇，到天津拜會了直隸總督兼北洋大臣李鴻章。在中國的遊歷期間，留下了不少趣聞逸事，尤其與李鴻章之間。

格蘭特乘船到達北京後，提出要參觀聞名遐邇的紫禁城，但他的這個願望沒有完全實現。因為格蘭特卸任總統之後是平民身分，而清朝皇室自視尊貴，不肯在宮闈禁地屈尊接見一個美國平民家庭，只允許格蘭特一家在皇宮外瀏覽。隨後，格蘭特向美國駐華公使館臨時代辦何天爵（Holcombe或Hester，一八四四—一九一二年）提出，他想去天壇遊覽，認為它是中國宗教建築中的精華。何天爵告訴他，天壇是中國皇帝祭天的地方，祭天活動每年只有兩次，每次只有皇帝一人，女人是絕對禁止入內的。但既然前總統有這個心願，何天爵就專門去總理各國事物衙門向恭親王奕訢提出請求，念及格蘭特曾是一國之尊，奕訢瞞著慈禧太后和光緒皇帝網開一面，給了他一個外國人在中國能夠享受的最高禮遇。格蘭特一行進天壇參觀時，幾名外國女士渾水摸魚，藉機尾隨溜了進去，守門的清兵以為她們是格蘭特的隨員，是被破例允許的，所以就沒有阻攔。何天爵知道此事犯了大忌，主動找恭親王賠罪，奕訢回答說他已經知道了此事，希望他不要再提這件事，否則張揚出去會招來很大麻煩。

五月二十八日，格蘭特一行抵達天津拜會李鴻章，一向傲慢好勝的李鴻章破例大宴美國客人：七十道山珍海味、美酒名果款待格蘭特一家。席間兩人相談甚歡，暢談天下大事，縱論國際風雲，格蘭特稱讚李鴻章是與德國鐵血宰相俾斯麥不分伯仲的「世界四大偉人之一」。這次會見，李鴻章曾想藉助這位前大國領袖的潛在國際影響，請他居中調停中日兩國的琉球爭端，但格蘭特的建議是奉勸兩國和平協商解決，結果使李鴻章失望。但出乎李鴻章預料的是，格蘭特向他提出了不要將留美學童撤退回國的建議，竟使李鴻章一時不知如何應答。原來，這件事與中國第一個留美學者容閎有關。容閎當時受命主持管理中國留學生的機構「幼童出洋肄業局」，因他醉心西化，忽視中文教學，引起清廷保守派人士的不滿，所以清政府有關部門打算撤回留美學童。容閎不願看到學童中途輟學回國，於是找到他的證婚人——美國的杜吉爾牧師，杜吉爾又找到美國著名大文豪馬克．吐溫，然後兩人一同拜見格蘭特，請他在拜會李鴻章時提出不要將留美中國學童撤回國的建議。李鴻章接受了格蘭特的提議，表示同意「維持現狀」。這使留美學童多在美國停留了四個月。

李鴻章在天津宴請格蘭特時，對格蘭特手裏拿的手杖產生了濃厚興趣。這根手杖通體鑲嵌晶瑩剔透的

老年李鴻章，手杖為格蘭特總統所贈。

鑽石，在光線的照耀下熠熠生輝、璀璨奪目，價值數十萬金。酒酣耳熱之際，李鴻章向客人索來手杖，上下端詳，反覆把玩，久久不肯放手。客人看出了主人的心思，帶著歉意說：這根手杖不僅是珍貴一件藝術品，而且也是一件寶貴的紀念品，它是自己卸任美國總統職位時全國實業界贈送他的禮物，所以他不能割愛。但格蘭特看到李鴻章一副失望的樣子又心有不忍，便說讓他回國後徵求贈送者的意見，如果對方同意，他可以將手杖割愛轉贈於他。

轉眼到了一八九六年，離格蘭特訪華已經過去了十一個年頭。這年八月，李鴻章訪問美國，受到美國朝野的熱烈歡迎。訪美期間，李鴻章提出要去祭拜老友格蘭特的墓地。祭拜中間，特地在墓地北側親手種植了兩株珍貴中國樹種——銀杏樹。寓意格蘭特精神不死，中美兩國友誼萬古長青。此後，中國駐美公使楊儒在銀杏樹旁豎立一塊由他題詞的中英文雙語銅牌，以誌紀念。

李鴻章謁墓植樹後，由格蘭特之子富利德陪同看望格蘭特的遺孀。寒暄之後，李鴻章舊話重提，問及手杖的下落。格蘭特夫人知道中國貴賓的來意，決定替丈夫履行諾言。她召集了一次有百餘名美國企業家參加的酒會，酒會期間她向在場的企業家徵求意見，大家一致同意將鑽石手杖贈送李鴻章。李鴻章帶著那柄凝聚著格蘭特夫婦和美國人民的深情厚意的鑽石手杖回國。

一九〇一年，李鴻章比他的美國朋友格蘭特晚十五年謝世，可那根鑽石手杖不知所終。

7 梅蘭芳與愛森斯坦相遇《虹霓關》

梅蘭芳，原名梅畹華（一八九四年十月二十二日——一九六一年八月八日），中國著名京劇表演藝術家，祖籍江蘇泰州，生於北京。他八歲開始學戲，十一歲時就登臺演出。為了練好基本功，他幾歲時就在寒冬臘月的冰上練踩蹺，練跑圓場，摔倒了，爬起來再練，練就出一副腿腳穩健的硬功夫，形成了自己獨特的藝術風格，被戲劇界稱為「梅派」。代表作有《宇宙鋒》、《貴妃醉酒》、《霸王別姬》等。他是第一位把中國戲曲傳播到國外並獲得國際聲譽的戲曲表演藝術家。

愛森斯坦（一八九八—一九四八年），蘇聯著名電影導演、電影理論家。一九二四年步入電影界，曾榮獲金盾獎、列寧動章、史達林獎金等。他一生勤奮好學，成就頗豐，被世界公認為前蘇聯電影藝術最卓越的代表和電影蒙太奇的偉大奠基人。

藝術是互通的，語言並不能阻擋蘇聯人們對中國戲曲的興趣。愛森斯坦，這位國際一流電影大師，對中國有著天生的感情，十分鍾愛中國古典戲劇，對梅蘭芳先生更是十分敬仰。一九三四年三月，梅蘭芳率團首次到蘇聯訪問，梅蘭芳在莫斯科音樂廳演出了六場戲，受到了蘇聯觀眾的熱烈歡迎。梅蘭芳的藝術也深深地打動了愛森斯坦，愛森斯坦隨即決定把梅蘭芳的演技與京劇藝術拍成電影，以便讓更多的人能夠欣賞到中國

謝爾蓋-愛森斯坦(1898-1948)

的古典戲劇。他們便選定了《虹霓關》裏那場對槍舞戲。

愛森斯坦工作一絲不苟，要求極為嚴格。鏡頭的角度、遠近交換頻繁；京劇樂隊的位置也都由專管錄音的技師來安排。一發現鏡頭角度不對或錄音發生問題都要重拍，有的鏡頭甚至要拍多次。所以，拍之前他曾笑著對梅蘭芳先生說：「現在我們已經是好朋友，可等到拍電影時，你可不要恨我呀！」梅先生問道：「何至於如此？」愛森斯坦答道：「你不知道，演員和導演在攝影棚裏常常因為工作上意見不合，有時會變得跟仇人一般呢！」有著崇高職業精神的梅蘭芳則說：「拍電影應該服從導演，一切聽你指揮安排。」

晚上梅蘭芳率隊來到莫斯科電影製片廠。果不其然，名導的嚴謹名不虛傳！那一場十幾分鐘的戲竟連續拍了五個多小時還沒拍完。梅蘭芳等穿著沉重的戲裝，已相當疲勞。可當愛森斯坦發現最後的一個鏡頭裏，花槍的尖頭出了畫面時，便對梅蘭芳先生說：「梅先生，希望你勸大家再堅持一下，拍完這個鏡頭就圓滿完工了。這雖然是一齣戲的片段，但我並沒有把它當作新聞片來拍，而是作為一個完整的藝術作品來處理。」梅蘭芳為他一絲不苟的敬業精神所感動，就鼓舞同事們振作起來，直到愛森斯坦滿意為止。就這樣，《虹霓關》一直拍到深夜三點才完。愛森斯坦也驚奇一代大藝術家能在他的製片廠有如此的耐性！

兩位藝術大師彼此都被對方為藝術的執著所感動，藝術拉近了他們的距離，使兩個彼此陌生的人走近了。他們成了知音。

8 賽珍珠與中國文學的不解之緣

賽珍珠，原名珀爾·賽登斯特里克·布克，一八九二年生於美國。父親是在華傳教的美國長老會牧師，六歲時隨父母來到中國，在中國生活了三十七年，主要從事文學創作和教育事業，是美國著名的女作家、諾貝爾文學獎得主。然而，她的成就與中國是分不開的。

賽珍珠在中國從教的同時，還進行文學創作。一九三〇年她的第一部小說《東風·西風》出版，一九三一年又出版了一中國農村為題材的長篇小說《大地》，榮獲美國普立茲獎。一九三六年她的這部作品由美國MGM公司拍攝成電影。該片一九三七年二月公演後大獲成功，阿蘭的扮演者榮獲奧斯卡金像獎。一九三八年，《大地》又為她贏得了諾貝爾文學獎。中國這塊古老的土地，為賽珍珠提高了無盡的創作源泉。

賽珍珠深愛著中國，也非常熱愛中國文學。她希望能有一位中國作家用英文寫書向西方介紹中國文化，既要能真實袒露中國文化的優劣，揭示中國文化精神的內核，又要在技巧上具有適合西方讀者口味的那種幽默風格和輕鬆的筆調。恰好在一次朋友的聚會上，賽珍珠認識了林語堂，兩人一見如故。這位「幽默大師」的文風筆調及無畏精神，使賽珍珠認為林語堂就是最合適的人選。一九三三年的一個晚上，林語堂請賽珍珠到家裏吃飯，他們談起了以中國題材寫作的作家，林語堂突然說：「我倒很想寫一本書，說一說我對中國的實感。」「那麼你為什麼不寫呢？你是可以寫的。」賽珍珠十分熱忱地說，「我盼望已久，希望有個中國人寫一本有關中國的書。」

在賽珍珠的鼓勵下，一九三四年，林語堂開始寫作《吾國與吾民》，大約用了十個月的時間，這部深刻剖析古老中國的專著，令賽珍珠喜出望外，拍案叫好：這是「偉大的著作！」，並親自為該書撰寫近四千字的序言，譽此書為「歷來有關中國的著作中最忠實、最巨大、最完備、最重要的成績。尤可寶貴者，它的作者是一位中國人，一位現代作家，他的根蒂鞏固地深植於往者，而豐富的鮮花開於今代。」《紐約時報》的星期日書評副刊以第一版刊登尼迪的書評。一向持重的美國《星期六文學評論週刊》也曾請著名評論家伯發撰寫書評。

一九三五年，《吾國與吾民》出版後短短四個月就創造了印刷發行七版的奇蹟。接踵而來的盛譽使《吾國與吾民》在歐美作家佔據的世襲領地上一舉榮登暢銷書排行榜。一時間，《吾國與吾民》在世界各地供不應求，被譯成多國文字，這不僅使林語堂成名，也使更多的人了解中國，擴大了中國的影響力。

一九三六年，林語堂全家移居美國。在美國期間，林語堂同樣得到了賽珍珠的大力支持。不久，賽珍珠又為林語堂的名作《吾家》作了序。林語堂還和賽珍珠一起創作過劇本，還打算把《紅樓夢》譯成英文。林語堂之所以在美國文壇有一定的影響，與賽珍珠的幫助是分不開的。

賽珍珠一生與中國和中國人都結下了不解之緣。她的名作《大地》所取得的成就，及她鼓勵林語堂用英文寫作，並為之提供寶貴意見，客觀上為林語堂在國外取得的成就及中外文化交流提供了客觀條件。賽珍珠為中國文學走向世界盡了自己的一份力。

9 賽珍珠與中國女藝人王瑩的一段鮮為人知的情誼

賽珍珠是一位傑出的美國女作家，一九三八年諾貝爾文學獎的得主，她也是一位熱愛中國的和平人士，她六歲來華，在中國生活了三十七年，是一位地道的「中國通」。被大畫家徐悲鴻譽為「中華女傑」的一代明星王瑩，以其非凡的才藝為中國的抗日戰爭事業作出了巨大貢獻，然而，王瑩身世淒苦，一生坎坷，在她身處絕境之時，賽珍珠向她伸出了援助之手，留下了一段歷史佳話。

一九一三年三月八日，王瑩出生在安徽蕪湖。在她八歲時，母親病故，後母把她賣到南京南糖坊廊的薛姓富商家做童養媳。王瑩在薛家受盡了虐待和折磨。有一次，她將動手調戲她的大少爺推倒，被激怒了的婆婆四處追打，無奈之下，王瑩跳進了附近的一條河，幸而被船夫救起。圍觀的人們都對她充滿了同情，其中就有一位金髮碧眼的洋女子。她上前好言安慰，並囑咐王瑩有困難可以到金陵女子大學找她，這位好心人就是賽珍珠。自此，兩人都深深記住了對方。

薛家的虐待，讓王瑩苦不堪言。為了擺脫困境，王瑩決定出逃，投奔居住在漢口的舅母，可她在南京舉目無親、身無分文，於是寫了一封信託人送給賽珍珠求救。兩天後，賽珍珠為王瑩買

南京大學北園內的賽珍珠故居

好了一張太古輪船公司的船票，並給了她十個大洋。

到漢口後，舅母對王瑩很關心，將她留在家中居住，還幫她就讀於嶽麓山下的湘雅醫院護士學校，在那裏，王瑩的歌唱表演天賦得到了施展。兩年後，王瑩到上海發展，逐漸成為著名的影星、歌星，還發表了許多才華橫溢的優秀文章，受到魯迅、郁達夫、田漢等名家的稱讚，但她仍念念不忘賽珍珠的滴水之恩。

一九三四年，在賽珍珠即將離開中國之際，她還牽掛著王瑩，並為她的成功感到欣慰。在賽珍珠去上海辦手續時還專門去電影公司找過王瑩，只可惜當時王瑩正在外地拍電影，二人未能見面。直到一九四二年八月，兩人才得以再次相見。為了宣傳中國的抗日戰爭事業，呼籲美國人民和政府向中國伸出援助之手，王瑩前赴美國，在美國紐約普斯特街區的一所公寓裏，王瑩見到了思念已久的賽珍珠，兩人喜極而泣，緊緊地擁抱在一起，共敘往日舊事。

印有賽珍珠圖像的紀念南京大學建校一百周年藏書票

賽珍珠也時刻關心著中國的抗戰事業，自一九三七年八月十三日淞滬抗戰打響以來，她天天閱讀《紐約時報》、《基督教科學箴言報》等報紙上有關中國抗戰的專版報導，對南京尤為關注。侵華日軍製造的南京大屠殺等慘案更是激怒了賽珍珠，她多次在報紙上發表文章譴責侵華日軍的暴行，為中國軍民籌募捐款，並前往日本大使館、領事館遞交抗議書。

這時的賽珍珠在美國乃至全世界都很有名氣，經她牽線遊說，王瑩得以進入白宮豪華的會議廳舉行史無前例的抗日宣傳演出，賽珍珠也親自擔當演出的報幕人。

王瑩首先演唱了高難度的《踏雪尋梅》，她優美嫺熟的唱腔立刻贏得了熱烈的掌聲，接著她高唱了兩隻抗日歌曲《義勇軍進行曲》、《到敵人後方去》，最後演出了話劇《放下你的鞭子》，劇情訴說中國人天性是愛好和平的，但到忍無可忍的地步，會堅決的起身反抗。王瑩精湛純熟的表演使在座的觀眾耳目一新，雷鳴般的掌聲經久不息，羅斯福總統夫人走上舞臺，向王瑩致賀。在賽珍珠的幫助下，王瑩的演出轟動了美國，也向美國人宣揚了中國人民的抗戰精神。

王瑩和賽珍珠結為肝膽相照的好朋友。一九六三年，王瑩還特意去今南京師範大學和金陵協和神學院拍攝照片寄給賽珍珠，賽珍珠也一直關注王瑩的狀況。賽珍珠不僅是王瑩的好朋友，更是廣大中國人民的好朋友，她對中國和中國人民的情誼將永遠銘記在我們心中。

第五章
文物珍寶

1 流失海外的文物知多少

目前，中國流失海外的文物數量驚人。經初步統計，僅流落到海外的歷代名畫，有記錄可查的就達二萬三千件，美洲、歐洲和日本各占三分之一。其中美洲主要是在美國、加拿大，歐洲主要分布在德、英、法、比利時、瑞典等國。這些文物，大部分是當年從敦煌藏經洞掠走的，一小部分是抗戰前後和解放戰爭前後由外國人買走和華人帶出的。

流失海外的文物以歷代名畫為最，較多的是唐、宋、元、明、清的畫作。流失的唐代卷軸畫有二十餘張，這些畫大都是敦煌十六窟收藏的經卷畫、詩畫、書畫，時代歷經盛唐、晚唐、五代到北宋，都是敦煌石窟的掛幅佛教畫。流失的宋代卷軸畫有二、三百張，元代近二百張，明代名畫流失約有八千餘件，清代約一萬二千餘件。

這些流失到國外的文物，大多是在中國近代國家貧弱、政府無能的情況下被盜賣、盜運、強搶而去的。其中的珍品包括昭陵二駿、女史箴圖和帝后禮佛圖等，下面對它們的情況略作介紹。

昭陵二駿：著名的「昭陵六駿」是陝西禮泉唐太宗昭陵北闕前的六塊駿馬浮雕石刻，每件205×172×28釐米，重約二．五噸。這組石刻雕造於貞觀十年（西元六三六年），六塊浮雕分別表現了唐太宗在開創唐帝國重大戰役中的鏖戰雄姿。「昭陵六駿」採用高浮雕表現手法雕刻而成，是中國古代雕刻藝術的珍品，也是中華文物的稀世珍寶，被魯迅先生讚譽為「它是前無古人的」。一九一三年，美國商人勾結國內古董商將「昭陵六駿」中的「颯露紫」和「拳毛騧」盜賣，現藏在美國費城賓夕凡尼亞大學博物館。一九一八年，古董商又勾結美國商人將剩餘的四駿打成塊企圖裝箱盜賣往國外，後被愛國民眾發現追回，現收藏在西安碑林博物館。所以，「昭陵六駿」現在只剩四駿，長期以來，人們為它們的殘缺而歎為憾事。

《女史箴圖》：此畫是顧愷之根據西晉張華的《女史箴》一文所繪，宣揚宮廷婦女應遵守的道德規範。《女史箴圖》原藏於圓明園。一八六〇年第二次鴉片戰爭中，英法聯軍攻陷北京，大肆搶掠並火燒了圓明園。《女史箴圖》自此流失海外，現藏於英國大英博物館。

《帝后禮佛圖》：《帝后禮佛圖》是龍門石窟賓陽中洞東壁上的浮雕。它創作於北魏年間，是中國古代浮雕的重要作品。現其中的《北魏孝文帝禮佛圖》藏於美國紐約大都會藝術博物館，《文昭皇后禮佛圖》藏於美國堪薩斯市的納爾遜藝術博物館。

《帝后禮佛圖》是中國雕塑史上的珍品，二十世紀三〇年代美國古董商普愛倫來到中國，發現了這些浮雕，他用照相機拍下來，找到北京琉璃廠彬記古董商岳彬，雙方簽訂協議書，岳彬勾結洛陽古董商馬龍圖，聯絡當地保甲長和土匪把浮雕鑿下來，鑿成碎塊，用麻袋運往北京，又在北京拼接後運往美國。這件浮雕在美國展出時已經是千瘡百孔，令人痛惜。一九五二年，在北京炭兒胡同彬記古玩鋪內發現了彬記與普愛倫簽訂的掠奪《帝后禮佛圖》浮雕的合同，此事震怒了中國文物界，三百餘名知名人士聯合要求嚴懲奸商岳彬，岳彬被判死刑，緩期兩年，後病死獄中。

2 圓明園文物知何處

一八六〇年十月六日，隨著英法聯軍的大肆破壞，圓明園在大火中變成廢墟，園中珍寶也被搶劫一空。從此，圓明園文物絕大部分流失海外。現藏圓明園文物較多的首推巴黎「楓丹白露宮」和挪威實用藝術博物館。

法國巴黎郊外的「楓丹白露宮」，在主樓的二樓專設「中國宮」，宮內全部陳列品均來自圓明園。屋頂是兩幅工筆重彩佛像，畫上清晰可見乾隆的御印。大廳正面是珠寶鑲嵌的龍椅、屏風、宮扇，多寶格架上擁擠地陳列著用紅珊瑚、田黃石、白玉等雕刻的擺件和精美的宮廷瓷器，還擺放著清帝夏天戴的皇冠等。主室內各獨立展櫃中，陳列著大型珍貴文物，如一件雕繪鑲嵌有雙龍圖案的大景泰藍瓶，瓶子的足邊上清晰刻寫著「大清乾隆年製」，文物說明牌上赫然寫著：來自中國夏宮。當然，這個夏宮即指圓明園。

挪威實用藝術博物館有許多價值連城的中國文物，有來自清宮的祭藍天球瓶、梅瓶、鬥彩筆筒、劉海戲金蟾立像、周代銅簋、明代鎏金佛像等。其中按照宋徽宗的御筆畫《旭日初升》所製的絲綢堪稱極品，技法高超如同原畫，上面有若干明清名人、皇帝的題字。這個博物館有整整一層陳列的都是圓明園建築石構件，有殘斷的柱砧、欄杆、望柱等。

此外，歐洲任何一座規模稍大的博物館、宮殿都有圓明園文物。圓明園全景圖珍藏於巴黎博物館，清宮廷畫師所繪圓明園四時景圖收藏於巴黎法國國家圖書館內，大英博物館中的中國文物珍寶更是難以盡數。

3「西洋樓」十二生肖頭像今何在

從康熙帝開始，有許多歐洲的天主教傳教士供職清廷。乾隆十年，弘曆皇帝命其中的義大利人郎世寧、法國人蔣友仁等設計監造，由中國工匠施工營建，共用了十四年時間，在圓明園的長春園北端，模仿西方建築中的巴洛克風格，並吸收中國園林藝術，建成大水法十景，俗稱「西洋樓」，成為圓明園中的一大勝景。這是中國園林史上首次大規模引進西方園林建築。

西洋樓佔地百餘畝，內有黃花陣、養雀籠、方外觀、諧奇趣、海晏堂、蓄水樓、大水法、遠瀛觀等眾多建築。其中的海晏堂是西洋樓內最大的一處園林建築，堂前有一座十二生肖大型計時噴泉。

所謂十二生肖大型計時噴泉，就是以十二生肖噴水的方式來表明時間。在中國古代，由於十二生肖與十二時辰吻合，人們便以天干地支表示時間，即子時為鼠、丑時為牛、寅時為虎……依次對應。每一個時辰內，代表該時辰的生肖頭像口中就噴湧泉水。

海晏堂兩邊有坡道，坡道通向二樓，樓上東西兩側有呈工字形的水車房，中間為蓄水池，可盛水一百八十立方米。為了防止滲水，池全用錫板包裝，因此被稱為「錫海」。十二生肖計時噴泉就是靠這個蓄水池供水並由水車房壓水噴湧。計時噴泉位於海晏堂前的一個噴水池中。噴泉成左右對稱布置，弧形疊落式石階環抱著噴水池。噴水池中央是一個巨形蛤蜊石雕，兩旁呈八字形各排出六個石座，每一石座上雕刻一尊獸首人身像，獸首為銅質，人身為石質，每尊獸首人身像都身穿不同的民族服裝，手持玉笏，與真人相仿。十二個獸首分別為十二生肖，依次交錯排列，並按著時間輪流噴水，如子時（二十三時至次日一時），鼠首口中開始噴射水柱；到了丑時（一時至三時），牛首口中又開始噴射水柱，以此類推。於是，人們只要看到哪個生肖噴射水柱，就可知道當時是什麼時間。每當正午十二點整，十二生肖同時噴射水柱，剎那間，場面蔚為壯觀。

十二生肖像的設計者是法國人蔣友仁，他將中國傳統的計時方法與十二生肖設計結合在富有西歐風格的噴泉造景中，新奇自然，巧妙絕倫，實在是一件中西合璧、景用一體的園林傑作。同時，這些生肖頭像做工精細、材質獨特。鑄造獸首時，清王朝國力強盛，工藝水準精湛，因而獸首皮毛紋理等細微之處，都鑄造得唯妙唯肖，甚至連老虎皮上大小不一的斑紋都清晰逼真。另外，鑄造獸首所用的銅不同於普通的銅，是專門為宮廷所煉製的合金銅，內含許多貴重金屬，最大特點就是不銹蝕。

一八六〇年，英法聯軍攻陷北京。這些以文明自詡的強盜，在圓明園內獸性大發，大肆掠奪園內的藝術珍品。西洋樓的十二生肖銅像也因此陷入厄運，石質身軀被砸毀，銅質頭像被劫掠。

這些生肖頭像，一直到一百二十年後，即一九八〇年，才在美國紐約大都會博物館出現，但只出現了猴首銅像和豬首銅像。是作為展品露面的。

二〇〇〇年，從香港傳出消息，世界最著名的兩大拍賣行佳士得、蘇富比都將拍賣圓明園十二生肖銅像，其中，佳士得將拍賣猴頭銅像、牛頭銅像，蘇富比將拍賣虎頭銅像。儘管中國國家文物局要求兩個拍賣行停止拍賣行為，歸還國寶，香港市民還舉行了大規模的抗議活動，但兩家拍賣行仍按原計劃出售了這三個獸首銅像。就在國人為三個獸首銅像的命運擔憂時，拍賣當天，保利藝術博物館以三千萬港幣先後購得三座獸首銅像，並將它們運到位於北京的保利藝術博物館收藏。

二〇〇二年，保利藝術博物館和中華社會文化發展基金會搶救流失海外文物專項基金在美國紐約尋訪到了豬首銅像的下落，美國收藏家同意轉讓該銅像，澳門著名企業家何鴻遷博士獲悉後，出資購得此銅像，並將其捐贈保利藝術博物館收藏。

目前，其他八個獸首中，馬首銅像由臺灣一收藏家收藏，鼠首銅像、兔首銅像藏於法國。而龍首、蛇首、羊首、雞首、狗首銅像仍然下落不明？

4 歷經一千二百多年風雨的《五牛圖》

韓滉是唐朝開元至貞元年間的重要畫家。字太沖，長安人。他生於開元十一年（七二三年），歿於貞元三年（七八七年），終年六十五歲。唐德宗貞元初年曾任右丞相，後封晉國公，擅長人物畫、田園風俗畫。現存的《五牛圖》是他的代表作。那時，韓滉以畫牛著稱，另一畫家韓幹以畫馬著稱，後人稱為「牛馬二韓」。

《五牛圖》是目前所見最早作於紙上的繪畫，紙質為白麻料，具有唐代紙張的特點。畫中五牛，形象不一，姿態各異，或行或立，或俯首，或昂頭，動態十足。其中一頭牛完全畫成正面，視角獨特，顯示出作者高超的造型能力。作者以簡潔的線條勾勒出牛的骨骼轉折，筋肉纏裹，筆法老練流暢，線條富有力度和精確的藝術表現力。尤其是牛頭部與口鼻處的根根細毛，更是筆筆入微。整幅每頭牛皆目光炯炯，作者通過對眼神的著力刻畫，將牛既溫順又倔強的性格表現得極為傳神。整幅作品完全以牛為表現對象，無背景襯托，造型準確生動，設色清淡古樸，濃淡渲染有別，畫面層次豐富，達到了形神兼備之境界。

以牛入畫是中國古代繪畫的傳統題材之一，展現了農業古國以農為本的主導思想。據載，韓滉任職宰相期間，注重農業發展，此圖可能含有鼓勵農耕的意義。《五牛圖》是韓滉作品的傳世孤本，也是為數寥寥的幾件唐代紙絹繪畫真跡之一，因此不論其藝術成就還是歷史價值都備受世人關注。

這幅畫的畫心寬二〇．八釐米、長一三九．八釐米，是韓滉傾注了畢生心血和智慧的力作。《五牛圖》一經問世便負有盛名，在整個宋代，它一直被珍藏在皇宮內苑；金兵進犯時，宋高宗趙構在兵荒馬亂中倉皇南渡也沒有忘記帶走這幅名畫。此圖元代初年為趙伯昂所收藏。後來又歸書法大家趙孟頫收藏，得此名畫，他喜出望外，親自為《五牛圖》題跋，稱讚此畫「神氣磊落，稀世名筆」。再後來，《五牛圖》又被收入宮廷珍藏。一九〇〇年，八國聯軍洗劫紫禁城，《五牛圖》被劫出國外，從此杳無音訊。

上個世紀五〇年代，它被一位寓居香港的人士發現。一九五〇年初，周恩來總理收到這位愛國人士的來信，信中說，唐代韓滉的《五牛圖》近日在香港露面，畫的主人要價十萬港幣，自己無力購買，希望中央政府出資儘快收回國寶。周總理立即給文化部下達指示：鑒定真偽，不惜一切代價購回，並指派可靠人員專門護送，確保文物安全。文化部接到指示後，立即組織專家赴港，經鑒定《五牛圖》確係真跡，經過多次交涉，最終以六萬港幣成交。

《五牛圖》被送回故宮時，畫面上污垢遍布，孔洞累累，受損嚴重。故宮博物院裱畫室的技師們小心翼翼地清垢，兢兢業業地揭裱，精益求精地裝潢，用了幾年時間，終於將這幅名家傳世之作還原了本來面目。由於它太珍貴，所以只能和另外幾幅名畫一起，在每年氣候宜人的九、十、十一月份才能和觀眾見面。展現在人們面前的《五牛圖》雖歷經一千二百多年歷史風雨，依然生動傳神，光彩奪目，令人歎為觀止。

5 藏經洞的發現和敦煌學

在國家圖書館的國際交往中，國際敦煌學項目（IDP）是一個重要項目。說到該項目，便不能不提起百年前的敦煌。

二十世紀初，湖北麻城人王圓箓因生活所迫出家，幾經周折來到敦煌當了道士，成為莫高窟下寺的住持。當時敦煌千佛洞已荒蕪百年，有的洞窟甚至已被流沙掩埋。身為住持的王道士有意修繕千佛洞，他四處募捐，當其手頭寬裕後，便雇人清除了十六窟甬道中的積沙，又雇一姓楊的專門抄寫經文。楊某偶然發現牆壁有空洞聲，告知王道士，兩人遂挖通牆壁，發現這裏竟是一座小石窟。裏面的經卷、佛幡、銅像和文書不計其數，堆滿石窟。這一天是一九〇〇年五月二十六日，一個埋沒達五百五十年的神秘洞窟被發現了。

最初，王道士根本不知道，他枯瘦、顫抖的雙手打開的是一個轟動世界、震驚中外的小石室——藏經洞！這麼多東西為何存放在此？王道士弄不明白。他便邀請縣城內的富紳人士前來觀看，有些人就以鑒賞為由將文物帶出藏經洞，或者直接索取。珍貴文物被當作結交的「禮品」，在當地官場上送來送去。隨著時間的流逝，敦煌莫高窟藏有珍貴文物的消息在新疆、蘭州、北京等地很快傳開。在中國西部地區頻繁出沒、探險尋寶的外國專家學者聞訊而來，把莫高窟作為重點探尋的目標。

一九〇七年三月，斯坦因從土耳其商人那裏聽說莫高窟發現有大量古文獻，就以四枚銀元的價錢從王道士手中攫取古文書、佛經、美術品二十九只木箱，多達數千件，全部運到了倫敦。一九〇八年一月，法國的伯希和也來到敦煌，從藏經洞中精選出六千餘卷珍貴資料運到了巴黎。一九〇九年，伯希和在北京展示他在藏經洞的收穫，羅振玉據此編成了《鳴沙山石室秘錄》，直

發現藏經洞的王道士

到這時，中國的士大夫才得知敦煌寶藏的價值，中國政府才著手管理莫高窟內的文獻，命令王道士交出洞內的所有文物，打算收藏在今北京圖書館。但是，王道士不想放棄這棵搖錢樹，於是偷偷地藏起一部分。這些被王道士偷藏的文獻，最後落入隨後聞訊而來的日本大谷光瑞探險隊、俄國奧登堡探險隊等人手中，散落到了日本、俄羅斯。而王道士交給北京的文獻在運往北京途中也有部分被沿途官吏竊走。

敦煌遺書被劫掠後，散落於世界各地。現在，敦煌遺書分藏於中、英、法、俄、日等地，至今缺乏一個完整的聯合目錄，藏經洞內到底藏有多少遺書，至今仍無法確切統計。隨著時代發展，海內外學術界日益認識到，將散落的敦煌文獻整理編目，將是世界學術史上的一件盛事，也是人類文明史上的一件大事。因此，敦煌學國際合作呼之而出，產生了國際敦煌學項目。國際敦煌學項目的合作旨在將中英兩館館藏（以後將逐步擴大到法、俄、日等國）中所有敦煌寫卷編目到資料庫中，並對大量手稿進行數位化，通過全球資訊網資料庫，將資源免費提供給中英兩館的讀者及全世界學者，中文網站設在中國國家圖書館，英文網站設在英國國家圖書館。

敦煌文化貫通中華千年文化，融會中西文明，是博大精深的中華文化寶庫中的一支奇葩。一百多年來始終以其珍貴程度和歷史境遇，成為世界矚目的焦點。中英兩國國家圖書館攜手合作的國際敦煌學項目，採用數位化技術將敦煌文獻逐步上網，將向世人全面展示這一文化瑰寶的深厚底蘊和無窮魅力，既是國際文化合作的一個創舉，也是促進敦煌學研究、保護歷史文化遺產的有意義的大事，對於向世界弘揚中華文化之精神，必將產生積極影響。

6 青銅寶鼎遇險記

商周時期是中國的青銅時代，所鑄器物多為青銅重器，著名的商周青銅器有司母戊大方鼎、大盂鼎和大克鼎等。其中，商代的司母戊大方鼎是中國目前所知最早最大的青銅鼎，而西周大盂鼎和大克鼎則以其長篇銘文著稱。這幾件青銅重器，自其出土以來屢次歷險，險遭劫掠。

清朝光緒十六年（一八五〇年），陝西扶風縣法門寺任村出土了大克鼎等一批重要青銅文物。時任工部尚書的潘祖蔭聞訊後以重金購下大克鼎。潘祖蔭是清代著名的收藏大家，此前，他已有左宗棠贈西周青銅器第一大器大盂鼎。潘祖蔭無後，病故後雙鼎由其弟潘祖年運回家鄉蘇州。

由於雙鼎名聲太大，清代另一收藏家、清陸軍尚書、直隸總督端方曾逼誘潘家出讓，數次逼誘終未果。後來，美國人登門求讓，以六百兩黃金加一幢洋房為誘餌，潘氏仍不為所動。

抗戰期間，雙鼎由潘祖年的孫媳婦潘達于保存，她見日軍轟炸蘇州，恐其寶鼎被毀，決定秘密埋藏。於是，一天夜裏，在潘達于住的一間房中挖了大坑，將雙鼎裝箱然後深埋。蘇州淪陷後，日本兵一批批闖入潘家，一遍遍翻弄，想找出雙鼎。但是，日本人掘地三尺卻找不到寶鼎，只得作罷。到一九四四年，埋鼎的木箱腐爛，泥土帶方磚塌陷，潘達于挖出藏品，重新深埋，就這樣雙鼎一直保存到解放以後。一九五一年七月，已移居上海的潘達于覺得將雙鼎交給國家最保險，於是在她家深藏了六十餘年的國寶被放進了國家博物館。

大盂鼎和大克鼎均為西周重器。大盂鼎重一五三．五公斤，內壁鑄銘文十九行計二百九十一字，記載了周康王二十三年九月冊命盂的史實，與《尚書・酒誥》相符。大克鼎重二〇一・五公斤，內壁銘文二十八行二百九十字，記載西周官位世襲單傳嫡長子的史實。兩器均以長銘文著稱，是我們研究西周政治制度的珍貴實物史料。

比潘氏家藏雙鼎更早的商代司母戊大方鼎，是目前所知最大的青銅器，高一三三釐米，重達八百七十五公斤，是青銅期王國之巨寶。圍繞著保護這尊稀世絕品，還有一段驚心動魄的故事。一九三九年此鼎在河南安陽武官村一位叫吳培文的人家地裏出土。當時吳培文他們先將寶鼎埋在了一個老水坑裏，剛過三天，日本人就聞訊來搶大鼎，一共來了五次。其中第二次來的日本兵把整個武官村包圍了，然後直奔他家西院馬棚，在馬棚裏挖了半天，沒有找到大鼎。原來，村裏出了內奸，向日本人告了密，說大鼎埋在西屋馬棚下。可是敵人錯聽成是西院馬棚下，而西院又恰好有個馬棚，真是陰差陽錯，大鼎也就因此躲過了一劫。日軍撤走後，吳培文等擔心敵人再來，便從西屋馬棚下挖出大鼎，埋進敵人白天挖過的地方。由於這次及時而巧妙的換位，使敵人第三次挖找又撲了個空。日本投降後，司母戊大方鼎方才重見天日。一九五九年，這件舉世矚目的文物大器由南京來到了中國歷史博物館。

7 流失的龜茲舍利盒

龜茲是西域的佛教中心，而昭怙厘寺又是龜茲最大的佛教寺院。昭怙厘寺遺址位於庫車雀格塔爾山下廣闊的戈壁上，銅廣河從戈壁中間流過，把佛寺分成東區和西區兩部分，多年來，這裏又被稱為蘇巴什古城。二十世紀初，外國「探險隊」的搶掠，使昭怙厘寺蒙受了巨大的災難，大量的佛像、壁畫、古錢幣和文書等珍貴文物被盜運到國外。其中，有一個不尋常的舍利盒被日本人大谷光瑞盜走。

一九〇三年，大谷光瑞將這個舍利盒帶到日本時，並不知道這個舍利盒的特殊之處。這個舍利盒為木製，盒身被紅、灰白、深藍三種顏色覆蓋，還鑲有一些方形的金箔裝飾，盒內僅存骨灰，外形沒有什麼特殊之處，所以半個多世紀以來都沒有被人們注意。到了二十世紀五〇年代，有人突然發現這個舍利盒的顏色層內有繪畫的痕跡，於是剝去表面顏料，終於露出盒上繪製的圖像——樂舞圖，從此，精美的樂舞圖才重見天日，大放異彩。

1903年將舍利盒帶到日本的大谷光瑞

舍利盒身為圓柱體，蓋呈尖頂形，高三十一釐米，直徑約三十八釐米，體外貼敷了一層粗麻布，再用白色打底，然後施色，畫的外面還塗有一層透明材料，製作十分精巧。盒蓋上繪有四位演奏樂器的裸體童子，分別演奏篳篥、豎箜篌、琵琶和一個彈撥樂器。最令人驚歎的是，盒身周圍繪有形象十分生動的樂舞圖，是一件極罕見的反映龜茲音樂舞蹈藝術活動的珍貴形象的資料，也是龜茲當時世俗生活的真實寫照。

據日本學者熊谷宣夫研究，這個舍利盒是七世紀時所造。這一時期是中國隋代末期和盛唐初期。由於中央政府在龜茲先後設立都護府，使龜茲社會的各方面都得到迅速發展，成為西域廣大地區的政治文化中心。在這種形勢下，音樂舞蹈等藝術也出現了空前繁榮的景象。龜茲社會的昌盛發達，完全可以從這幅樂舞圖熱烈的場面、飽滿的情緒、豐富的舞姿、華麗的服裝、多樣的樂器和各式人物的神采裏感受到。可以說，這幅樂舞圖是龜茲社會繁盛歷史的縮影。

此舍利盒從昭怙厘寺出土，從一個側面反映了佛教文化和龜茲社會風行歌舞的盛況。同時，舍利盒的製作和繪畫非常精美，又出土於昭怙厘寺院的中心殿堂的廢墟下，顯然是一位德高望重的名僧火化後所用，從而也證明了龜茲藝術強烈地影響著佛教文化。世俗的樂舞藝術堂而皇之地闖進佛教文化的門檻，並被「超脫塵世的」佛教僧侶所接受和喜愛，反映出歌舞藝術的巨大穿透力。

8 徐悲鴻的四十幅油畫遺失之謎

徐悲鴻一生共創作了一百多幅油畫，其中有四十幅離奇遺失，至今大多杳無音訊，這些油畫的失蹤頗讓人費解。

這批畫作的遺失要追溯到上世紀四〇年代，當時徐悲鴻旅居新加坡。

徐悲鴻與新加坡有著不解之緣。一九三三年他以中央大學藝術系教授的身分，曾五次到過新加坡。一九三九年一月他又因國家蒙難、家庭破碎，第六次赴新並一直住到一九四二年一月。期間，一九四〇年他為構思已久的中國神話《愚公移山》畫了數十幅創作草圖及人物寫生。

旅居新加坡期間，在宣傳抗日的激情下，徐悲鴻創作了數量驚人的畫作。當時，正值藝術創作高峰的徐悲鴻面對中國的內憂外患，很想為國內的抗戰貢獻自己的力量，為此，他在新加坡等地連續舉辦多場畫展，賣畫為難民和抗戰遺孤捐款。當時沒有拍賣行，在畫展上人們拿著紅布條，看哪幅畫好，就把紅布貼在畫旁邊，寫上名字，意味著這畫已經訂走了。為了籌款，徐悲鴻當時就答應，只要真心想收藏畫，他現場作畫，有幾個人畫幾張，哪怕多次重複畫同一張畫也不介意。所以，新加坡人收藏的徐悲鴻畫作比中國徐悲鴻紀念館還多。

一九四一年日軍入侵新加坡時，徐悲鴻將他在新、馬、印三年中所畫的數百幅作品及其他古玩、珍本一起託給友人，埋入新加坡崇文中學的一口枯井內，其中有徐悲鴻自己認為最珍貴的四十幅油畫。隨後徐悲鴻隻身攜一千幅作品，登上淪陷前最後一班開往印度的輪船，離開了新加坡。

誰知這一去，就是人畫兩分離，油畫的主人沒想到他會永遠失去這批珍寶。徐悲鴻再也沒有回過新加坡。抗戰結束後他多次打聽這些畫的下落，卻都沒有得到回音。這批飽含心血的油畫的丟失對他的打擊也非常大，晚年的他不再創作油畫。四十幅油畫的下落成了徐悲鴻至死心中都存留著的遺憾。

一九八五年，新加坡當地發行量最大的報紙連續刊登了《徐悲鴻藏寶記》，在中國內地、香港、臺灣地區及新加坡的美術界引起轟動。報導詳細介紹了徐悲鴻藏畫之事，也首次提到油畫的下落，報導是這樣說的：一九四五年九月，日本投降後，徐悲鴻當年所託的新加坡好友黃曼士、林金升和崇文學校校長鍾青海，從枯井內取出書畫珍玩並致函徐悲鴻。徐回信表示：「為感謝鍾校長保護枯井所藏三年又八個月，請任選取一件藏畫。」鍾青海挑選了油畫《愚公移山》。

這一說法後來被當作一則佳話廣為留傳，但徐悲鴻之子、現任中國人民大學徐悲鴻藝術學院院長的徐慶平卻從來不相信這一說法。在徐慶平的記憶中，徐悲鴻並不知道這些畫被取了出來，他一直以為這些畫已經毀掉。畫作被毀的說法一度讓徐悲鴻心情非常不好，每念及此他就神思恍惚，就像掉了魂一樣。徐慶平也曾聽他父親說過畫家賣自己的畫就像從自己身上割肉一樣。連賣都不肯，送，斷然是沒有道理的。

「送畫之說」由此引起了徐慶平的懷疑。在他的記憶裏父親可能送過別人國畫、速寫、人體素描等，但是從來沒有送過油畫。作為畫家後人，同時也是畫家的他非常理解父親的這種做法，沒有一個畫家會把自己的心血之作送人。因為油畫創作相當不容易，也相當艱苦，一般都需要幾個月的時間。即使現在一幅普通油畫的成本也在幾千元以上，現在也很少有畫家拿自己的油畫送人。並且他在父親的書信來往中也沒找到這樣的記載。一個畫家一輩子最珍貴的也不過是幾十幅油畫，在西方油畫家的傳統中也很少有送畫的習俗。徐悲鴻在早年和盛年所作的大部分精品都留在了新加坡，這批畫是他畢生精心之作，他是不會輕易送人的。

枯井中取出來的畫大多不知去向，唯一為公眾熟悉的是那幅被「贈送」的《愚公移山》，徐慶平前後在海外見過此畫三次，正是從《愚公移山》開始，徐慶平一點一滴地知道了當年徐悲鴻油畫的流失之謎。

上世紀九〇年代初，徐悲鴻紀念館第一次在新加坡舉行徐悲鴻畫作展，徐慶平和母親廖靜文都前往新加坡。他們有一個共同的心願，就是打聽徐悲鴻油畫的下落。剛到新加坡，他們多次向媒體表示：作為徐悲鴻畫作的繼承人，他們此行並不是想追回油畫，因為那畢竟是上一代人的事，況且事隔多年，已經不抱希望了，他們就是想知道這些畫還存在，能夠拍照留點資料，完成徐悲鴻的心願就行了。但是，回應者寥寥。徐悲鴻畫展在新加坡引起轟動，時任總統黃金輝專程宴請了徐慶平母子兩人。在觀看畫展之後，有很多人拿著徐悲鴻的作品來請他們做鑒定。徐慶平看到了父親的許多真跡，有很多抗戰時期的作品都沒有落款和籤名，因為怕被日本人發現，所以好多都把簽名裁掉或塗掉了。然而，遺憾的是他沒有看到一張油畫。

後來，一個偶然的機會使徐慶平有幸看到了父親的油畫。一位新加坡的朋友請他鑒定一幅油畫，看是不是徐悲鴻的真跡。在那位朋友的客廳裏，徐慶平第一次看見了那幅《愚公移山》。儘管徐悲鴻紀念館保存有國畫《愚公移山》，但是當徐慶平看到這張油畫母稿的時候，還是非常激動。在與收藏者聊天中，徐慶平知道了這幅畫的持有者就是當年崇文中學校長鍾青海的兒子，他告訴徐慶平，這幅畫是由父親傳給他的。當時徐慶平已經從《徐悲鴻藏寶記》中知道了鍾青海持有此畫，但這事是真是假徐慶平並不知道。看到這幅畫徐慶平非常地高興，這張畫沒毀，其他的畫也一定都還在世上流傳。

不久後，徐慶平在香港看到臺灣出的一本《巴黎歲月：徐悲鴻早年素描》的畫冊，讓他吃驚的是，畫冊確實是徐悲鴻早年的作品，但是這些素描從來沒有人見過。這大量的素描是從哪裏來的？這個疑問在徐慶平到新加坡舉行自己的畫展時得到了解答。

他在新加坡會見南洋畫派的代表人物施香沱時，這位畫家兼美術評論家告訴徐慶平，那些素描是由他保存的。徐慶平一直猜測的真相也得到了證實，施香沱親口告訴他，當時從枯井裏取出畫來後，由在場的人們分掉了。這位當時名氣還不是很大的畫家從黃曼士那裏分到了一卷素描，這些素描沒有簽名，大概一百一十多張。後來施香沱把這些素描拿到臺灣去出版，結果拿去後就再沒還回來。

徐慶平心裏的一塊石頭落地了。這些素描沒有毀掉，四十幅油畫怎麼可能毀掉呢？放在枯井裏邊，紙比布更容易毀掉，但是紙都沒有毀掉，布怎麼可能毀掉呢？在《徐悲鴻藏寶記》中沒有提到的油畫應該都留在了收藏者的手裏。

雖然知道徐悲鴻的油畫尚在人世，但是究竟被誰收藏，保存狀況如何還不清楚。我們期待著這些珍貴的畫作能夠早日重現。

9 南海「海底瓷都」發現始末

二十世紀八〇年代初期，一艘荷蘭籍打撈船在廣東至加里曼丹海道上暗中徘徊，不知在搜索何物；沒過多久，荷蘭打撈公司宣布，從一艘古代中國船上打撈上來清乾隆外銷青花瓷器一萬餘件。

瓷器在海底保存二百餘年，當年風貌，依然保存。由於斷代準確，窯系明確，製造精美，藝術成就極高，每件價值一萬至十萬美元。從此，南海成為海中探寶重地，南洋諸國、美日歐打撈公司競相尋探。

南海是中國的一大邊緣海，位於西太平洋北端，北瀕中國的廣東、廣西和東海，東臨菲律賓，南接印度和馬來西亞，西連越南和馬來半島。南海又是典型的季風區，冬季盛行東北風，夏季轉吹西南風，當年萬帆千舸，就是憑藉這兩股不同的風向，往返於聞名的海上絲綢之路上。宋時，中國的製瓷業空前發展，同時也是中國對外貿易空前繁榮時期，外銷瓷大都經過南海絲綢之路運往南洋諸國。小小木船，僅靠風力航行，悠悠歲月裏、漫漫航線上，曾有多少商船顛覆在海底。所以，南海的泥沙中不知埋藏了多少珍貴的中國古瓷，於是有人稱南海為「海底瓷都」。

在南海「海底瓷都」發現大量中國古瓷並對其大規模打撈的並不是中國人，而是菲律賓人。一九八〇年，一位菲律賓漁民，在南海一海島附近打魚時，意外發現了一艘大約是十五世紀沉沒於海底的中國古船，從中挖出許多中國瓷器。消息傳開，人們蜂擁而至，當時的菲律賓總統馬可士聞訊立即派兵保護了現場，隨後委託菲律賓國家博物館打撈此船。該館為此專門建立了水下考古隊，從沉船中打撈出一千多件完整的器物，其中不少是精美的瓷器。博物館館長驚喜萬分，撥巨資讓考古隊繼續在更大的海域內考察，以期尋找到新的古船。

得知這一消息，英國人哈徹組織的海底尋寶隊也開進了南海。哈徹憑藉先進的探測設備和潛海器材，追尋著歷史遺留下來的線索，在大海中尋找有價值的沉船。不久，哈徹便在新加坡附近海域中，找到了一艘中國古船，打撈出兩萬多件中國古瓷。哈徹把船開到荷蘭阿姆斯特丹，在那裏，他把這些瓷器全部貼上「哈徹個人收藏」的標籤然後拍賣，由此獲利了數百萬美元。

巨大的「利潤」，使哈徹更加迷戀中國南海。隨後的兩年中，哈徹專心在南海裏搜尋裝有中國瓷器的古沉船。

這次，他的運氣更好，打撈到了斯爾德麥森號商船。一七五二年，荷蘭東印度公司名下的斯爾德麥森號商船，裝著十七萬件中國康熙年間的瓷器，還有一百二十五塊打有「南京馬蹄金」印記的金錠，從中國南京出發，航行到新加坡附近海域時遇到強大風暴而失事。二百年間，無數隻裝滿瓷器的柳條包靜靜地躺在海底，繪有藍白花紋的茶杯、碗和碟，一疊疊整齊地疊放在箱包裏，每一件瓷器上都繪有漂亮的圖案。

哈徹將船中所有的瓷器，運到荷蘭的阿姆斯特丹，整理後拍賣。一九八六年四月的一天，上千名來自世界各地的投標者雲集拍賣現場，瘋狂地搶購中國古瓷和那些金錠。拍賣場上，競爭非常激烈，有的瓷器，估價六百美元，不想卻被賣到一萬五千千多美元；最後連一箱殘破的瓷器，也被荷蘭博物館高價買走。拍賣共得一千五百多萬美元。

正是這次拍賣會，深深震撼了來自北京故宮博物館的兩位古瓷專家中國文物考古界，他們是受中國文物部門的指派到拍賣場上準備競購一些瓷器的。然而，他們非常沮喪，因為他們手中的錢，買不了一件像樣的瓷器。成千上萬的古瓷，就這樣眼睜睜地看著全部流散在海外，那情景，深深地刺痛著他們的自尊。回國後，兩位專家很快寫出報告，力陳建立水下考古隊伍的重要性，強烈呼籲再也不能置南海沉船於不顧，任憑海外肆意打撈中國古船了。見此報告，中國政府和文物考古界作出決定：填補學科空白，開展中國水下考古事業。相關部門很快制定了有關發掘海底珍寶的法規，與此同時，軍政部門配合文物局，成立了「水下考古」機構。

一九八七年，中國水下考古隊，參加了十二世紀荷蘭東印度公司摩羅哈特和塞克沉船遺址的調查和發掘。一九八九年，中國聯合發掘廣東川山群島附近的宋代沉船。一九九〇年，中國水下考古隊在福建江縣發掘一艘元代沉船，已撈出水下文物千餘件，進館入庫，價值連城。據悉，中國沿海目前有二三千條沉船有待打撈，今後，南海「海底瓷都」將成為世界水下撈寶的熱點。

第六章
服飾交流

1 國外的木屐都是由中國傳入的嗎？

提起木屐，人們往往會想到日本，以為只有穿和服的日本人才會穿木屐。事實上，穿木屐的民族是很多的，荷蘭也是木屐之國，東南亞國家的不少民族也是穿木屐的。更值得一提的是，中國也是木屐大國，是木屐的發源地之一，亞洲許多國家的木屐還是從中國傳入的。

二十世紀的時候，中國人還有不少穿木屐的，而現在傳統意義上的木屐是越來越少了。想一想這也在情理之中，在物質生活如此富足的今天，可選擇的鞋子實在太多，皮鞋、布鞋、塑膠鞋，各種質地的鞋子琳琅滿目，木製的鞋子競爭力自然弱了許多，而且整天忙碌、疲於奔命的現代人，著一雙木屐走來走去，好像也有些不合時宜。而今，只在南方地區的一些農村中，有的老人穿著木屐悠閒地來去，將一串清脆的木屐聲留在身後。再能看到傳統木屐的場所就是木屐藝術展館了，裏面有品種各異、花色繁多的木屐，有展示木屐製作手藝的師傅，從中人們可以領略木屐古老的歷史以及它所承載的綿長的文化傳統。

中國的木屐已有幾千年的歷史了。一九八九年考古學家在寧波市慈城湖原始遺址中發現了兩件木屐，距今已有四千多年的歷史，是中國乃至世界上最早的木屐。木屐通俗叫法為木底鞋，北方人叫「嘎拉板」，廣東人稱為「屐」，古人有云：「屐者，以木為之，二施兩齒，可以踐泥」。春秋戰國時期，人們就穿木屐了，這裏還有兩個動人的故事。其中一個是關於春秋時期的介之推的，介之推曾追隨後來成為春秋五霸之一的晉文公流落國外，曾割自己的腿肉煮了為晉文公充饑，晉文公取得王位後，介之推拋棄高官厚祿，背著老母隱居綿山（位於今山西省），晉文公聽說後，親自去綿山尋他，只見山中林木蔭蔽，雜草叢生，無路可尋。有人獻策，放火燒山，介之推是孝子，一定會背老母出來，可是事與願違，介之推最後竟抱樹而死。晉文公非常痛惜，就用這棵樹為木料製成木屐，穿在腳下，稱為「足下」，以示懷念。另一個故事則與中國古代四大美人之一的西施有關。越女西施來到吳國之後，很受國王夫差的寵愛。據說夫差很喜歡聽女子走在木板上發出的聲音，於是在宮廷的長廊下挖上土坑，並放上許多陶器，然後再在坑上鋪上木板，美麗的西施腳著木屐，上繫鈴鐺，踏著木板，在長廊上翩然起舞，此情此景，讓人陶醉，夫差大悅，將此廊命為「響屐廊」。很多年過去了，北宋詩人王禹稱賦詩《遊靈岩山·響屐廊》，詩曰：**廊壞空留響屐名，為因西施繞廊行。可憐五相終諫死，誰記當時曳屐聲。**

兩漢時期，木屐已非常流行了。魏晉南北朝時期，木屐得到了相當大的發展，製作工藝不斷精進。晉時的著名詩人謝靈運，寄情於山水之間，遍覽名山大川，常著木屐登山。《晉書·謝靈運傳》「謝好登山，常著木屐，上則去前齒，下則去後齒」。他的木屐的齒是可以活動的，上山去掉前齒，下山去掉後齒，可見那時的木屐製作技藝已很高了。李白在《夢遊天姥吟留別》中曾提到「腳著謝公屐，身登青雲梯」。

幾千年來，木屐能夠得以流傳自然有它的妙處。對於南方人來說，木屐是最好不過的鞋子，那裏地氣潮熱，蚊蟲繁多，著木屐可避暑防熱，防蟲防蛇，所以普通老百姓喜著木屐，而北方人將木屐上纏上麻、繩、布一類，冬天穿用以保暖；第二種情況是雨天防滑，平時防木刺。《晉書·宣帝記》

「關中多蒺藜，帝使軍士二千人，著軟材平底木屐前行」，在多荊棘木刺的地中行走，木屐可以起到保護腳的作用；第三，從客觀的情況看，古代不像現在這樣有那麼多的製鞋材料，而木頭到處都是，就地取材就可以製作簡單的木屐，很是方便，且不需太大花費；第四，「澡身濡足頃刻遂燥」，洗澡或洗腳之後，水會迅速乾掉，十分舒服。因木屐有以上優點，所以，千年來流傳在民間。

中國的木屐為其他民族的日常生活提供了不少方便。木屐優點良多，很適合濕熱的南方地區，譬如廣東、廣西、福建、臺灣一帶，居民遍著木屐。印尼、越南、緬甸等東南亞國家就是從中國南方人那裏學到了木屐。這些地區密林繁多，終年蚊蟲肆虐，瘴氣很重，所以木屐在那裏很受歡迎，直到現在這些地區木屐還很普遍。此外，木屐還輾轉傳到印度、中東一帶，向東則傳到朝鮮半島，以上國家或地區的木屐始自中國大抵是無疑問的。

但是就日本的木屐是否來自中國這一問題則存在很多爭論。木屐在日本是非常普遍的，已經成為了代表這個民族的一個符號，很多日本人理所當然地認為木屐是地道的日本貨。但是有的中國學者和一部分日本學者認為，日本的木屐傳自中國，中日的木屐有親緣關係。比如中國東晉時期的著名歷史學家和文學家干寶，在他所寫的鬼神志怪的著名小說《搜神記》裏面提到了古代的木屐：「昔作屐，婦人圓頭，男子方頭，蓋作意欲別男女也。」意思是說男人和女人的木屐不同，男子的木屐是方頭的，女子的則是圓頭，以相區別。日本女子的木屐也多為圓頭，男子的多為方頭，而且更為重要的一點是，日本人也將木屐稱為「足下」。中日兩國自古往來頻繁，日本的很多典章禮儀、衣冠服飾都傳自中國，所以木屐也很有可能來自中國，日本木屐也被稱為「足下」，這更使很多人對以上結論深信不疑。不過，日本木屐是否來自中國這一問題，持不同觀點的雙方都沒有十分確鑿的證據，因而這個問題目前還沒有定論，我們就將其當作中國木屐發展傳播史上的一個小插曲吧。

② 西裝是如何傳入中國的

西裝是當今世界上最流行的服裝之一，可以說是一種世界性的服裝，是男性在重要場合的一種正式著裝。西裝傳入中國時有不少有趣的故事，就讓我們再回顧一下這個過程。

西裝中國人曾稱呼它為「洋服」、「洋裝」，它的成型經歷了一個漫長的過程，源自十七世紀的歐洲，流行於當時法國路易十四（一六四三—一七一五年在位）的宮廷和英王查理二世（一六六〇—一六八五年在位）的王宮。據說西裝的上衣是源自漁夫們出海打魚時的裝束，領子敞開、扣子很少的衣服便於他們的行動；而一開始的開衩燕尾式西裝是源於馬車夫們的裝扮，出於騎馬的考慮。西褲最初則是「下等人」的穿著，例如法國大革命時，貴族們都是穿半截式的褲子，下面是緊身的褲襪，「無套褲漢」們才穿長褲子，沒想到後來這種褲子竟演變成了正規的西褲。十九世紀的時候，西裝最終定型，標準的三件套是：馬甲、外套、長褲。因此，當時為了露出裏面的馬甲，很多人是不扣上衣扣子的。在西方，西裝一度是紳士們的衣服，直到二十世紀的時候才漸漸普及，成為普通人的日常衣服，到七、八〇年代，剪裁很好的休閒西裝日益流行，因為休閒西服在多個場合都很適用，大大擴大了西服的用途。

西裝走進中國的大門源於鴉片戰爭之後很多來中國的外國人穿著西裝。當時梳長辮、著馬褂的中國人將其稱為「洋裝」，稱那些外國人「獅頭驢足」，「蓋謂其剪髮如獅頭，足著黑襪若驢足也」。中國第一個穿西裝的人是詹長人。當時上海的《申報》中有這樣一段報導：「詹長人冠履衣裳居然西式……華人誤以為外國長人至，如蜂之擁群。巡警呵斥分開一路，華人仍如山立，伸頸仰觀，驚曰：『什麼洋人，這不是書墨店裏賣墨的那個詹長子嗎……』」當時另有一個人也對此事作了記載，他就是陳其元（一八一二－一八八二年），此人博學多才，見多識廣，曾任過知縣等職，著有《庸閑齋筆記》，這本書的記載內容上至國計民生，下至風俗掌故、奇聞逸事，從中我們可以了解詹長人的一些細節。

詹長人原是安徽人，本不叫長人，因為他長得特別高，有九尺四寸，走路都有些晃晃悠悠，進一個高門還要低頭，所以人們給其綽號「詹長人」、「詹長子」。他因為飯量很大，在家鄉無法糊口，便來到上海投奔親戚，在一個墨店裏做墨工。由於手藝不精，所以大部分時候賺的工錢還填不飽肚子，境遇堪憂。後來詹長人離開墨店不知所蹤，沒想到三年後，竟著洋裝回來。剛開始時，附近的百姓以為來了個「獅頭驢足」的外國長人，沒想到竟是曾經的墨工詹長人，人們大感稀奇，於是蜂擁而至，競相觀看。原來詹長人因身長，被外國人發現，帶出國參加馬戲表演。每到一國，洋人就拿大幕遮住長人，收費讓人們觀看。外國人也會將些許錢財分給長人，「長人亦遂腰纏數千金。娶洋婦、置洋貨而歸。昔之長人，今則富人矣」。陳其元又記道，「聞長人言，所到之國，其國王、后妃以及仕宦之家，咸招之如見，環觀歎賞，飲之、食之，各有贈遺」。以上就是第一個穿西裝的中國人的故事。

清末的時候，中外交流之風日盛，出國考察、遊歷和學習的人日益多起來，歸國回來的人穿西裝已不是什麼新鮮事。那時上海出現了幾家外國人開的服裝公司，專門做西裝生意，購衣之人甚多。一九〇四年，中國才有了第一套自己人做的西裝，這其中有兩個人值得一提，一是徐錫麟，一是王西昌。徐錫麟（一八七三—一九〇七年）是辛亥革命時期著名的愛國志士，一九〇四年留日歸國後，積極宣導革命，提倡西裝，由另一個革命黨人王西昌照著外國西裝的樣子，手工縫製出了第一套中國西裝。洋裝逐漸流行開來，一九一六年的時候連溥儀也對洋服產生了興趣。因為溥儀的英語教師是英國人莊士敦，面對這個西裝筆挺的外國老師，溥儀非常好奇，於是派太監去買西裝。由於西裝不是照他的身形剪裁的，所以溥儀穿起來顯得有些滑稽，莊士敦知道後專門找了一個技藝嫻熟的裁縫為他量身訂做，溥儀才真正過了一回西裝癮。

民國的時候，一些大城市中的留學生、官吏、買辦、外國洋行裏的職員、新式青年等都常常穿著西裝，而且由於民國的風氣非常開放，當時上海還流行一種女著男裝的風潮，很多摩登女性穿著諸如男子樣式的服裝。這種女式西裝是由男士西裝略加改造而成的，女子穿上去顯得非常特別，很能引起別人注意，女式西裝很是流行了一陣子。

3 高跟鞋叩開中國的大門

有人說高跟鞋的出現不亞於汽車的發明，這雖有誇張之嫌，但也可以從中一窺其無窮魅力。的確如此，試問哪個女人沒有幾雙高跟鞋呢？

到底是何人在何時發明了高跟鞋呢？因為年代太久遠，說法太繁雜，高跟鞋的起源問題就變得眾說紛紜。不過可以肯定的是高跟的鞋子出現得很早，這完全是可以想見的，平底鞋雖然舒服，但現實生活中有很多不方便的因素，高跟鞋的出現是自然而然的。例如古埃及的屠夫們整天與屠場污濁的地面打交道，他們為了使雙腳離開這讓人噁心的場所，就曾穿過高跟的鞋子；中世紀時候西歐的一些人為避免街道上的動物糞便，也穿過高跟的鞋子；草原上騎馬飛馳的蒙古騎士給鞋子加上了後跟以緊緊踩住馬鐙，清朝時滿族婦女穿的那種鞋子也算是高跟的了，不過跟不是在後面，而是在中間，走起路來婀婀娜娜的。其實，許多的民族都可能出現過這樣那樣的高跟鞋子。

現代意義上的高跟鞋是發端於歐洲的，不過關於它的最初起源問題，有不同版本的故事，但都與兩個人緊密聯繫在一起。一為大名鼎鼎的法國國王路易十四，一為義大利佛羅倫斯的貴族小姐凱薩琳·德·美第奇。

第一個說法是，路易十四（一六四三｜一七一五年在位）是法國波旁王朝的第三位君主，號稱「太陽王」，他在位時期是法國的輝煌時段，一度成為當時歐洲最強大的國家之一，但這位英明神武的國王雖然功勳卓著，聲名遠播，但是個頭矮小。為使自己顯得高大，他讓人給他的鞋子加上後跟，以此提升自己的高度。有趣的是宮廷裏面的男子後來知道了這個秘密，於是也紛紛加高自己的鞋子，並暗暗在自己鞋跟的高度上作文章，使宮廷裏鞋跟的高度越來越高，行走十分不便，竟到了讓男人們都非常討厭的地步。從此男人們摒棄了高跟鞋，不過宮廷裏的女人們將其保留了下來。另一說不是講路易十四自己穿高跟鞋，而是用這種鞋子對付他的宮女們。路易十四的凡爾賽宮裏，佳麗如雲，美麗的宮女們經常偷偷跑出宮去與外面的人私會，這令國王非常惱火，為了懲罰這些女子，更為了防止以後她們亂跑，路易十四讓她們穿上一種有跟的鞋子，這樣走路就不如以前方便，而且這種鞋子走起來是有聲音的。剛開始宮女們非常抗拒這種奇怪的鞋子，當她們很不情願地穿上這鞋子後，卻出乎意料地發現這種鞋子使人看上去非常柔美，而且鞋跟發出的清脆的響聲使人走起路來很有愉悅。從此宮女們非常喜歡這種鞋子，後來，人們看到了這種新奇的鞋子都悄悄模仿開來，高跟鞋漸漸傳遍法國，又傳向世界。

另一個版本的故事是關於義大利的凱薩琳。凱薩琳・德・美第奇（一五一九－一五八九年）是統治佛羅倫斯的著名家族美第奇家族的女兒，後來成為法國國王亨利二世的王后。當初她要嫁給亨利二世的時候非常苦惱，因為她個子很矮小。於是她委託義大利的著名鞋匠替她特製幾雙鞋以使她修長些。那個鞋匠經過一番苦苦思索，終於設計出了幾雙特別的鞋，就是後來的高跟鞋。凱薩琳穿著這樣的鞋出現在與亨利二世的婚禮上，據說鋒頭大出，宮廷的女人們都很好奇她的鞋，紛紛模仿，一時巴黎的名媛們紛紛穿起高跟鞋。非常搞笑的是開始時這種鞋跟是很高的，以致當時一種風尚是女人們穿著高跟鞋柱著手杖。

高跟鞋誕生後也隨著時尚的潮流來回起伏著，十九世紀二〇年代，高跟鞋再次颳起流行的旋風，這次不僅在歐洲了，美國人毫不示弱，於一八八八年在本土建起第一個高跟鞋工廠，美國的女人們為此欣喜若狂。

這種最不實用卻最有魅力的鞋子又是如何走進中國，叩開當時古老天國的大門呢？鴉片戰爭之後，外國人紛紛來華，越來越多的洋人攜家帶口住在中國的租界內，很多外國女人自然將高跟鞋和當時中國人覺得新奇的玩意兒帶了進來，例如，著洋裝、穿皮鞋的外國男子跳起西方的交際舞探戈、倫巴、華爾滋等等，很快使這種舞蹈在當時的上流社會中流傳開來。後來到了二十世紀二、三〇年代的時候，這種舞蹈在社會上廣為流傳，處在中西交流前沿的上海舞廳紛紛建起，伴舞女郎成為一個熱門職業，高峰時竟達上千人，就是這些伴舞女郎帶動了時尚風潮，她們大多燙髮，身穿旗袍，腳蹬紅色高跟鞋，旋轉在紙醉金迷的夜上海中。在跳舞的風潮中，高跟鞋在社會上越傳越廣，不只是舞女和交際花，名門閨秀、小家碧玉甚至連一部分女學生，都紛紛踏上高跟鞋。回顧民國時期這段歷史，尤其是從二〇年代末到三〇年代後期這一階段，不少書籍、報紙、畫冊上的女性都是穿高跟鞋著旗袍的。不啻在上海，在當時的很多其他大城市諸如廣州、北京、南京、武漢等等高跟鞋也很有市場，值得一提的還有重慶。一九三七年抗日戰爭爆發，國民黨從南京遷都重慶，戰時陪都吸引了很多外國人，在那個旗袍風靡的時代，高跟鞋要比洋人服裝更受女人們的青睞，那時的《婦女之友》雜誌上有這樣一段描述時尚打扮的話語：「尖頭高底上等皮鞋一雙……彎形牙梳一隻。」高跟鞋自清末傳入中國，它一度成為很多女性鍾愛的鞋子。

4 千嬌百媚話旗袍

「越是民族的，越是世界的」，中國的旗袍就是對這句話的最好闡釋。旗袍作為中華女性民族服飾的代表，展現了中國女子特有的柔美、優雅和別樣的風致，受到很多人的讚揚和喜愛。當然，旗袍在發展的過程中也受到外國服飾的特點的影響，汲取了一些外來的因素。

旗袍，原來是指清朝旗人穿的袍子，現在意義上的旗袍就是從它改良而來。清時的滿族婦女穿一種連體、寬鬆的袍子，她們是吸收金及蒙古服飾中袍服的特點。清朝入關時，滿人強令男子剃頭易服，相對而言，對女子著裝的要求沒有那麼嚴格。漢族女子依然是上衣下裳（裳為裙）。後來清朝亡而民國起，很多滿族婦女放棄了原先的旗袍，有趣的是，這種服飾倒逐漸為漢族女子所接受。清朝亡後的民國時期，正值新舊更替，中外交流很盛，頗為開放。有一部分激進的女性強烈要求獨立平等，拒絕傳統的上衣下裳，希望像男子那樣著方便的長衫。與原來滿族旗袍相似的長袍子開始出現，當然穿著的人數量極少，可能因為它的確不美。在二〇年代的上海還出現了一種旗袍似的馬甲，就是在上衣之外罩一個長及腳面的長馬甲，以代替原來的裙子。到二〇年代中期的時候，名媛淑女和一些進步女生大都還穿小短襖、長裙子，旗袍還比較少。

如果說清亡到二〇年代中期是旗袍的萌芽時期，那麼二〇年代後期和三〇年代則是旗袍的重要發展期，旗袍受到西方服飾流行趨勢的影響。二十世紀初到三〇年代，西方服裝界發生了很多變化。之前，西方女性穿衣也是相當保守的，當時，中上層婦女穿著緊身胸衣、鯨骨支撐的大長裙子，裏面是左一層又一層的襯裙，非常的繁瑣。進入二十世紀情況發生了很大變化，女性獨立意識增強，隨著一戰的爆發及後來經濟危機的發生，女人越來越多地走出家門，參加工作，參加社會活動，她們的力量壯大起來，要求解放自己的身體，漸漸的，原來的高領變成了低領，小腿也可以裸露了，裙襬提高到了膝蓋之上，褲裝也出現了。二〇年代甚至還出現「女男孩」的打扮，女子像男人那樣穿著。二〇年代至三〇年代的西方時裝界越來越開放。這一時期西方服裝的這種變化也影響到了中國。

中國的上海素有「東方巴黎」之稱，處在流行時尚的前端，很多女性喜歡模仿西方的穿衣打扮方式，洋裝出現的頻率很高。旗袍的剪裁受到西方的影響，二〇年代後期改良的旗袍大量出現，三〇年代旗袍逐漸定型並向精緻華美的方向發展。立領、收腰、兩側開衩、裙襬縮短，剪裁得體，緊貼身體，自然展示出女性的身體曲線。此外，旗袍裏面不必再穿長褲子，這是相當方便的，因為傳統上不論是滿人的旗袍還是漢人的服裝裏面都是要穿長褲的。曾經有一陣子，旗袍裙襬很短，兩端開衩很高，高的程度讓人驚愕，甚至引起當局的干涉，連喊「有傷風化，有傷風化」。隨後，旗袍的開衩開得小了，裙襬降下了，不過，時尚界變化莫測，旗袍領子高了低，低了高；裙襬和開衩短了長，長了短；袖子有了無，無了有；這加花邊，那鑲飾品。來來回回，反反覆覆，時尚的風潮讓人目不暇接。流行趨勢大致與西方潮流保持一致。三〇年代的旗袍成為一種非常普遍的服裝，不論名媛淑女，

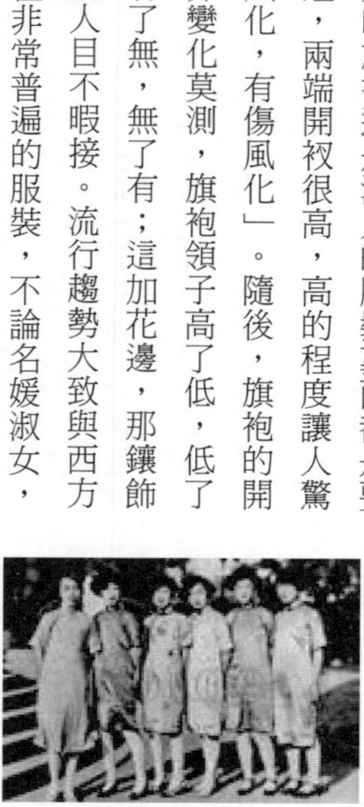
上個世紀30年代穿旗袍的女郎

還是尋常婦女，不論六十老嫗還是活潑女童，大家都常著旗袍。在這之中舊上海的女子將旗袍的韻味表現得淋漓盡致。十里洋場，鶯歌燕舞，豔光流轉，那裏的女子將旗袍穿出了絕代風華，穿出了與眾不同。那時的影星蝴蝶、王人美穿著旗袍來來往往，出現在一個又一個華美的場景中；阮玲玉穿著美麗的旗袍飾演了一個又一個角色，最終留下那句「人言可畏，人言可畏」離開這個愛恨糾葛、讓她心傷的世界。

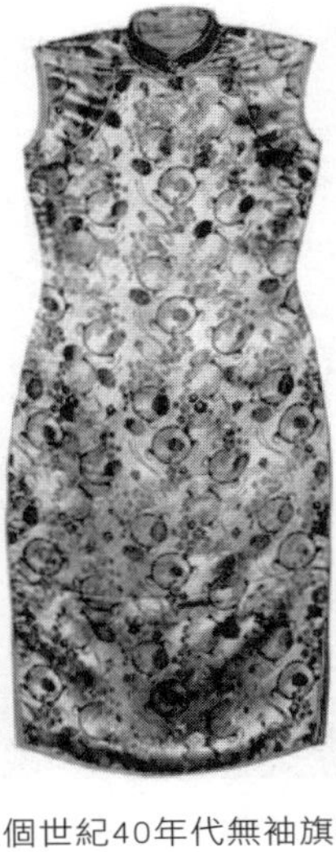
上個世紀40年代無袖旗袍

5 中外合璧的中山裝

提起中山裝，大部分中國人都不會感到陌生，七〇年代末八〇年代初中國改革開放之前，男子皆著中山裝。立領、排扣、四個大口袋是中山裝的顯著特徵。外國人一度認為這就是中國人的典型穿戴，他們將中國人與中山裝緊緊聯繫在一起。說起中山裝，還的確有些故事，它也是中外服飾交流的產物。

中山服的雛形是日本的學生制服。明治維新後，日本不斷進行改革，學習西方，服飾方面也趨西化。一八八六年日本東京帝國大學規定了一種校服，一改日本傳統的男服，其特徵是立領排扣，穿時不用打領帶，很是方便，不久，這種類似於軍人服的學生校服迅速流行起來，日本大中小學生都穿它。清末，在日本的很多中國留學生也穿這種制服，並將這種穿法帶回了國內。但是這種制服當時主要是留日歸來的學生們穿，到後來演變為中山裝還要有賴於孫中山先生的設計和推廣。

一九一一年，孫中山等人領導辛亥革命推翻了滿清政府，結束了統治中國幾千年的帝制，建立起了中華民國。「王朝改制」，也需要變革服裝。新成立的中華民國政府也在考慮設計一種新的服裝，以符合變革的潮流。孫中山先生認為新的服飾當然不能採用西裝，因為它不能表現中國特色，並且造價不菲，對民族製衣業也是個打擊。孫中山希望革新後的服飾首先應展現中國人的特點，並「宜於經濟」、「便於動作」、「適於衛生」。最終他選定了日本的那種學生裝，以其為雛形將其改造。他將日本學生裝的領子進行了改變，將扣子改為九顆，上下左右四個大口袋，收腰，腰處有腰帶，這就是最早的中山裝。為了大力推廣這種服裝，孫中山自己經常穿著，其穿著次數要多於西裝，所以在當時革命者的圈子裏便叫開了「中山裝」，這一稱呼就是這麼得來的，這之後中山裝得到了大力推廣。

這種服飾在以後得到了不斷的改進，後來不再收腰，腰帶也除去了，領子變成了翻領，前身有五個扣子。

服飾界就是這麼有趣，改自日本學生服的中山裝一度成為了我們的民族服飾，時光荏苒，而當八〇年代後的我們脫下中山裝換上五花八門的時裝時，誰又會想到外國人趕時髦似的穿

孫先生著中山裝

起了中國出口的中山裝呢？

6 時尚牛仔服來到中國

牛仔服可稱得上是時尚界的常青樹，縱橫時裝帝國百餘年而不衰，其身影遍布世界各地，男女老少咸宜。

最初中國人接觸這種服裝時，正值一些美國西部片中放蕩不羈的牛仔形象深入人心，他們穿著牛仔褲，帶著寬沿帽，堅毅果敢，富於冒險精神，頗有點中國古代的綠林好漢味道。由此，人們將這種服裝稱為牛仔服。實際上牛仔服從起源、發展到大肆流行有著豐富的內容，並非是牛仔們穿的服裝這麼簡單。

牛仔服最初是作為幹體力活的下等人的工裝服登上歷史舞臺的。十九世紀上半期美國的加利福尼亞州發現了金礦，淘金熱與西進運動交織到了一起，各色人種、各個階層的人紛紛湧向美國的加州，湧向美國西部，人人都想在那掘一桶金以改變自己的命運。五〇年代時，有一個人也來到了這裏，他就是德國的猶太人萊維．斯特勞斯（Levi Stuauss）。如其他人一樣，他告別家鄉來此也是為了實現「黃金夢」的，可是不久他發現，來淘金的人要淘沙、洗沙，勞動量很重，褲子很容易磨破，這些人經常衣衫襤褸。於是他就把隨身帶來的帆布帳篷裁剪了做成褲子。這種褲子堅韌又結實，很快受到淘金者們的喜愛，供不應求。人生就是這麼有趣，斯特勞斯沒挖成金子，可是卻淘到了人生的另一桶金，成為牛仔褲的創始人。以後，斯特勞斯就專心從事這種工裝褲的生意。剛開始，牛仔褲並非完美，有一天一個淘金人對他說，他的這種褲子口袋很容易撕裂，而裝東西的口袋對淘金人來說是非常重要的。到一八七三年時，萊維·斯特勞斯和另一個裁縫雅各·大衛斯（Jacob Davis）成功地解決了此問題，他們用銅鉚釘加固在口袋上，這樣即加固了口袋又增添了褲子的美感，取得了一舉兩得的效果。就在這一年，二人合作獲得了生產帶鉚釘的牛仔褲的專利權。但直到此時，牛仔褲還是體力勞動者的工裝褲子，穿著對象主要是淘金者、其他工人、農夫、，牧牛養牛的牛仔們。

到二十世紀三〇年代時，牛仔褲慢慢風行到了美國東部地區，而它以時裝的身分出現是在二戰之後，那時經常有美國大兵穿著牛仔褲出現在各地，牛仔褲逐漸引起人們的興趣，不再是勞動者的工作服了。隨後牛仔服很快衝出美國，流行到歐洲，六〇年代的時候，牛仔服因穿著舒適得體、易於搭配，已是美國人生活中不可或缺的一部分了。七〇年代龐克搖滾風盛行，年輕一代用簡單的和絃和與眾不同的服飾表達心中的感情，盡情宣洩對社會的不滿，故意磨出窟窿、剪出破洞的牛仔褲也成了張揚個性的符號，成了自由的象徵，這時的牛仔褲已不是一種服裝那麼簡單了。在義大利流傳著這樣一個有趣的故事。一九七三年，義大利一個名為耶穌牛仔的公司打出這樣一則廣告，廣告上耶穌正宣布第十一條戒律：「你不該穿其他牌子的牛仔褲站在我身邊。」由此這則廣告引起了宗教界的抗議。這可算作牛仔褲的一件趣聞，不過當時牛仔褲的火爆可見一斑。這一時期不只是普通百姓喜歡牛仔裝，連最上層人士也對他情有獨鍾，據說美國總統吉米·卡特最愛穿牛仔褲在媒體面前亮相。八〇年代及九〇年代的知名設計師也紛紛設計品牌牛仔，使牛仔褲向多樣化方向發展，高腰牛仔、低腰牛仔、水磨石洗仿舊樣式、雷絲花邊樣式……總之，花色樣式層出不窮，讓人目不暇接。牛仔服衍生出許多牛仔系列，牛仔衣和牛仔褲自不必說，牛仔裙、牛仔帽、牛仔手袋等也紛紛出現。

到了二十世紀七〇年代末八〇年代初，牛仔才正大光明地走進了中國的大門，對剛剛實行改革開放的中國來說，這是最具革命性的一次流行風潮。八〇年代初，美國電影《欲望街車》在中國放映，戲裏面馬龍·白蘭度身著牛仔的英俊形象深深震撼了中國的青年們，前衛的年輕一代率先穿起牛仔褲，吸引了眾多人的目光。牛仔服大大滿足了人們愛美的心理，它使人們的著裝不再是青灰藍單調一片，有了自己的個性；它使人的曲線自然舒展，且穿著舒適。當然那時的牛仔褲與今日相比，顏色還很單調，大概只有一兩種藍色，款式也很拘謹，布料較硬。但就是這樣，牛仔裝似乎也是在一夜之間，在大街上難以置信地流行起來。牛仔服再也不是奢侈品了，它深入百姓之中。

第七章
跨國婚戀

❶ 漫話歷代涉外婚姻

中國的涉外婚姻，歷史悠久，源遠流長。自夏商周始，延綿數千載，盛而不衰。當然，因為空間概念的模糊、地理知識的局限，古代的跨國婚姻不僅僅指本國人與外國人之間締結的婚姻，中原主要民族和邊緣少數民族之間的通婚也算得上涉外婚姻。因資料和篇幅的局限，我們暫將從夏商周三代開始漫溯一下涉外婚姻的歷程。

夏商周時期的涉外婚姻，表現為居住中原的華夏族和蠻夷戎狄各少數民族國家居民長期的互相通婚，《周書．后妃傳》這樣記載「周納狄后，富辰謂之禍階；晉升戎女，卜人以為不吉」。也就是說華夏族的王侯貴族娶少數民族女子為妻妾被認為是不祥，會帶來禍害，這是中國較早的涉外婚姻的文字記載。春秋戰國時期，由於國家之間長期的兼併戰爭，造成了中原華夏族居民與蠻夷戎狄各少數民族國家居民經過長期的文化吸收，互相通婚。

到了秦代，秦始皇統一六國，北拒匈奴，南征越族。此時的中國威名大震，據說也就在這時，日本稱中國為支那、西人稱中國為China的。因史料的罕見，對於此時中國是否與這些國家來往並進行通婚，我們不置可否。但有這樣一個傳說：講的是秦朝的徐福為尋靈丹妙藥，來到日本的金立山，但苦苦找不到上山的路，便向當地人打聽，恰巧遇到了正在幹農活的源藏，於是這個善良的莊稼漢答應給他們帶路，還邀請這些異國客人到家裏，並讓女兒阿辰熱情招待他們。沒想到這個叫阿辰的姑娘對徐福一見鍾情，徐福一行走後，她茶飯不進，相思成病。源藏回來後，看到消瘦的女兒非常心疼，就託人到金立山把阿辰的情況告訴徐福；徐福聽說後，把自己從秦國帶來的兩把寶劍中的一把讓使者轉交給阿辰，以寶劍做信物，等機會再見面。沒想到阿辰病情很快惡化，不久便離別了人世。阿辰死後，村裏的人就按照她的模樣刻了一座觀音像來祭祀。從此，有關阿辰觀音的傳說也流傳開來。關於這個傳說還有另外一種說法：徐福和阿辰互相愛慕。後來，徐福離開金立山，到別處去尋長生不老的靈丹妙藥。臨行前，他把自己從秦朝帶來的一把寶劍送給阿辰一作紀念，並請人轉告阿辰，說五年後再與她相見。沒想到來人把五年誤聽成了五十年。可憐的阿辰以為徐福拋棄了自己，過度的悲傷使她投水自盡了。村裏人就製作了阿辰觀音像來紀念這個癡情的姑娘。關於徐福這段異國之戀的真實性，因為沒有確切的史料記載，我們不敢妄加揣測。而徐福東渡卻有正史記載，這也說明當時中國和週邊國家是有來往的，其來往密切程度及是否通婚都有待考證。

漢朝最盛行和親政策。漢統治者利用宗女下嫁和周邊少數民族國家進行政治聯姻，這一政策為後繼統治者承襲和推行；少數民族政權統治者仰慕漢族較高文化，大力提倡少數民族和漢族通婚。當然兩漢時期，漢族與少數民族的通婚在民間還不普遍，多集中在統治集團層面。

隋、唐兩朝代實行促進漢族和少數民族通婚和融合，推行和異國異族的「和親」的政策。尤其是唐朝，因其國力鼎盛，版圖廣袤，又實行對外開放政策，是一個極度世界主義的大帝國。當時，歐、亞、非等一百多個國家和地區的外國人到中國求學、經商、傳教……而這些人中大部分都滯留中國不歸，有的甚至在中國娶妻生子。如日本的琵琶宗師藤原貞敏曾是遣唐使判官，來唐後，師從廉承武學琵琶，後與精通琵琶、古箏的劉二娘結婚，他從中國帶回的紫檀琵琶，現在依然保存在奈良的正倉院中；又如與鑒真相提並論的阿倍仲麻呂，作為中日友好的象徵而廣為人知，他從十七歲入唐至七十三歲去世，在中國生活了五十餘年，然而從未有人提到過他的婚姻問題，近年來一些學者利用新發掘的史料，證實阿倍仲麻呂曾娶唐女為妻，並育有子女；再如日本留學僧圓載，亦在中國生活了五十餘年，他在會昌年間還俗，並和唐代婦女結婚，生兒育女。學者傳永聚經過大量的史料挖掘，考證出與玄宗對弈的是日本入唐僧辯正，後在中國還俗結婚，生下秦朝慶、秦朝元二子，秦朝元十二歲時隨遣唐使回到日本，受到日本朝廷的優遇，十幾年後作為遣唐使判官又到長安，玄宗特予接見；另一位遣唐使成員羽栗吉麻呂，與唐女結婚後生下羽栗翔、羽栗翼二子，他們大約十六歲前後隨父回到日本，因為精通漢語而受朝廷重用。此外，遣唐大使藤原清河與唐女所生的女兒喜娘，回到日本後將住宅捐給鑒真創建的唐招提寺，亦屬鮮為人知的史事。

唐朝是一個開放的王朝，因此這時的涉外婚姻是為唐代法律所允許的。但法律也規定不准將唐朝婦女帶出境。而且，唐代的涉外婚姻中，胡男漢女式婚姻居多，胡女漢男式婚姻較少。這些也許都和當時的時代觀念和文化傳統有關吧。

宋代以來，中國國勢明顯開始衰弱，中國國門漸趨封閉。宋不僅斷絕和親，而且禁止邊境地區的漢族與少數民族通婚。而元朝為維護蒙古人的血緣和統治地位，也禁止蒙古人和外族人通婚。明朝雖作了與元朝相反的規定，禁止蒙古、色目人本類自相嫁娶，強迫蒙古、色目人和外族通婚，限制、削弱外族力量，並強迫蒙古、色目人與外族同化。但這時的中國與如今所稱的國外的來往是相當有限的，其通婚事宜更不可知。

清人入關後，為了統治漢族，並擴大其統治力量，明文規定滿漢不相通婚，永為定制，而且這一政策一直推行了三百多年，直到光緒時，因為形勢所迫，才下詔准許滿漢通婚。另外其閉關鎖國的政策使中國斷絕了和一切國家的交往，漸漸走在了世界的後面。中外男女通婚更是奇聞。鴉片戰爭以後，男女社交走向公開，男女自由戀愛、自願結婚的情況多了起來。這時的跨國婚姻也多了起來，主要表現為在國外留學的中國留學生與外國人之間通婚。當然在解放區，也有中國公民和外國人通婚。

悉數歷朝歷代的涉外婚姻，我們會發現涉外婚姻的變更往往和每一個朝代有著密切的關係，它們的興衰、它們採取的政策鼓勵和抑制著涉外婚姻的發展。

2 清末第一名士的異國戀

被譽為清末第一名士的辜老夫子辜鴻銘，因精通九國語言，充當六國使節翻譯而被孫中山先生譽為「中國第一」。在晚清政府日趨衰敗、泱泱大國威望無存的情況下，一些先進青年紛紛跳出國門，去探詢外面的世界。而這個生在南洋、學在西洋、共獲得十三個博士學位的中國青年，滿懷報國之心，毅然回到了尚未謀面的故土。張之洞格外看中這個滿腹經綸的洋博士，讓他主持翻譯外國文稿，以資籌辦洋務借鑒。於是，辜鴻銘開始了他仕在北洋的漫長生涯。

第一次與中國親密接觸，辜鴻銘就被古老的中國文明所征服，並且深深沉迷於此。他開始冷藏自己學習多年的西方文化，慢慢頑固地堅守起他才剛剛接觸的中國傳統文化。他推崇中國的帝制，反對西方的共和；他視婦女纏足為國粹，把一夫多妻當作天理。他摘下領帶，脫下西裝，戴上瓜皮小帽，換上油光可鑒的長袍馬褂，一副前清遺老的打扮。據說他的這一形象在進入民國後成為京城街頭和北大校園的一大景觀。

辜鴻銘回國後不久，娶了一妻一妾。妻子淑姑是一位典型的東方女性，靦腆溫順，知書達理，一雙長不及掌的「金蓮」尤讓辜鴻銘著迷不已。他曾戲稱自己的成就主要歸功於那雙金蓮，稱其為自己的「興奮劑」。辜鴻銘的愛妾吉田貞子是一位日本姑娘。對於日本，辜鴻銘熱愛有加。他認為世界上最優秀的文化是唐宋文化，而這種文化只存在於日本，因為中國自唐宋以來，幾經戰爭浩劫，這種鼎盛的文化傳統幾乎消失殆盡；日本卻因為國內環境的平穩保留了最為優秀的中國文化。同時，他還把現在的日本人等同於中國的唐宋人，把現在的日本婦女視為中國唐宋的婦女，認為她們勤勉、溫順、善良。為此，他對這位日本夫人寵愛有加，視之為離不開的「安眠藥」。

辜鴻銘是在被人視為不潔之地的青樓結緣於吉田貞子的。那日，辜鴻銘和一幫朋友逛青樓，喝酒解悶、飲茶聊天之時，辜鴻銘注意到遠處立著一個清秀俊美的女孩。辜鴻銘一生風流倜儻，猶好到青樓尋花問柳，對那裏的姑娘也個個熟悉，對於眼前這個姑

辜鴻銘

年輕時的辜鴻銘

娘，他感到生疏和好奇。待那姑娘端茶上來，辜鴻銘不禁與其攀談起來，從而得知這個姑娘叫吉田貞子，日本人，是來中國找尋父母的。她的父母在中國經商，一直以來在漢口經營一間乾貨鋪，後因戰爭影響，離開漢口，在中國四處謀生。而不知就裏的貞子則隻身一人來到了漢口，然而沒找到雙親的她不料被騙賣到一家青樓，因她不肯接客，經常遭到鴇母的打罵，日子非常艱辛。聽了貞子姑娘的哭訴，辜鴻銘頓生惻隱之心，他從懷中掏出銀票替這個可憐的姑娘贖了身，並另贈幾十兩銀子讓她尋找自己的父母。身處異鄉的貞子對這位恩人感激涕零，一再拜謝鞠躬。望著貞子姑娘踏出青樓漸行漸遠的背影，辜鴻銘在朋友的詫異目光中也笑著離開了。

此後的一天，辜鴻銘上街買紙墨，正好碰上了在街上漫無目的走著的貞子。見到自己的恩公，貞子不禁又悲又喜。原來這段時間，她不僅沒有找到自己的父母，而且銀子也花光了，連一個歇腳的地方也沒有。孤獨的她見了自己的恩公十分高興，她已把這個眼慈面善的老先生當作了親人。也許是出於對弱者的同情，也許是為了潛藏內心的一段感情……辜鴻銘收留了這位日本籍的姑娘。經過一段時間的相處，兩人感情日漸深厚，不久，辜鴻銘迎娶了這位異國的夫人。

婚後，吉田貞子更顯示出了日本女子特有的溫柔、恬靜和乖巧的優點。辜鴻銘對其也倍加寵愛。為避免貞子想家，他時常用日語和她交流，託朋友從日本帶來貞子最愛吃的生魚片和各種各樣的小玩意。平時沒事就陪貞子說笑，看她插花，聊聊茶道。生活過得幸福而又愜意。辜鴻銘自己曾說：「吾妻淑姑，是我的『興奮劑』；愛妾貞子，乃是我的『安眠藥』。此兩佳人，一可助我寫作，一可催我入眠，皆吾須臾不可離也。」

怎奈歲月無情，吉田貞子在陪伴了辜鴻銘十八個春秋後，不幸因病去世。她給辜鴻銘留下了一個兒子和一個女兒，痛失愛妾的辜鴻銘哀傷不已，陷入了深深的思念之中。他特地在上海的萬國公墓為她選了一塊墓地並親手立碑紀念，上書五個大字：日本之孝女，作為他對愛妾一生的評價。並且，他還深情地寫下了這樣一首悼妻詩：此恨人人有，百年能有幾？痛哉長江水，同渡不同歸。真可謂字字帶淚，句句含情。在隨後兩年出版的英文書中，辜鴻銘在扉頁上寫道：「特以此書獻給吾之妻吉田貞子。」一九二八年，辜鴻銘病於北京，終年七十二歲，兒女在他去世後，將他生前一直相伴的那縷吉田貞子的頭髮與他一起下葬，唯願他與貞子九泉之下仍能做一對結髮夫妻吧。

3 清末名僧的情緣

蘇曼殊和李叔同是民國初期的兩大文壇奇才。他們出身朱門，事業有成，才名蜚聲。然而壯年卻相繼循入空門，逝後均埋入杭州西子湖畔，成了人們猜度不透的一大人生之謎。自古才子多情，遊學日本期間，他們都愛戀上了異國姑娘，演繹了生死之情。雖然後來，蘇曼殊癡情難忘初戀情人，埋名隱姓，遁世出家；李叔同也絕情別離心上人，過起了一領納衣，芒鞋藜杖的生活。但他們那段異國愛情故事卻不時被人提起。

作為中日混血兒的蘇曼殊自小就被家族矛盾所糾纏。他是父親與一位十九歲的日本下女所生，因此自幼便受家族擯棄，生活艱苦。為此，年僅十三歲的他便出家為僧，後因犯戒被逐出佛門。十五歲時，他忍受不了世俗的歧視，東渡日本，尋找生母，來到了離橫濱不遠的逗子櫻山村。他在這個景色宜人的小山村裏雖只短住了幾個月，但這段期間是他一生中最幸福和快樂的日子，他不僅享受到了母愛滋潤的天倫之樂，也遇到了終身難忘的初戀愛人——菊子。

菊子是個單純的鄉村姑娘，清秀美麗，能歌善舞，尤為重要的是她和曼殊一樣喜歡拜倫，酷愛讀拜倫詩選。共同的興趣愛好一下子拉近了兩個年輕人的心。愛情開始在這兩個十五六歲的孩子中生根發芽。面對這突如其來的愛情，他們既感到幸福和甜蜜，又感到微微的緊張和興奮。初戀是羞澀的，當時他們只能以信鴿傳書的方式互通戀情；初戀也是甜蜜的，他們有時會悄悄約會，一起跑到較遠的山坡上去吹吹風，看看景，聊著彼此喜歡的詩句，聊著彼此喜歡的花。和菊子在一起的快樂時光使曼殊忘記了曾遭受的冷落、欺凌。但甜蜜時日並不長久，他們的戀情很快在狂熱中暴露了。據說出面干擾他們婚姻的就是曼殊痛恨嫉首的蘇家大院的人，他們指責曼殊的不通事理，質問菊子的清白。在恐懼、悲憤和絕望中，菊子跳崖自盡，留給曼殊一生的遺憾。

詩僧蘇曼殊

這是他人生中的初戀，可謂是銘心刻骨。他平生也只真愛過這一個少女。此後，他萬念俱灰，又一次剃度出家，做了和尚。然而，在革命無望、報國難成的情況下，他滿懷對中國一腔熱情和對菊子的深深懷念陷入了絕望苦惱中，開始暴飲暴食，身體受到了嚴重損害。一九一八年五月病逝，是年三十五歲。有人說蘇曼殊皈依佛門是由於「壯士」的理想無法實現和「美人」的情意不能解脫之後的一種自我救贖，這種皈依是蘇曼殊的一種外部行為，並非一種內在的真誠信仰，因此蘇曼殊注定無法救贖自我。

與蘇曼殊相比，李叔同更是是一個傳奇，從風光八面的文化名流轉而皈依佛門，在風花雪月的杭州避世而居，潛心修行，從此往昔種種彷佛一切兩斷。李叔同已死，而弘一法師方生。這是我們常人無法領悟的境界。然而，他真能忘的了那位深愛著的日本姑娘嗎？

一九〇五年七月，李叔同來到日本上野美術專門學校學習，成了這所日本國最負盛名的美術學校裏的第一個中國留學生。學西洋畫少不了模特兒。當時託人介紹的姑娘們，他都不如心意。一個偶然的機會，他認識了音樂女校預科班的學生誠子。在他眼裏，這個美豔驚人的日本姑娘是個天生的模特兒。而此時的誠子因家庭困難，打算找個工作維持學業。於是，各取所需，他們很快達成協定：誠子當李叔同的人體模特兒，每天下午三點至五點工作兩個小時。一個星期十塊錢。

最初兩人之間只是一種淡淡的工作關係。李叔同作畫時全神貫注，在畫室的時候，他從來不和誠子說話。誠子也在盡自己最大的努力表現得專業化。有時，一個姿勢她可以擺上一個下午身體都不動一下。許是日久生情，誠子漸漸喜歡上了這個中國留學生，她自覺地負起了照料李叔同生活的

李叔同

責任，幫他料理家務，做一些可口的中國菜。她也不在乎李叔同在中國已有妻室，只要能和所愛的人在一起，她已經心滿意足了。面對這個多情的日本姑娘，李叔同再也無法迴避自己對她的感情。在老師黑田的主持下，這對幸福的情侶舉行了婚禮。

一九一〇年六月，李叔同帶著誠子離開日本，回到了闊別五年的中國。他將誠子安置在上海莫哀路一套寬敞的公寓，開始了浪漫的同居生活。可誠子怎麼也不會料到，這個深愛自己的情人會突然間拋下一切，出家做了和尚。然而，在杭州師範任教後期，李叔同真的在杭州西湖虎跑寺剃度為僧。誠子的哀求呼喊也換不回他進入佛門的信念。

李叔同為什麼要出家？關於這個問題有多種說法。有人將其歸因於他的家庭環境。李叔同的家庭是官僚兼商人型的。他的母親比他父親小四十九歲，地位低賤。他的幸福是母親用屈辱、痛苦換來的。母親年輕守寡而早逝，給他留下了終身的遺憾。他本來應該痛恨封建納妾的，但卻又娶了個日籍女子，讓她處在和母親一樣的位置。於是，悔恨和自責使他日益痛苦，而出家為僧使他可以擺脫這個兩難境地，在男女愛情、婚姻家庭方面一了百了。也有人持家庭破產說。李叔同回國後，隻身返天津和家人團聚。此時，李家產業虧損，家境破落。他一面努力率領家人渡過難關，一面照料在上海的誠子，往返於天津、上海之間，身心疲憊。於是，漸生出世之心。還有人認為他是受西湖特有的佛教氛圍的濡染，幾位佛教朋友的影響才出家的……可謂眾說紛紜。

蘇曼殊、李叔同這兩個民國名僧有著同樣離奇的人生。複雜的家庭環境造就了他們與眾不同的性格特徵。他們都曾寄居日本，並覓到了真愛。雖然因種種原因，他們循世進入空門，但他們真能拋卻塵世情緣，六根清淨嗎？答案也許只有他們自己清楚。

4 晚清外交官陳季同的法妻英妾

晚清外交官陳季同是十九世紀歐洲最有影響的中國人。他曾以翻譯、參贊等身分，在西方先後生活了二十多年。在居住歐洲的這段時間，他頻繁出入歐洲外交界和文化界的沙龍，不時應邀出席名目繁多的展覽會、報告會；他操流利法語而作的演講傾倒了無數法國聽眾，以他的名字發表的法文著作多次再版、轉譯，並被譯為英、德、意、西、丹麥等多種文字，在歐洲大陸產生巨大的影響。另外，這個在近代中西文化交流史上，與辜鴻銘、林語堂齊名被稱作「福建三傑」的晚清才子在婚姻方面也是不俗世人，博具風流，先後娶了一個法國妻子和英國小妾。

「陳季同像」（1891年4月1日巴黎《畫刊》封面

雖然作為朝廷命官正式娶西方女子為妻，在當時還屬膽大妄為之舉，但陳季同居歐多年，早已經歷了近二十年的歐洲外交生涯，深受歐洲文化、風俗的薰染，生活方式變得相當西化，他已完全融入了歐洲社會。陳季同以廣博的知識、一個東方人的獨特看法，加上流利的法語，贏得了德意志皇帝弗雷德里希三世、德國首相俾斯麥和法國政治家甘必大的尊重和賞識。此外，陳季同天性本就活潑開朗，興趣廣泛，且待人熱情，善於結交，因而他很受歐洲上層社會的歡迎，在巴黎期間，一個叫佛倫西的法國女子深深愛上了他，並以西方人特有的激情對他展開了熱烈的追求。也許是法國女孩的熱情奔放打動了陳季同，兩人很快確立了關係，不久結為伉儷。

自古才子多情，才華橫溢的陳季同也難逃此劫。中西貫通的他撰寫的小說曾在巴黎風靡一時，並被譯成多國文字發行。他的聲名及才能令一位叫瑪德的英國女博士墜入了情網，陳季同也為女孩的美麗癡情所迷戀。已有妻室的陳季同害怕此事被法國妻子知道不好收場，但深愛陳季同的瑪德不在乎名分，只求兩人能永遠在一起。不久，陳季同將這一妻一妾接到上海，分處居住。可是世上沒有不透風的牆，他另置一室的隱情還是被其法國妻子知道了。這個生性酷愛自由的法國女性不能容忍丈夫的背叛，她找到瑪德「理論」了一番。關於陳季同妻妾為爭寵而大打出手的這段史實的其中內情，清末作家曾樸在以真人真事為基礎的、轟動一時的筆記小說《孽海花》中，曾不惜筆墨，渲染有加。

驥東兼收並蓄，西食東眠，安享一年多的豔福了。不想前一禮拜一的早上，驥東已到了這裏，瑪德也起了床，正在水晶簾下看梳頭的時候，法國夫人倒很大方地坐在驥東先生椅裏對瑪德凝視半晌道：「果然很美，不怪驥東要迷了！姑娘不必害怕，我今天是來請教幾句話的。先請教姑娘叫什麼名字？」瑪德抖聲答道：「我叫瑪德。」法國夫人道：「貴國是否英國？」道：「是。」法國夫人指著驥東道：「你是不是愛這個人？」瑪德微微點了一點頭。法國夫人正色道：「現在我告訴你，我叫佛倫西，是法國人，你愛的陳驥東是我的丈夫，我也愛他，那麼我們倆合愛一個人了。你要是中國人，向來馬馬虎虎的，我原可以恕你。可惜你是英國人，和我站在一條人權法律保護之下。我雖不能除滅你心的自由，但愛的世界裏，我和你兩人裏面，總多餘了一個。現在只有一個法子，就是除去一個。」說罷，在衣袋裏掏出兩隻雪白俄白郎寧，自己拿了一隻，一隻放在桌上，走到瑪德面前，很溫和地說道：「我們倆誰愛驥東，憑他解決罷！」說著，已一手舉起了手槍，瞄準瑪德，只待要扳機。說時遲，那時快，驥東橫身一跳，隔在兩女的中間，喊道：「你們要打，先打死我！」……

據曾樸老先生稱，書中所刻畫的風流倜儻的上海名人陳驥東，其原型就是晚清外交官陳季同。陳季同和曾樸關係很是密切。陳季同曾指導曾樸學習法國文學，後來，陳季同的影響伴隨了曾樸的一生。因此，關於陳季同這段法妻英妾爭風吃醋、不惜火拼的逸聞，也並非完全出於作者杜撰。一八九一年，由於私債糾紛，陳季同被清政府撤職。雖然次年他又被開復原職，但他從此再也沒有回過歐洲。據報導，陳季同先前娶的法國妻子沒有生育，後來又娶的這位英國小妾，雖生一子，但奢侈過度，陳季同養不起，女博士遂攜子離去。後來，陳季同寓居在南京，主持官方翻譯工作。但此時的他已經貧病交加，終於在光緒三十一年（一九〇五年）病逝於南京，享年五十有四。

5 一位外嫁洋人的晚清郡主

清朝末年，清政府權勢逐漸衰弱，一向封閉的國門慢慢打開。於是，伴隨著外國的新事物的輸入，自由、開放的新思想也隨之而來。深居簡出的下層人尚未感受到這些變化，但那些清朝官員，尤其是被派駐各國的外交使臣則明顯地感受到了兩個世界的不同，他們很快適應了這些變化，逐漸擯棄了腐朽愚蠢的封建思想，開始正面接觸西方進步的東西。為此，他們學說英語，學吃西餐，換穿西服，甚至娶西婦。當時中外通婚有一個很奇特的現象：中國人娶外國女子比較多，而中國女子嫁給外國人比較少。但就在這種情況下，卻有一個郡主忍受了巨大的壓力，嫁給了一個外國人。

這個奇女子叫德齡。滿洲漢軍正白旗人，原籍珠海市香山縣南屏村，他的父親裕庚是清末三品外交使臣，後任太僕寺卿。他是一個開明的官僚，自己娶了一位外國妻子，有人說是法國人，也有說是美國人。他曾於一九〇二年支持他的二兒子娶了法國女子地拿斯。一八九五年裕庚出使日本，德齡與家人隨父前往日本。一八九九年，裕庚出使法國，德齡又隨父在法國居住四年。在法國居住期間，她和妹妹在媽媽的帶領下經常出入巴黎上流社會舉辦的宴會。德齡是慈禧太后的御前女官，備受這個老佛爺寵愛，親自御封其為郡主。因此，這樣一樁反習俗的異國婚姻不能不讓人感到好奇。

據說這個德齡郡主是在回國途中遇到異國戀人的。根據孫小斌同名小說改編的電視劇《德齡公主》是這樣介紹他們相遇的。一九〇三年德齡隨父乘坐輪船回國，而美國著名珠寶商艾米夫人和侄子凱文·懷特也在豪華的海輪上。於是，在輪船的化裝舞會上，懷特和德齡相遇了，他們聊得很投機。互相吸引的凱文和德齡終於卸下了面具，露出他們年輕真誠美貌的臉。下船後，懷特四處打聽這個令他心動的女孩的下落，皇天不負有心人，一個偶然的機會，他竟遇到了女孩的哥哥，有了女孩的下落，同時他也感到了震驚和不安。因為自己苦苦追求的女子竟是大清公使的女兒，她的身分將是他們愛情的障礙。而這時的德齡和其妹妹因備受慈禧讚賞，已奉命進宮作了老佛爺的御前女官。然而堅信愛情的懷特沒有氣餒，他在美國駐華公使康格夫人的熱情幫助下，打聽到了德齡在宮中的地址，兩人開始了秘密頻繁通信，偷偷享受著愛情的甜蜜。然而他們的相戀首先遭到了懷特家人的反對。他的姑姑裝病讓懷特趕快回國，匆忙回到美國的懷特卻發現，姑姑艾米沒有生病，而是要送他一份大禮，當家族遺產的繼承人，條件是回國生活，放棄對德齡的追求。然而視愛情為生命的懷特並不為所動，毅然離去，來到中國戀人的身邊。再次重逢的他們愛火重燃，決定要秘密訂婚。然而，災難再次降臨，慈禧要給德齡指婚。原來，一向對慈禧忠心耿耿的榮祿去世了，慈禧很難過，為安撫其心，她想把榮祿的兒子指婚給德齡。豈料，心有所許的德齡寧死不從，慈禧大怒。心知闖了大禍的德齡做好了必死的準備，她給凱文寫下深情的遺書，心想只有來世再見了。而此時所有的人都為德齡的命運擔憂。她的妹妹容齡求皇后幫忙想辦法，最後，這件事甚至驚動了光緒。

為幫助德齡，光緒請榮祿的兒子巴龍下棋，暗示他需要德齡。巴龍會意，堅決地在慈禧面前辭謝了婚事。這樣，一場即將到來的風暴霎時雨過天晴。德齡也趁父親病重的機會，離開皇宮，於一九〇九年與凱文．懷特結婚。婚後他們移居美國。

這部電視劇的歷史真實性，我們不多評價。我們也許無法考證德齡與懷特的戀愛細節。但關於其抗婚一說，則有據可評。在德齡的《童年回憶錄》裏，她這樣描述：

「我是怎樣不服從她的呢？」

「你年紀已大，可以結婚了，」太后對我說，「我心裏已替你找好了一個人，他年輕，擁有百萬家財，他就是巴龍！」

「但是我不想結婚。」我咆哮著，我這樣說是冒著殺頭的危險的。沒有一個人敢對慈禧太后的話表示違抗，可是我這樣做了。

……

「於是我決定拒絕太后，這是沒有人做到過的事。孫逸仙做了，可是他成了中國的逃犯，拿到他的頭可以去換重金。康有為也試過，可是中國已不知他的下落了。另外也有許多人試過，他們的頭都被割下來了。但是，我決定不和太后所選的人結婚。回宮後，我向太后表明了我的態度。從那天起，我就一直準備著被殺頭。不過我的頭終於沒有被拿掉，是太后寬容了我。」

另外，據說德齡是在上海的一次舞會上，和時任美國駐滬領事館的副領事撒迪厄斯·懷特相遇的。一九〇七年五月二十一日，兩人結婚。婚後不久，他們有了一個可愛的兒子薩都斯。一九三三年，愛子卻不幸去世，從而造成兩人感情不和，長期分居。

也有人說這位德齡小姐於一九〇九年嫁給了一位美國富商。關於此事，當時還有種種傳聞。一種說法是，美國人最羨慕別國有貴族頭銜的人，德齡因渴望嫁給美國人，寫其清宮見聞，正是為「動其仰慕」、「自抬身價」。當然，這只能是一種缺乏根據的妄自推測。

一九四四年十一月二十二日，這位勇敢的姑娘、這個生前以其在清宮之所見所聞，用英文寫成《清宮二年記》、《御香縹緲記》、《瀛台泣血記》等書的才女——德齡郡主在加拿大死於車禍。

6 第一位與洋妻離婚的中國人

中外通婚歷來久亦，也許始於春秋戰國，也許源於唐宋時期。因而我們無從知曉涉外婚姻的第一例，故難以考證誰是第一位迎娶外國女子的中國人，但我們卻熟悉演繹跨國式離婚的第一人——李方。

李方是廣東長樂縣人，他的父親曾任清政府駐英法公使，常年在外供職。小時候李方就跟隨父親遊歷歐洲，感受異國不同的生活環境和文化傳統。及長，他留學英國，就讀於牛津大學。在這個民主的國度裏，李方貪婪地呼吸著自由的空氣。他一面潛心研讀法律，一面積極適應異國的環境。

相對與當時中國的君主專制，英國寬鬆的政治氛圍令他驚詫；對比於東方女孩的矜持羞澀，英國女孩的熱情大方使他著迷。於是，滿腦子注入了新思想的他決定要尋個異國知己。一八九八年夏天，他遇見了自己的異國伴侶——一位蘇格蘭姑娘白爾麗。他們是同班同學。那時的白爾麗個子高眺，皮膚白皙，渾身散發著西方姑娘的活潑和開放。當時的李方也偉岸挺拔，溫文爾雅。不斷的學習接觸讓他們漸漸熟識起來，彼此都有了好感。於是，兩個正值青春的年輕人很快地墜入愛河。相愛不久，兩人就在英國成了親。人們常說婚姻是愛情的墳墓，然而婚後的兩人仍恩愛如初。他們愛情結晶——一個中英混血的女兒的到來，更使這份異國情變得豐富而又熾熱。

月是故鄉明，人是故鄉親。雖然生活在英國這樣一個物質豐富、精神自由的國度裏，身處異國的李方仍免不了思鄉甚切。許是為了寬慰丈夫的思鄉痛苦，許是為了滿足對於東方故國的好奇之心，白爾麗決定定居中國。於是，一九〇三年，李方攜洋妻和女兒一同回到廣東老家。

歸國不久李方就赴京上任到北京當了大理院的推事，將白爾麗留在老家服侍父母。在這個中國封建大家庭裏生活了短短一段時間後，白爾麗就難以忍受了。她受不了每天早中晚向其婆母的三請安，受不了複雜緊張的家庭關係，做任何事都要小心翼翼，受不了煩瑣的程序和禮訓教條。白爾麗歸國前高估了自己的適應能力，又對這個不同於西方的東方文明給予了太多的希冀。不幸的是，她是一個外國女人，一位曾生活在一個自由民主的國家裏，有自主權的西方女性。她不是歷來處於弱勢，自古就逆來順受的中國婦女。身為當時發達國家的英國人，白爾麗見識到了中國的另一面，對於愚昧、落後、封建、專制這些辭彙她有了切身領受。而此時身在故國，又供職於封建朝廷的李方醉心功名，也經常以三綱五常、三從四德為行動準則要求白爾麗，為此兩人經常發生爭吵。一九〇八年，白爾麗在一次口角後大怒，聲稱再也不能忍受中國的封建禮教，然後帶著女兒返回英國。雖經李方多次補救，但白爾麗去意彌堅。最後李方只好提出離婚。他的訴狀如下：

竊職係廣東永樂人，自幼留學英國，於光緒二十五年在都別林與英國人白爾麗結婚。三十一年畢業回國，遂將白爾麗帶回。現因白爾麗不守婦道，復於三十四年攜女李愛莉回英國，至今未歸，並未信伊不返。實係彼此情願離異。為此，理合取具同鄉京官印結並白爾麗親筆來信，一併呈請尹堂大人核准，照例咨行外務部轉咨英國公使館。伏乞准予執行，實為德便。

那時的中國，離婚還是新鮮詞，許多中國人甚至聞所未聞。李方的離婚案比他帶回個洋妻更能引起時人的轟動。有人說李方早年留英，歸國後又擔任清朝中央法律機關大理院的推事，深知通過法律手續辦理離婚的必要性。他這樣做，主要是怕白爾麗的回國，引起英國的不滿，影響自己的功名前程，所以狀子中用了中國傳統觀念中對已婚婦女最厲害的一個詞「不守婦道」，來引起法官的同情，達到離婚的目的。也有人說，他們的離異緣於中西風俗的差異。兩人在英國共同生活了六年，可見有相當的感情基礎。但白爾麗來到中國，身處異國他鄉，不適應這裏的風俗習慣和家庭觀念，最終不堪忍受在中國的生活，獨自離去，也是可以理解的。跨國婚姻，必須以了解對方的文化、特別是居於異國的一方了解和認同居住國的文化習俗為前提。如果李方和白爾麗住在英國，或許就不會發生離婚的事。畢竟，李方作為留學生，對英國的文化已經有相當的了解。

跨國婚姻總要遭遇跨國的苦楚。李方和白爾麗這對異國情侶沒能勇敢地經得起這種考驗，最終勞燕分飛。這也許是時代的必然，因為在那時中英兩國間文化交流不夠充分，特別是英國乃至整個西方對中國文化充滿偏見和誤解，在這種條件下，白爾麗在來到中國之前，不可能通過除李方之外的任何其他途徑了解真實的中國。由於中西文化與英國文化有著巨大的差異，以白爾麗一個普通英國女子，在短短的時間內，要想了解、適應中國的文化，確實是困難重重。但不管怎樣，他們的離異給當時的跨國婚姻帶來了很大的負面影響。當時人在記下這樁「吾國前此所未聞」的第一件涉外離婚案時，勸告世人說：「欲娶洋婦者，當以此為鑒。」

7 康有為的異國黃昏戀

作為晚清名人的康有為曾經和弟子梁啟超一起，宣導「一夫一妻世界」運動，提倡婦女解放和建立現代家庭制度。但後來師徒相繼食言，各自開始納妾。康有為一生納了五妾，其中第四妾市岡鶴子為日本人。他們舉行婚禮那天，鶴子年僅十六歲，康有為則已五十多歲，這是一對典型的老夫少妻。

康有為的這樁跨越國界的黃昏戀發生在他晚年客居日本期間。戊戌變法失敗後，康有為身為維新派領導人，為免遭迫害，開始四處逃亡，過著顛沛流離的生活。這期間他遊歷歐美諸國，思想漸趨保守。隨著戊戌變法後的革命思潮日益高漲，康有為仍然抱著「虛君共和」，即君主立憲的思想，保皇和保教成了他餘生堅定努力的目標。他主張中國應進行「舊瓶裝新酒」的社會變革，反對大規模的暴力革命。他曾撰寫《日本變政考》，認為日本的政治變革恰恰是這樣的典範。為了進一步了解日本，效法其制，康有為於是年東渡扶桑。

康有為對日本有著一種複雜的情感。甲午戰爭中，日本對中國的敲詐勒索、橫行霸道，使得康有為深深憎惡這個苟安於亞洲一隅的小國。然而居日期間，他也進一步了解到大和民族親善、善思善學的一面。日本男子驍勇、好鬥的武士精神他深有體會。與市岡鶴子的接觸交往使他對日本女子細膩、柔媚的一面逐漸領悟。當時，康有為住在日本須磨的「奮豫園」，因家庭事務煩瑣，無人料理，急需一名僕人。市岡鶴子就是以女傭的身分走進康家的。這個出身寒門的日本姑娘，聰明伶俐，做起事來有條有理，乾淨俐落，很快就博得了康有為及陪侍其左右的第三妾何旃理的認同和好感。康有為在奮豫園居住期間，日日高朋滿座。鶴子雖然不知道這些貴客來來往往忙什麼，但她盡心盡力做好自己分內事。隨著時日增多，她漸漸發現這位中國大臣不僅見多識廣、博學多才，而且還那樣的平易近人。有時，康有為會很親切地和她聊天，說到盡興處，兩人甚至拋開翻譯，手腳並用地來回比畫。有時，康有為還饒有興致地向她學習日文，望著這位父輩般的大臣搖頭晃腦學習日語一副童心未泯的樣子，鶴子感到那樣地開心、有趣。就這樣，一老一少兩個人，突破了年齡、種族、國家的界限，越走越近了。

一九一三年二月，康有為思鄉心切，決定回國。已將生命與康家緊密相連的鶴子聽到這個消息，則表現得難分難捨。共同生活這麼長時間，敏感的何旃理早已看穿了其心思，勸說康有為納鶴子為妻。早有此心的康有為欣然答應。

康有為回國後不久，築廬上海。隨後，市岡鶴子也來到了上海。在辛家花園的遊存寺，他們舉行了婚禮。從此，鶴子正式成為了康有為的第四妾。婚後不久，康有為攜鶴子遊覽各地名勝之間，忘情於山水之中，有時也會聊發少年之狂，扔掉拐杖跳到海中暢游一番，表現出極大的生命熱忱。鶴子也滿心歡喜地陪侍著自己的丈夫，為他做可口的飯菜，為他精心準備筆墨紙硯，以備其著書立說，以日本女性特有的溫柔體貼照顧著他的生活。在鶴子的精心服侍下，晚年的康有為已不再涉足政治領域，而主要致力於文化藝術領域的教育啟蒙工作，從而為民族文化的保存和發展作出了極大的貢獻。這段時期他與書畫大師吳昌碩、詩人陳三立往來頻繁，教育家蔡元培、畫家徐悲鴻也都是他的座上客，真正是「談笑有鴻儒，往來無白丁」。

然而，在中國這樣一個傳統的大家庭裏，複雜的人事關係讓鶴子舉步維艱。康有為家庭成員龐雜。家中除有原配夫人張雲珠、先後又迎娶了包括鶴子在內的五位妾。此外，同住的還有六個未成年的子女、二三十位常住的食客，再加上僕役四十多人，通常是維持一百多人的人口居住量。正所謂，「人多事雜，大家難處」。雖然鶴子小心翼翼地扮演著自己的角色，但萬事不盡如人意，稍有疏忽，便會招來妯

康有為

娌甚至僕人的怨氣和不滿。康有為納張光為妾後，也漸漸疏遠了她。隨著最要好的何旃理姐姐的去世，鶴子更覺身居異國的孤苦和淒涼。

一九二五年初，鶴子發現自己懷有身孕，她滿心歡喜地告訴康有為，希望能再度得到康有為的寵愛。然而，卻有人懷疑她所懷的不是康有為的後代，畢竟康有為已經是六十八歲的老人了。還有人猜測鶴子與康有為的長子康同篯關係曖昧，這未出世的孩子也許就是他們暗渡陳倉的結晶。我們不知這些傳聞是真是假，但可以肯定的是，這些話也傳到了康有為的耳中，一生清白耿直的他也許並未查明真相就大發雷霆，從而導致了一場不可收拾的家庭紛爭。這使得本想藉為康有為生個孩子來改變一切的鶴子的最後的希望破滅了，雖然後來康有為痛悔勸其留下，但哀莫大於心死，她毅然強忍悲痛，踏上了歸國的旅途。

據說回國後不久，鶴子生下一個女兒，取名為凌子。第二年，獲悉康有為猝死的噩耗，鶴子遙望中國，痛不欲生。一九七四年二月，七十多歲的鶴子在須磨距離奮豫園不遠處郊外，臥軌自殺。她的死至今是個謎：是對康有為的懷念還是晚年的生活不幸讓她選擇了這樣一條不歸路？後人不得而知。

8 一樁精心策劃的政治婚姻

一九三七年四月三日，在日本東京軍人會館，一場隆重的婚禮正在熱烈地舉行。新娘嵯峨浩端莊秀麗，新郎溥傑威武英俊，婚禮氣氛熱烈，一切看似那麼完美和諧。然而婚宴上，眾多日本政客頻頻出現，四百多名高級軍官戎裝整肅，親朋好友身影罕見，這些使得婚禮的世俗喜氣減少，其政治性質不言而喻。

正如溥傑後來所述：這是一樁精心策劃的婚姻。主要策劃者日本關東軍的最終目的是想經由這種特定的婚姻關係，更好地掌控偽滿洲國政權，進而控制整個中國，實現他們「大東亞共榮圈」的野心。據說，日本人最初一直想給溥儀配個日本妃子，以圖讓一個有一半日本血統的皇帝繼承帝位，為全部日本血統的統治者做準備。後來了解到溥儀不能生育的實情後，日本人決定轉移目標，把希望寄託到溥傑的身上。因為將來如果溥儀無嗣，需要溥傑繼任皇位，「日滿一體」的目標仍能達到。為了這個陰謀，日本軍國主義者便在日本的公卿華族小姐中秘密為溥傑選擇配偶，最後選中了當時日本侯爵嵯峨公勝的孫女嵯峨浩。嵯峨家族是地位上僅次於皇族的日本恭親華族，另外嵯峨浩父親的祖母南加子是明治天皇生母中山一位局的侄女，所以嵯峨家和宮中關係是非常親密的。嵯峨浩成為第一候選人亦無可厚非了。

作為這樁政略婚姻中的犧牲品，溥傑和嵯峨浩既是可悲的又是幸運的。悲的是兩人是在一場軍方操縱的政治交易中尷尬相親；幸的是兩人拋卻了國界種族權位的牽絆，一見鍾情，相愛一生。一九三七年一月十八日，在嵯峨浩的外祖父容所的家裏，溥傑和嵯峨浩進行了第一次見面。在這次刻意安排的會面中，雙方雖沒有什麼了解，但溥傑對嵯峨浩的美麗和優雅留下了深刻的印象，嵯峨浩也對這個相貌端正、彬彬有禮的中國男人有一種發自內心的好感。若撇開政治問題，溥傑與嵯峨浩應算作彼此心儀的對象。然而，任何東西一沾上政治性質便變得複雜起來。畢竟，溥傑是偽滿洲國皇帝的御弟，嵯峨浩卻是關東軍安排的日本人。溥傑對嵯峨浩喜愛有加但心存防備，嵯峨浩想關切溥傑卻又不敢過分親密，兩人最初都心存芥蒂。

婚後，他們租住在日本千葉稻毛海岸的一幢小別墅裏。那裏風景優美，環境宜人。每天溥傑按時到步兵學校去上課，嵯峨浩則像普通日本婦女那樣操持著家務。從未下過廚的她開始親自煮粥做飯，只為了討得丈夫的歡心。閒暇時，她陪著溥傑去海邊散步，以一個妻子特有的溫柔關心體貼著身處異鄉、處境艱難的丈夫。這期間，他們終於消除了一切隔閡，心心相印。這段平靜樸實的日子也為他們日後安然轉換過著平民生活奠定了良好的基礎。

偽滿洲國皇帝溥儀之弟溥傑被迫與日本女子結婚

盧溝橋事變爆發後，日本全面侵華。溥傑攜妻子從日本回到中國。在日本，身為末代皇帝御弟的妻子，嵯峨浩經常受到那些日本顯貴們的鄙視和羞辱。此外，他們的生活起居都處在關東軍的監視掌控之中，處處受到壓抑。因此，嵯峨浩對中國這塊神秘而親切的國土寄予了極大希冀。畢竟這是她深愛的丈夫的故鄉，是她未來的家園。然而她來到中國後面臨的第一個挑戰就是皇兄溥儀。

深諳這樁婚姻陰謀的溥儀當初迫於形勢默認了這段姻緣。隨著日本關東軍策劃的《帝位繼承法》的出臺以及嵯峨浩懷孕的事實，溥儀感到自己的皇位受到了威脅。因為按照《帝位繼承法》，若嵯峨浩生了男孩，他將被迫退位而讓這個半滿半和的娃娃繼位。這是本身就憎惡日本人的溥儀不願接受和深惡痛絕的。也因為這個緣故，他把嵯峨浩看作是像川島芳子一樣的日本特務，內心一直不願接受她。他從來不主動與她講話，對於嵯峨浩的請安問候，他也只是敷衍應付。日常生活中，他對她更是避之猶恐不及，嵯峨浩做的飯菜，他從來不吃，如果迫不得已吃了一口也要吃溥傑剛剛夾過的地方。這也許是因為溥儀身處險境，疑心太重，唯恐飯菜有毒，也許是他確實不喜歡嵯峨浩，故而恨烏及屋吧。總之，用溥傑的話說：他（溥儀）對浩的表現簡直糟透了。但嵯峨浩以一個女性極大的寬容獨自吞嚥著這些苦果，默默承受著所有的委屈，從來不向丈夫傾訴和抱怨，以免他們兄弟不和。一九三八年二月六日，嵯峨浩生下一個女兒。這個女孩的出生一則免卻了溥儀的帝位之憂，維持了現狀，二則也緩和了溥儀對浩的尖銳態度。婚姻和家庭生活不幸的溥儀特別疼愛慧生。母以子貴，他有時也會和浩親切地聊上幾句。

戰爭在繼續，戰火到處蔓延，最終整個世界瀰漫在硝煙中。這對在戰爭中催生的情侶相親相愛。他們有時去日本探親，有時回北平望祖，就這樣來回奔波，忙碌而又幸福著。一九四〇年三月，他們第二個女兒嫮生出世，這給他們溫馨的生活增添了意外的驚喜。

然而，不幸再度眷顧了這對戰火中的伉儷。隨著世界大戰帷幕的拉開，日本衰敗的跡象益加明顯，偽滿洲國的境況也搖擺欲墜。局勢的緊張使得人心惶惶，所有人都在思索著何去何從。嵯峨浩拒絕了邀她同回國避難的同伴的請求，毅然決定留守在溥傑身邊與他共患難。在日本敗局已定的情況下，一九四五年八月，溥儀與溥傑乘飛機逃亡日本，留下皇后及嵯峨浩等人改從陸路經朝鮮到日本。然而，溥儀到達奉天機場時，蘇聯紅軍也同時到達，飛機一著陸，溥傑他們就被逮捕了。嵯峨浩則和孩子經過一番顛沛流離輾轉回到日本。從此，兩岸相望，隔海思念，他們這一別竟是十六年。

中日戰爭結束後，兩國開始敵對，外交斷絕。嵯峨浩的親友都勸她與溥傑斷絕關係，劃清界限，但她依然堅守著自己的信念，相信他們終有重逢的一天，終有幸福的生活。為此，她四處打探著溥傑的下落。溥傑被捕後曾被關押在蘇聯伯力特別收容所，一九五〇年七月被引渡回國，住進了撫順戰犯管理所，進行社會主義改造。他雖思妻心切，然苦於能力有限，只能把那份愛深深埋在心底。一九五四年八月，他的大女兒慧生給周恩來寫了一封信，要求與父親取得聯繫。信的內容瀰漫親情，感人肺腑。周恩來總理親自過問這件事，使得溥傑與嵯峨浩取得了聯繫，兩人開始了書信來往。溥傑出獄後，也是在周恩來總理的幫助下，嵯峨浩於一九六一年五月十二日來到了中國並加入了中國國籍，與溥傑相依相伴直至終老。

9 一個猶太男人和一個中國女人的天作之合

一個是善於投機、巧於鑽營的猶太人，一個是深諳世風人情善於理財的中國女子。他們的結合可謂是珠聯璧合，相得益彰。兩個精明人的結合，會掀起怎樣的軒然大波？強強聯手的雙方又有怎樣一段情史？一個看似平凡普通的故事，在當時的中國上海，竟也造成了不小的影響。故事講的就是猶太富商哈同和賣花女郎羅迦陵的一段情史。

提起愛儷園——這個民國時期中國最大的私家花園，上海一些上了年紀的人很自然地會想起那個地產佔了南京路半條街的哈同家族。身為猶太人，這個遠東第一富翁的精明和投機在當時的中國得到了淋漓盡致的發揮，成為商界效仿的對象。誰又能料到，當初年僅二十四歲的哈同是兜裏揣著十塊銀圓，隻身闖上海的。在上海「十里洋場」你死我活的競爭中，哈同勤勤懇懇，先從沙遜洋行的看門人做起。他這種穩重求實的態度很快博得了好運，獲得了洋行老闆的賞識，很快升遷。同時，他利用手中不多的積蓄廣交朋友，販賣鴉片，炒賣地產，很快聚斂了大量了財富。十年之後，這個猶太人的後裔成了黃浦口畔有名的富翁。

然而，與那些發了財便醉心於酒色之中的富翁截然不同，哈同的座右銘是：「……無聲色犬馬之嗜，飲至薄醉而止。」或許是猶太人的愛財如命使他惜金如土，或許是還沒有哪個女子能打動他心。初到上海的十幾年中，他沒有染指任何一個女子。直到他遇到賣花女郎羅迦陵。

據說，哈同因一個偶然的機會結識羅迦陵的。那天，他急急忙忙從沙遜洋行下班回家，路上卻被一個賣花女郎拉住。生性吝嗇的哈同本想拒絕，可姑娘的熱情叫賣不禁使他動了惻隱之心，不假思索地買下了一枝花。誰知那賣花姑娘是青樓女子，

舊上海「地皮大王」歐司・哈同

賣花只是掩護而已。因此，賣過花後，她並沒有立即走開，而是很殷勤地招呼哈同去家裏坐坐。不諳此道的哈同並沒有悟出賣花姑娘話裏的真正意思，竟鬼使神差地跟著她進了一幢房子。待他在房中坐下，正眼打量這位女子時，不禁呆住了。眼前的女子俊俏可人，美麗異常，更為驚訝的是她的臉上似乎籠罩著一層神秘的光環。這層光環深深打動了哈同，他覺得此人此景似曾相識。這位賣花女就是羅迦陵。當時的她似乎並沒有意識到自己的命運將會開始轉變，職業的習慣使她對哈同曲意逢迎，表現得百般柔情。那晚，哈同在那裏坐到了深夜。雖然他已經意識到賣花女的背景，但他不以為然。臨走時，他竟說出了連他自己都吃驚的話。他對羅迦陵說：「我要娶你，而且我要明媒正娶。」

也有一種說法，認為哈同是個「癡情子」。他和羅迦陵有一段源遠流長的歷史姻緣。根據這種說法，哈同來上海時，曾在碼頭邂逅了羅迦陵。那時的羅迦陵還是個十幾歲的小姑娘，以賣唱為生，甚是乖巧可愛。哈同見後，很是喜歡，儘管囊中羞澀，他還是掏出自己為數不多的錢從年幼的羅迦陵手裏買下了一個荷包，並得到了對方燦爛的一笑。多年來，他一直珍藏著那個荷包，思念著那個微笑。直到十年後的一天，他被朋友攛掇去了上海一家賣唱場所，見到了十年前那張熟悉的笑臉。於是，他走上前去，掏出那個荷包，向羅迦陵訴說著自己對她的想念。身為賣唱女的羅迦陵睹物思情，也確實記起了與哈同十年前的邂逅。當哈同深情地對她說：「嫁給我吧，我心裏早有你呢。」從小缺少疼愛、嘗盡孤苦的羅迦陵很是感動，於是就同意了哈同的求婚。

無論以上說法多麼離奇，孰為準確，我們可以確信的是，哈同和羅迦陵在上海一見鍾情。當時的哈同已有一定的實力，羅迦陵則是位風塵女子。他們身分懸殊。也許當時的羅迦陵也意識到了這點，覺得自己身分低賤，配不上一個猶太富翁。但長期從事賣笑生涯的她也渴望真正有個愛自己的男人，有個美好的歸宿。所以，當癡情的哈同明媒正娶要和她結婚時，羅迦陵爽快地答應了。

其實，羅迦陵的身世一直有幾分神秘。神秘就神秘在她從未向外界披露過她早年的生活經歷。據一些學者考證，羅迦陵是一位名叫路易的法國水手和一個上海女子所生。在魯川的野史中，對其身世則是這樣的描述：羅迦陵的生父是個中國人，並且曾參加過小刀會。羅迦陵三歲時，其父病死。羅迦陵的母親當時尚不到二十歲，難耐寂寞，很快就和一個叫路易的法國水手打得火熱。後來，路易撇下羅母回到法國。羅母鬱鬱寡歡之下，不久就離開了人世。失去雙親的羅迦陵靠著親戚的幫助和做些零活維持生計。待她長大成人後，親戚們怕她重蹈母親舊轍，便將她嫁給了一個姓謝的莊稼漢。但羅迦陵心高氣傲，不肯屈就於這樁婚姻。她很快逃出謝家，被人介紹到一個法國闊商家當女傭。不久，她趁女主人不在家之際與法國富商勾搭在一起。據說他們情真意切，這位法國富商歸國時曾向她贈予金錢和兩張外國租借地的地契。

不管上述傳說是否可信，但有一樣是真的，那就是哈同和羅迦陵結婚時，羅迦陵確實曾以兩張租借地的地契作為陪嫁。而這兩張薄薄的紙片也成為哈同發家的重要支點。他們舉辦了兩次婚禮，一次為中國傳統方式的，一次為猶太式的。這兩次婚禮都十分莊重。由此看出哈同對羅迦陵的尊重，並未拿她當風塵女看待。對此，羅迦陵也深為感激，對哈同更是體貼關懷。羅迦陵很有經濟頭腦，她在各種事務上為哈同出謀劃策，協助他炒賣地產，販賣鴉片，巧放高利貸，使本就有實力的哈同勢力迅速膨脹起來。結婚十年後，他們就佔有了百分之二十的南京路，二十年後，該路的一半屬於哈同家族。

不僅如此，這個早年混跡於煙花酒場的女子很是深諳上海世風人情，巧於和各方打交道。一九〇三年，羅迦陵不惜斥金萬兩購買禮物，通過關係認清隆裕太后之母為乾娘。後來，羅還與隆裕太后拜了乾姐妹。有了這門皇親，他們的地位也迅速上升。同時，哈同夫婦也和當時的革命黨人有著不尋常的來往，章太炎、蔡元培、孫中山等革命黨人經常造訪哈同園，成為其座上賓。此外，哈同夫婦與地方軍閥官僚政客幫會都有著密切的聯繫。這些社會關係為哈同在近代中國的立足織成了一張大網。使得他在二十世紀初中國社會的大變動中左右逢源，百戰不殆。身為猶太人的哈同不了解中國行情，這所有的主意，莫不歸功於他的愛妻羅迦陵。

羅迦陵也很善理財。一九〇二年，羅迦陵提出買下上海湧泉濱附近的羅家村，也就是她的老家。當時此地貧瘠，哈同躊躇再三才答應。不料，此地不久就併入租界，地價飛漲，哈同因此大發橫財。一九一七年，哈同和羅迦陵合過「百二十大壽」，一連半月，哈同園大宴賓客。據聞上海著名的三家飯店每天送來二百桌酒席，一共開了十四萬桌，還有戲班子唱戲，社會各界名流會聚，總耗資達幾萬銀圓，但賀禮有十萬兩，不賠反賺。

和許多猶太人一樣，哈同克勤克儉，惜金如命。可為了表達對妻子的愛意，哈同一反常態，以鉅資修建了一座中國古典式的花園，並以愛妻之名命名為「愛儷園」。雖然他對自己很刻薄，吃的用的一切從儉，但他卻能容忍妻子的奢華。對羅迦陵的生活瑣事，也一任其好，不加干涉。據說婚後的哈同沒有再對哪個女子動過心，忠貞不貳。而羅迦陵的忠貞則受人懷疑。有人傳言，她曾與哈同聘來的愛儷園的總管姬覺彌關係曖昧，後來竟發展到情人關係，但最後沒有結果。

一九三一年六月十九日，隨著一代天驕哈同的去世，昔日輝煌的哈同王國開始走下坡路。所謂人走茶涼，往常熱鬧非凡的哈同花園如今是「門前冷落馬蹄稀」。羅迦陵孤身一人，終日在愛儷園裏閉門不出，不久雙目失明，最後於一九四一年去世。一個猶太男人和一個中國女人的故事並未到此結束，它開始被歷史銘記，被後人傳說。

10 陸徵祥為洋妻而歸隱

陸徵祥是近代中國著名的職業外交家，享有很高的國際聲譽。他二十二歲即入清駐俄使館任職，後任駐荷蘭、俄國公使。民國成立後，他九度擔任外交總長。一九二〇年後轉任駐瑞士大使，但已逐步淡出外交舞臺。陸徵祥在其民國初年的政治生涯中，幾乎親歷了中國所有的重大外交事件，他既參與了關於外蒙問題的談判，也助紂為虐替袁世凱籤署了賣國的「二十一條」，同時又飽具愛國之心，拒絕在巴黎和會上簽字……但這位當年顯赫一時的外交總長、內閣總理，晚年卻為了愛情遁入空門，遠在比利時當了洋和尚。

陸徵祥，一八七一年六月十二日出生於上海，八歲喪母，由做傳教士的父親撫養成人。他早年畢業於中國第一所外語學校——上海廣方言館，二十一歲考入清廷總理各國事務衙門附設的同文書館，繼續攻讀法文，並學習外交學與國際關係，畢業後隨清末外交家許景澄到聖彼德堡任中國駐俄使館四等翻譯官，從此走上政治、外交的道路。在三年俄國生活中，他在交際場合結識了比利時天主教女子培德．博斐女士。培德乃名門之後，其祖父和父親都是比利時的高級軍官。儘管她比陸徵祥大十六歲零三個月，但因其才貌出眾，談吐風雅，令陸徵祥對其一見傾心，並開始了熱烈的追求。同時，尚未婚的培德也很欣賞陸徵祥的風度及才華，並被他的癡情所感動，毅然決定託付終身於這個年少有為的中國青年。培德時年四十四歲，而陸徵祥二十八歲；培德身材高大，而陸徵祥則清瘦且個頭不高。陸徵祥的婚事遭到了滿清使館的反對，但兩人最終逾越了年齡和國界的障礙，走到了一起。

一八九九年，他們在聖彼德堡的一座天主教堂裏舉行了婚禮。婚後，兩人相親相愛，同甘共苦。當時，這種涉外婚姻十分罕見，他們卻能和美融洽地相處，令人稱奇。他們婚後一直無子女，但卻相濡以沫地共同生活了二十七年，此間，培德不僅精心照料陸徵祥的日常生活，而且在政治生活方面也積極充當參謀角色。而陸在政治生涯中，每遇大事，必求夫人出謀劃策。在陸徵祥政治生活的低落時期，培德無怨無悔地分擔陸徵祥承受的種種誤解和中傷，並不時地給他以鼓勵和支持。在陸徵祥任駐外公使時，略有遠見的培德幫他與各國外交官員聯絡、周旋、打交道；陸徵祥回國後，生性自由的培德也恪守中國傳統習俗不出門，不入社交。二十七年的歲月裏，他們可謂是心心相印，患難與共。後來，陸徵祥任外交總長，培德也跟著回到中國。由於那時中國的良家女子是不在外面走動的，培德也謹遵中國禮儀，深居簡出。陸徵祥素來喜歡散步，在北京就只好一個人從事這運動了。以至於許多人都誤認為陸徵祥的太太不願來中國而願留在國外。據陸徵祥的回憶錄，當時北京人看到他散步就說：「陸總長想老婆了，想得吃不下飯，整天在外轉悠。」

陸徵祥對培德夫人可謂是珍愛有加。他曾說過：在他心目中，夫人的地位跟父母和恩師同等重要。他說：生我者父母，助我者妻，教育以裁成我者吾師也，三者缺一不可。有一次他繪了一幅三友圖，三友者，一為其父，一為其師，一為其妻。另外，他還請同治年間狀元、遜清皇帝溥儀的師傅陸潤癢為圖題跋，潤癢怒斥之曰：「焉有父師而可與妻並稱三友者？」儘管中國因循守舊的士大夫強調男尊女卑，夫唱婦隨，對陸徵祥這樣敬重妻子的態度感到難以理解，但他一如既往，初衷不改。

雖然陸徵祥如願以償與自己的意中人結為伉儷，幸福一生。可是最初，他們的結合遭到了中國駐俄使館上下各方面的反對，因為作為朝廷命官正式娶西方女子為妻，在當時還屬膽大妄為之舉。此外，其恩師許景澄對這段姻緣也十分反對，理由是德國鐵血宰相俾斯麥不主張外交官娶外國太太。更何況，按照中國傳統觀念，洋媳婦與其所生子女不能入祠堂、入祖墳。怎奈陸徵祥與培德已經情投意合，難剪情絲。許景澄也只能睜眼閉眼予以「放行」，但幽了一默：「子興（陸徵祥字）！你學外國學得很徹底，連太太都娶了外國的。將來假若沒有兒孫，你太太又先你過世，希望你能進修道院去，這是外國的習慣。」

想不到這樣一個玩笑最後竟然成真。後來由於其妻培德患高血壓、腦溢血症，陸徵祥接受了中國駐瑞士公使一職，帶著培德前往瑞士羅珈諾湖居住。一九二六年四月十六日，培德在瑞士病逝，陸徵祥即辭去了駐瑞士公使的職務，滯留比利時，參與天主教本篤會工作。

一九二七年六月七日，陸徵祥送夫人靈柩回到比利時的布魯塞爾下葬，同年七月五日，他在夫人生前的神師孟寧克司鐸的陪同下，前往布魯日本篤會聖安德隱修院，晉謁該院院長南文主教。同年十月，他經過更衣禮後成為一名初級修道士。一九二九年一月，他行過發終身願禮後成為正式修道士。一九三五年六月，陸徵祥晉升本篤會司鐸，羅馬天主教皇特派駐華長達十二年之久的剛恒毅總主教專程到布魯日主持他的晉升典禮，蔣介石、汪精衛、馮玉祥、于右任、徐世昌、段祺瑞等也都寄來了禮物、書信、賀電等，以示祝賀。一九四五年，時年七十五歲的高齡的陸徵祥被教廷封為比利時剛城聖伯多祿隱修院名譽院長。這一年，陸徵祥就未來國情曾對來訪的中國記者提出了著名的邦國警語：「軟國無公義，弱國無外交。」

一九四九年，陸徵祥病逝，葬於比利時布魯日聖安得魯修道院。

11 蔣百里的異國婚戀傳奇

蔣百里是民國首屆一指的軍事指揮戰略家。他的一生充滿了傳奇。據說他從小就聰明絕頂，被人們譽為「神童」。留學日本時，他與蔡鍔、張孝准被日本軍人並稱為「中國士官三傑」。在文壇上，蔣百里亦如魚得水，主編雜誌、撰寫了大量文章，被同學們稱讚為「文武齊備的奇才」，而他早年任保定軍校校長時，更因一次自殺事件轟動了整個世界。其後在養傷期間，他與一位日本女子相愛演繹了一場浪漫的跨國之戀。

幼年的蔣百里身世淒涼。他十三歲時父親亡故，與母親相依為命。一九〇一年他在別人的資助下去日本留學，後來又轉德國留學，潛心學習軍事，早露頭角。歸國後，他很快得到袁世凱的賞識，被袁世凱委任為保定軍官學校校長，時年三十一歲。血氣方剛的他雄心勃勃，準備創辦第一流的軍校，培養將才報效國家。為此，他任前曾向學生們承諾「方震（蔣百里字方震）如不稱職，當自殺以明責任」。可是他多次請求增加臨時經費，都遭到陸軍部的拒絕。異常絕望之餘，他決定以身殉校，來兌現自己先前的承諾。於是，他召集全體學生，向他們講明經過，說：我做這樣的校長對不起學生，惟出最後之手段，以謝軍界同胞，以明此心於天下而已。說罷，他拔出手槍，對準了自己的胸膛。槍聲響起，蔣百里應聲而倒，全校師生慌作一團。幸虧他命大，受傷未死。一個軍事學校的校長，因為領不到經費而在學生面前以身殉校，這在古今中外都是聞所未聞的事情。這一事件很快傳揚開來，蔣百里的名字因此不脛而走，美國、德國、日本等國家雜誌紛紛刊登了這一消息。這一消息也很快傳遍了全國。輿論大譁，民憤頓起。袁世凱知道事態嚴重，趕快委託日本駐華公使館派最好的外科醫生和護士，趕往保定救治。而擔當這次救護任務的護士就是後來成為蔣夫人的佐藤屋子。可能連命不該絕的蔣百里也沒料到，自殺未成的他會因禍得福，遇到自己心儀的愛人。

蔣百里此前原遵父命與一位大家閨秀結婚，其妻為蔣父的世交查某人之女，應屬門當戶對，但因其妻目不識丁，蔣百里對這門親事非常不滿，婚後不久就離家北上了。（據說這位查夫人終生未育，一直居住在硤石鎮侍奉蔣母楊太夫人。一九三九年逝世，享壽五十九歲。）此後，他一直未能遇到自己的紅顏知己。而這時，美麗而善解人意的佐藤屋子出現了，她不僅對蔣百里無微不至地照顧看護，還經常以日本「忍字訣」規勸性情剛烈的蔣百里。她對蔣百里說：「要忍耐，忍是大勇者的精神支柱。如果不能忍耐，將來如何能立大功業呢？」她的這一番話，深深打動了蔣百里。而這時二十二歲的佐藤屋子也對自己照顧著的這位以身殉校、英俊的中國軍官充滿了景仰之情。數周後，蔣百里的槍傷已痊癒。臨別前夕，他向佐藤屋子吐露了自己的心聲。他對她說：「我聽你的話，不再輕生了。但以後遇到生死關頭，沒有像你這樣的姑娘在我身邊提醒，誰來鼓勵我的勇氣呢？」佐藤屋子心領神會，但日本人特有的羞赧使她依然低頭不語。

蔣百里出院後，對佐藤念念不忘。他為此不惜正式求袁世凱做媒，來成全自己的這樁心事。其實，佐藤也深深體會他的心意，同時對蔣百里的品德才華也極為欽佩，很願意與之結好。可是，作為一個傳統的日本姑娘，婚姻大事需得父母做主。於是，她向遠在日本的父母發去了一封電報，說明了事情的原委，希望聽聽父母的意見。佐藤屋子的父母對中國人很有偏見，他們不願意女兒和一個國勢衰弱的支那人結合，於是以母親病重為由把佐藤屋子騙回了日本。然而蔣百里對佐藤深愛不稍懈，鴻雁傳書，更是不絕於途。隨後他還專赴日本面見佐藤父母求婚。這樣，在一九一四年秋，蔣百

1936年時的蔣百里

里終於在塘沽碼頭迎來新娘。在天津德國飯店，他與佐藤屋子結成百年之好。

婚後，蔣百里為他的夫人取了一個漢文名字「左梅」。他還在家鄉浙江硤石東山西麓購地數畝種梅二百株，號曰「梅園」，以備二人終老歸隱之用。

在中日兩國處於敵對的狀態時，身為日本人的左梅夫人深愛著她的中國丈夫，為了不讓蔣百里難堪，婚後她不再說日語。她也從不教女兒們學日語，平時一家人都用一口地道的北京話交談。她這樣說道：「自己從二十二歲開始，我就在日本國死了，現在的我叫左梅，現在是一個穿中國衣、說中國話，並且也是五個中國孩子的母親。抗戰時，左梅夫人變賣了自己的首飾等值錢之物，買來布匹、紗布，與女兒們一起，夜以繼日地趕製軍衣及繃帶紗布，送往前線，救護我軍傷病員。

1936年底，蔣百里從西安歸來後，在上海寓所中

一九三八年，蔣百里任陸軍大學代理校長，在遷校途中操勞過度，病逝於廣西宜山，年僅五十七歲。關於蔣百里的去世，馮玉祥曾在香港報上發表了一篇文章，簡述蔣百里臨終的情況，說他是被其夫人左梅打毒針毒死的。他在這《我所認識的蔣介石》一書中這樣寫道：「蔣百里先生是主張抗日的，他的太太曾經說過：『你愛你的國家，我愛我的國家』。為了愛國家的緣故，就把親夫給毒死。」也有人認為，馮先生的這種說法與事實完全不符。左梅夫人與蔣百里情投意合，她曾

因中日戰爭毅然斷絕了和娘家的書信來往。說她毒殺丈夫不合情理。

蔣百里去世以後，左梅夫人與女兒相依為命。她一直住在北京女兒的家裏，直到一九七八年去世，享年八十八歲。他們的三女蔣英曾在德國學習音樂，她在一九四七年與後來成為大科學家的錢學森結婚，同樣也成就了婚姻史上的一段佳話。

12 一對日本姐妹與兩位中國書生的恩恩怨怨

據說在日本的某個地方有座「姐妹亭」，亭子是日本一些愛好和平的人為了紀念一對為中日友好作出卓越貢獻的姐妹所建。在中日戰爭期間，兩姐妹不顧家庭的反對，背負著叛國的罪名，分別愛上了才華橫溢的中國青年，並衝破重重阻力與所愛之人在一起，為其生兒育女。這對癡情的姐妹——姐姐叫佐藤富子，妹妹名佐藤彌紗。對這兩位幸運的書生，我們也熟之甚熟，他們就是文學泰斗郭沫若和著名學者陶晶孫。在那個混亂的年代裏，他們演繹了兩段浪漫動人的愛情故事。

一九一六年八月初的一天，郭沫若遇到了讓他一生中刻骨銘心的人——佐藤富子。那天，在日本帝國大學讀書的郭沫若為料理友人的後事，特地從岡山來到東京。在東京的一所醫院裏，他看到了年輕貌美、身為護士的佐藤富子。望著姑娘甜美微笑的臉，聽著她安慰的暖暖話語，郭沫若怦然心動。於是，他開始了對富子的熱烈的追求，並很快獲得了她的芳心。他們相愛了。這份愛情給既在國內飽受包辦婚姻之苦，又在異邦備受欺侮之痛的郭沫若帶來了莫大的安慰，也煥發了他詩人的熱情，開始了他靈感的創作，寫下了最有名的詩歌《鳳凰涅槃》。

愛情是甜蜜的，但愛的煩惱也隨之而生。他們兩人的結合，遭到了雙方父母的反對。富子的雙親不能容忍自己的女兒擅自和一個「東亞病夫」戀愛，認為有辱家門，以脫離關係來威脅富子。郭沫若這邊也同樣遭到了家庭的反對。他在家本有妻——張瓊華，只因郭沫若極其反感這椿父母包辦的婚姻，因此他們只有夫妻之名，而無夫妻之實。這些富子都知道，但她沒有聽從父母的勸告，毅然與佐藤家斷絕了關係；她也沒有強求郭沫若給她一個名分，她只是順從地辭去了醫院工作，隨郭沫若到岡山同居。富子身上的這種善良、寬容的品質深深感動了郭沫若，他覺得這個日本女孩猶如聖母般地偉大、無私。所以，他給她起了一個聖潔的名字：安娜。

郭沫若1924年前後與安娜及孩子們

在日本帝國大學求學的還有一個中國青年：陶晶孫。他和同時主修醫學的郭沫若有著一樣的文學愛好，兩個志趣相同的青年很快就走到了一塊，並一起創辦了雜誌《格林》。後來，為籌辦「創造社」，陶晶孫在郭沫若的多次邀請下，搬入了日本福岡市博多灣畔的抱洋閣，與郭沫若夫婦同住了。

也就在這裏，陶晶孫遇到了前來探望姐姐的佐藤彌紗。也許是前世修來的緣分，第一次見面，兩人都很有默契地像老朋友似的攀談起來。其實，佐藤彌紗很早就聽姐姐說過這個酷愛文學和音樂的中國才子，今日一見，果然風華正茂，談吐非凡。她很快對眼前這個文靜俊秀的青年有了好感。而陶晶孫早已為彌紗姑娘的可愛善良所陶醉。晚上，陶晶孫又肩負「才子護美」的任務，護送彌紗回家。長夜漫漫，兩人邊走邊談，越談越心心相印。

那次長夜漫步成了他們愛情的開端。自此以後，彌紗經常藉故去抱洋閣看姐姐，每次也都能很湊巧地遇到陶晶孫，兩人往往會開心地聊起來，常常忘了時間。隨著交往次數的增加，彼此都越發地喜歡對方了。終於，在日本五大節日之一的「七夕」節，陶晶孫鼓起勇氣拿出花了很長時間畫的彌紗的畫像，向心愛的姑娘求婚。不敢擅自做主的彌紗只得和姐姐商量。一向很欣賞陶晶孫才氣的安娜非常贊成這事，於是，在安娜和郭沫若的支持下，一九二四年陶晶孫和佐藤彌紗正式結為夫婦。

婚後，陶晶孫曾在東京泉橋慈善醫院做醫師。一九二九年，他帶領妻兒回到闊別二十三年的中國，擔任了上海東南醫學院教授，並在家鄉無錫開設「厚生醫院」，行醫救人。抗戰勝利後，陶晶孫受聘於臺灣大學，任醫學教授。然而，隨著國民黨在全島實行白色恐怖，處境危險的陶晶孫只好和夫人一起逃到他的第二故鄉——日本，後受聘為東京大學中國文學講師。但是在顛沛流離的這段歲月裏，陶晶孫和彌紗始終相互扶持，患難與共。他們的生活經歷了無數磨難，但愛情彌堅。可謂七夕之緣到白頭。

然而，不是每段愛情都會有一個完美的結果，一九三七年「七七事變」後，流亡日本多年的郭沫若告別了安娜和五個孩子，回國參加抗戰。他潛離日本後，日本憲兵就把安娜和長子和夫拘捕起來達月餘，毒刑拷打，以致不能行路。同時四個幼小子女在家鄉，也常遭到無賴的襲擊。所有這些苦難都是回國後大顯風光的郭沫若難以想像的。背負著日本軍國主義分子強加給她的「叛國」罪名的安娜，愛情成為她抵抗生活磨難的精神支柱，為郭沫若支撐著整個家庭，養育著四男一女。

自從郭沫若走的那天起，雙方的音信就完全中斷了。但安娜沒有絕望，她時時打聽著丈夫的下落，盼望他們能再續前緣。然而，正如安娜所說，郭沫若是個不安定的人，他回國後不久，就和於立群結婚。據說一九四六年郭沫若曾託日本朋友青木和夫給安娜帶去了一封信及數百美元，在當時經濟已經完全崩潰的日本，這筆錢為安娜和幾個孩子的生活解了燃眉之急。青木和夫向安娜詳細報告了郭沫若的情況，包括他已組織了新的家庭的事。安娜沒有被這消息擊倒，她仍準備去尋找郭沫若。一九四七年三月，安娜帶著四個孩子不遠萬里，繞道臺灣來到香港，見到了日夜思念、牽掛在心的丈夫。望著這個已為人夫的昔日愛人、望著他身邊站著的年輕女人和五個孩子，安娜欲哭無淚，多年所受的苦難和屈辱都難抵此刻的痛苦。見到闊別多年的妻子，郭沫若著實感到意外，看著安娜蒼老的面容和已長大成人的孩子們，愧疚和不安侵擾他心。他想說些什麼，可又無話可講。這是歷史還是人為造成的悲劇？怕是誰也說不清。

後來，安娜在中共組織的安排下，定居大連，和長子和夫生活在一起。幾年後又移居上海。

一九七四年，在郭沫若病重期間，安娜與郭沫若見了最後一面，共同回憶了以前的美好往事。

一九八九年，安娜因一生為中日友好事業作出了的巨大貢獻，獲得了第一屆亞非和平獎。

一九九四年八月十五日安娜逝世於上海，享年一百零一歲。

13 一段感人至深的異國情緣

「人去瑤池竟渺然，空齋長夜思綿綿。一生難得相依侶，百歲原無永聚筵……」多麼感人的詩句，句句充滿真情，可謂用情之深。然而，又有誰會想到這樣情深意濃的詞句竟然出自一位百歲老人之手。老人名叫蘇步青，是中國近代數學的奠基者。在步入百歲之際，老人難抑自己的相思之痛，揮筆為他仙逝的妻子蘇（松本）米子寫下了這首詩。他的妻子米子是一位偉大的日本女性，也是最先取得中國國籍的外籍人士之一。

蘇步青一九〇二年九月二十三日出生在浙江平陽縣雁蕩山區一個普通的農家。他從小就喜歡讀書，但由於家境貧寒，不能上學。每當放牛回家路過私塾，他總要偷聽一陣。九歲那年，父親聽從叔父的勸告送他去了一百多里以外的學校。從此，蘇步青開始了漫長的求學生涯。在浙江省立十中念初三時，他的數學才華引起校長洪彥元的極大關注，專門安排老師對他進行指導，並寄給他二百塊銀元，讓他到日本求學。於是，一九一九年七月，中學畢業的蘇步青獨自踏上了赴日留學的道路。這一去，對十七歲的蘇步青來講有著非同尋常的意義，成為他人生的一大轉捩點。

一九二三年九月一日，他不負師望，以第一名的成績被東北帝國大學數學系錄取。帝國大學是日本知名的大學，在這所精英輩出、以「雙高」校風而聞名的校園裏，蘇步青以年年成績第一、並能獨自進行一些課題的研究，成了學校的名人。這期間，蘇步青很快注意到了一位在各種文藝活動中都嶄露頭角的日本姑娘——松本米子。她是帝國大學松本教授的女兒。她相貌出眾，精通插花、書法與茶道，此外，她還愛好音樂，尤其是她彈得一手好古箏。

自古窈窕淑女，君子好逑。一向視研究數學為生命的蘇步青忍俊不住，想方設法追求松本米子。這個多情的中國男孩以他解答數學題那樣的執著和熱情每天接送米子下課，請她看電影，出去遊玩……皇天不負有心人，隨著彼此了解的深入，米子發現蘇步青是那樣的有思想、有深度、有激情，他的人格魅力已經深深地把她吸引了。

一九二七年，蘇步青被東北帝國大學數學系聘任為講師，從而使他成為該校歷史上第一個兼任講師的外國留學生。也使得米子對他敬佩有加。

不久，兩人將戀情公開，立刻掀起了很大風波。祝福者有之，心懷嫉妒者也有之。他們的婚姻也遭到了米子家裏的強烈反對，尤其是米子的父親。這個老教授因蘇步青是中國人，出身又不好，所以對女兒的婚姻一直非常不贊同。但愛情的力量是偉大的，是任何世俗的壓力都無法抗拒的。一九二八年，在櫻花盛開的日子裏，這對幸福的異國青年在風景如畫的仙台市舉行了婚禮。松本米子自此改從夫姓為蘇米子。

婚後兩個人更是相親相愛，生活過得幸福美滿。為了讓蘇步青全身心地投入研究，米子放棄了自己的工作和學習，當起了家庭主婦，全身心地照顧丈夫的生活起居。對妻子的付出和細心體貼，蘇步青看在眼裏，感激在心頭。婚後一年，他們便有了愛的結晶——一個長得很像米子的女兒。

這期間也是蘇步青學術事業卓著發展的時期。至一九三一年初，他已有四十一篇仿射微分幾何和有關方面的研究論文出現在日本、美國和義大利等國的數學刊物上，已是日本乃至國際數學界榜上有名的人物。松本一家都希望他留在日本工作，東北帝國大學也向他發出聘書，但蘇步青卻不為所動。因為他曾許諾學成之後，一定要報效自己的中國。身為妻子的米子何嘗不希望能夠永遠生活在自己的故鄉，陪伴在父母身邊，可她更體諒自己的丈夫。她願意隨他回到中國。

於是，帶著自己的理想和妻子的支持，蘇步青一個人先期回到了陽春三月的西子湖畔。浙江大學的條件遠比他想像的差，不但聘書上寫明的月薪與燕京大學聘任他為教授的待遇相去甚遠，而且由於學校經費緊張，他雖然名為副教授，卻連續四個月沒有拿到一分錢。若不是在上海兵工廠當工程師哥哥的及時幫助，蘇步青就要靠典當東西維持生計了。為了養家，蘇步青打算再回到日本去。

許是風聲傳到了浙大校長邵裴子耳中。這位惜才如命的教育家當夜就敲開了蘇步青的房門，情急之下說道：「不能回去！你是我們的寶貝……」這句情深意濃的話語震動了蘇步青的心，他決定把妻女接過來，永遠留下來。

抗日戰爭爆發後，他們剛剛開始的生活又有了波動，困難日甚一日。同時，為了保證師生的安全，浙大決定搬遷。這時蘇步青卻收到了帝國大學再次聘請蘇步青回校任數學教授的電報。蘇步青憤然拒絕。幾天後，日本駐杭州領事館一個官員來到蘇家，試圖拉攏米子，從而說服蘇步青。他知道米子是日本人，就說：「作為日本人，不知夫人是否願意來領事館品嘗自己家鄉的飯菜？我們竭誠以待。」米子當即拒絕說：「我自嫁給蘇君，已過慣了中國人的生活，吃慣了中國人的飯菜。」

來人只得離去。當夫妻倆心心相印，決定搬遷時，變故再次發生。他們突然收到一封來自仙台的特急電報：岳父松本教授病危！兩人相對沉默，米子低下頭略略思考了一會，說：「我不回去。無論如何，我跟著你！永遠跟著你！」

就這樣，蘇步青挑著擔子，米子抱著孩子，躲避著日機轟炸，徒步前進。然而更加難堪的是沿途苛刻的盤查。由於米子是日本人，每次經過哨卡，都要受到反覆審查。後來因校長竺可楨討得戰區長官的一紙特別通行證，方才免去此苦。浙大的新校舍在貴州遵義附近的湄潭，當時的生活十分困苦，蘇步青出世不久的兒子因營養不良夭折了。米子傷心不已，但她沒有發出一句怨言。

一九四九年新中國成立，由於人口不斷增多，蘇家的經濟狀況不太好。八個孩子加上二個大人共十口人，為節省開支，米子一切都精打細算。她對自己甚至到了苛刻的地步，在中國生活的前幾十年裏，米子居然沒有為自己添置過一件新衣服。「文化大革命」開始後，蘇步青每天被拉上臺批鬥，他是個自尊心極強的男人，但他為了妻子，一直咬牙堅持著。「文革」結束後，蘇步青執教科研，家裏的生活水準逐漸有了改善。但米子因多年操勞，身體每況愈下。一九八二年，米子因長年積勞，終於臥床不起了。蘇步青每天下午四點半就趕到醫院，隨侍左右，精心看護。一九八六年五月，松本米子靜靜地離開了人世，享年八十一歲。

夫人亡故後，蘇步青把夫人的照片時刻帶在身邊，意味深長地說：「我深深地體味著『活在心中』這句話。就似我的妻子仍和我一起在庭園裏散步，一起在講臺上講課，一起出席會議……」二〇〇三年，百歲老人蘇步青就是在對亡妻的這種懷念之中，走完了生命的最後一段歷程。

14 一位導致魯迅兄弟失和的日本女性

一母同胞，兄弟情深。魯迅與其弟周作人感情一向很好。兄弟倆曾共同面對家庭的變故，共同經歷生活的磨難，共同用筆指責不公的社會。然而，誰會料到，這樣要好的弟兄忽然反目成仇，不能在同一幢房子裏住下去，甚至發展到互相指責，老死不相往來。又有誰會料到這一「五四雙星」的失和竟然全因一個異國女人——周作人的妻子——羽太信子。

有人說：作為當時中國文壇的一個名人，周作人寫了許多關於自己的文章。這其中也包括感情，包括女人，抑或別人的感情和別人的女人。他是個喜歡談論自己的人，但唯獨對自己現實中的妻子諱莫如深，無隻言片語。因而，我們無從知曉他和羽太信子戀愛的具體細節。我們只知道魯迅和周作人同在日本留學。周作人在日本留學三年後，開始戀愛了，而他所心儀的對象就是羽太信子。據說當時羽太信子是被魯迅及其室友雇來做雜務的，不料，卻被獨在異鄉備感孤寂的周作人一見鍾情。當時的羽太信子有著日本姑娘少有的白淨俊俏，正當青春的她也很欣賞周作人風度和學識。於是，僅僅十個月，信子就與周作人從相識相戀到結婚。也許當時的魯迅忙於革命文學活動，無暇顧及考察信子的人品德行；也許羽太信子太工於心計，巧妙掩飾了自己的本性。無論如何，當時的魯

被帶上法庭的周作人

迅及其整個周室家庭是看好這樁異國婚姻的。為了促成二弟的這樁姻緣，魯迅果斷地放棄了去德國深造的機會，毅然決定回國謀事。一九一一年，在母親與魯迅的催促下，周作人偕夫人羽太信子回到了老家紹興。

看到這麼一個漂亮的兒媳婦，魯迅的母親自是歡喜。整個周家上上下下也跟著高興。而信子看到周家是這樣一個大家庭，心中也著實得意。在紹興時，由魯迅的母親當家主事，可是後來，隨著魯迅的母親日益年邁，而其原配夫人朱安又太溫順柔弱，於是，到北京後，就由周作人之妻當家。這也就給羽太信子後來的專權提供了機會。這個出生在平民小戶人家的日本女子，全然沒有日本女人恭順節儉的美德，凡事都講排場擺闊綽。家裏除雇有燒飯司務、東洋車夫、雜役與採購的男僕數人外，還另有收拾屋子、洗衣看孩子的女傭幾個。魯迅曾抱怨道：即使祖父在前清做京官時，也不曾有這樣眾多的男女傭工。在吃的方面，她更是鋪張浪費。有時飯菜做好了，她卻心血來潮要吃餃子。於是僕人只得把一桌飯菜撤回廚房裏，趕緊另包餃子。被褥只用了一兩年，她就要做新的。剛做好的衣服穿了一兩次她就賞給了僕人，自己重新再做。兒子上學念書，出入她都要用麵包車接送。孩子有病，哪怕是小病，她請的都是外國醫生。這種種開銷使魯迅應接不暇。他不僅把每月的收入悉數上交，還賠上了多年的積蓄，甚至常常四處借貸。夜裏寫文章，他只捨得抽些劣質的香煙。

對於信子的鋪張浪費，周作人並非不知。但他怕惹是非，隨遇而安。雖然魯迅也曾讓他勸勸弟媳，節儉著過日子，但周作人表面上應允得很好，見了信子後，仍然由著她使性子胡鬧。最後，生性耿直的魯迅實在看不過去了，就一些不合理的事情曾指正過幾次。這惹惱了心胸狹窄的信子，以前憚於魯迅的威嚴和其經濟上的供養，她對魯迅的態度還比較恭順。如今自覺地位已穩固的她開始公開表示對魯迅的惱怒。她還時不時向周作人進讒言，說魯迅調戲她，以此來挑撥他們兄弟關係。

一九二三年七月十九號，周作人突然丟給魯迅一封絕交信。信中這樣寫道：「魯迅先生，我昨天才知道……但過去的事情就不必再說了。……以後請不要再到後邊院子裏來，沒有別的話。……」於是，魯迅當天就開始和周作人家分開吃飯了。不久，魯迅就和母親及朱安搬出了八道灣。

周作人知道了什麼？過去的事是哪些事？到底發生了什麼？關於個中情由，真是誰也說不清楚。作為當事人的魯迅和周作人生前基本保持沉默，這就給當年八道灣裏發生過的事情，蒙上了一層神秘的色彩。關於此事，世人也有著各種各樣的猜疑。有的說是魯迅偷看羽太信子洗澡被發現了，致使兄弟反目。有人說是魯迅趁周作人不在，調戲弟媳，遭到羽太信子的拒絕後，兄弟失和。也有人說周氏兄弟的分離主要是文化觀點、政見不同，羽太信子再從中挑撥，自然就有那樣的結果。更有人以佛洛伊德的性心理學說來分析魯迅，他與朱安的婚姻名存實亡，性壓抑得不到釋放，所以試圖勾引弟媳。總之，關於這件事，疑雲重重，眾說紛紜。

然而更為可信的說法是當時與魯迅、周作人雙方都有密切交往的章廷謙所云。他這樣說：「魯迅後來和周作人吵架了。事情的起因可能是，周作人老婆造謠說魯迅調戲她。周作人老婆對我還說：魯迅在他們臥室窗下聽窗。這是根本不可能的事，因為窗前種滿了鮮花。」說到周作人與魯迅關係緊張的原因時，他則說：「主要是經濟問題。她（羽太信子）揮霍得不痛快。」

魯迅與周作人長期寄人籬下，經歷了多年的骨肉分離。後來，他們終於兌現了青年時的諾言，有福同享，共同贍養母親。可是誰也沒有料到，在他們事業的關鍵時刻卻突然決裂，至老死不相往來。這一切的根源皆和羽太信子脫不了干係。這個女子也影響了兄弟倆的文風，更有甚者，她影響了周作人以後的發展道路，使周作人逐漸捲入政治漩渦，最終淪為漢奸。

15 國學大師季羨林的早年異國戀情

季羨林一九三〇年考入清華大學西洋文學系，一九三五年考取清華大學與德國的交換研究生。從一九三五年到一九四五年，他在德國哥廷根大學學習梵文、巴厘文和吐火羅文等古代語言。在哥廷根的日子裏，季羨林飽受轟炸、饑餓、鄉愁的煎熬，但在此期間他與一位德國姑娘的愛情經歷，卻帶給他前所未有的幸福與快樂。

在哥廷根留學的時候，季羨林租住在一個善良的德國老太太家裏。在他住的同一條街上，還有一戶叫邁耶的德國人家。這是一個溫暖幸福的家庭。男主人邁耶為人憨厚樸實，而女主人邁耶太太卻生性活潑，熱情好客。他們夫婦有兩個女兒。大女兒名叫伊姆加德，年齡比季羨林小一些，金髮碧眼，皮膚白皙，而且身材苗條，活潑可愛。邁耶家也像其他德國人一樣，把多餘的房間租給中國留學生住。恰好，季羨林的好友田德望便是邁耶家的房客。季羨林常去田德望住處拜訪，久而久之，便同邁耶一家人熟悉了。正在讀博士學位的季羨林當時不過三十，年輕英俊，待人謙和有禮，又說得一口流利的德語。邁耶一家人很快就喜歡上了這個來自中國的年輕人，經常邀請季羨林來他家作客。

但是，季羨林與伊姆加德小姐之間產生戀情，還有另外一段因緣。當時季羨林正在寫博士論文。他要先用德文寫成稿子，在送給教授看之前，還必須用打字機打成清樣。可是，當時身處異國的季羨林沒有打字機，也不會打字。熱心的伊姆加德小姐表示願意幫助季羨林打字。季羨林的論文都是一些稀奇古怪的文字，又修改得很亂，對伊姆加德小姐來說，簡直像天書一樣。因此，伊姆加德小姐打字時，季羨林必須坐在旁邊，以便諮詢。這樣一來，季羨林在很長一段時間裏，幾乎天天晚上到她家去，往往每天都工作到深夜。這樣經過一段時間的接觸，季羨林和伊姆加德小姐之間漸漸產生了感情。他們的心事很快被細心的邁耶太太看穿。這個開朗的德國老太太很喜歡季羨林，覺得他有學問、人品好。因此，她很樂意撮合女兒的這樁婚事。因而以後邁耶家凡有喜慶日子，招待客人吃點心、吃茶等等，邁耶太太必定邀請季羨林參加。特別是在伊姆加德生日那一天，季羨林是必不可少的客人。每逢季羨林到邁耶家，伊姆加德也總是打扮得漂漂亮亮，格外熱情。邁耶太太在安排座位時，總讓季羨林坐在伊姆加德的旁邊。一對異國青年墜入了愛河。伊姆加德美麗的姿容、悅耳的語聲、嫣然的笑容，使季羨林怦然心動。季羨林初次嘗到了愛情的滋味，心裏充滿激動和幸福。同樣，伊姆加德也流露出對季羨林的愛慕之情和戀愛中的甜蜜。

但是，現實是殘酷的。季羨林當時是一個有妻子、有兒女的人，已經為人夫，為人父。儘管那是一樁沒有愛情的包辦婚姻。於是，每當回到寓所，他的內心便充滿矛盾與痛苦。他愛伊姆加德，伊姆加德也喜歡他。如果他們由相愛而結合，自己未來的生活大概會是幸福美滿的。但是那樣做，不僅意味著對妻子、兒女的背叛和拋棄，也意味著把自己的親人推向痛苦的深淵。這是違背他所受的教育和他做人的原則的，也是他無法辦到的。反之，如果他克制自己的感情，又會使深愛著他的伊姆加德失望和痛苦，自己也會遺憾終生。可是，經過深思之後，這個對別人考慮永遠勝過自己的國學大師最後決定壓抑自己的情感，離開德國。

這樣的決定是迫不得已的，離別更是痛苦的。季羨林在日記中這樣寫道：「在這樣的情況下，我離開邁耶一家，離開伊姆加德，心裏是什麼滋味，完全可以想像。」一九四五年九月二十四曰，他又在日記中寫道：「吃過晚飯，七點半到邁耶家去，同伊姆加德打字。她勸我不要離開德國。她今天晚上特別活潑可愛。我真有點捨不得離開她。但又有什麼辦法？像我這樣的人不配愛她這樣美麗的女孩子。」

季羨林就是懷著這樣的感情，依依不捨地離開邁耶一家到了瑞士。之後兩人還通過幾次信，但他回國以後就斷了音訊。一九八三年，季羨林回到哥廷根時曾打聽過伊姆加德，當然是杳如黃鶴。他只得無可奈何地說：「如果她還留在人間的話，恐怕也將近古稀之年了，而今我已垂垂老矣。世界上還能想到她的人恐怕不會太多。等到我不能想到她的時候，世界上能想到她的人，恐怕就沒有

一代鴻儒季羨林先生青年時期

了。」

據說二〇〇〇年時，香港某電視臺的一位記者為了拍攝季羨林的傳記片，曾專程到哥廷根去了一趟。最後終於找到了伊姆加德，並且訪問了她。當年的伊姆加德小姐如今已是滿頭銀髮，然而精神矍鑠。詢問的結果更是出人意料：伊姆加德終身未婚，獨身至今。而那台老式的打字機依然靜靜地放在桌子上。

有人考證說：其實，在季羨林重返哥廷根的時候，伊姆加德就住在她原來房間的樓上，可惜住在她原來房間的那位新住戶不認識她。就這樣，陰錯陽差地，兩位苦命的戀人失之交臂，季羨林錯過了也許是他一生中最後一次與伊姆加德見面的機會。

16 十九世紀四〇年代最為轟動的跨國情戀

十九世紀四〇年代爆發的第二次世界大戰，給世界人民帶來了深重的災難，但戰爭也造就了許多功德卓著的英雄，其中協助中國抗戰的飛虎隊將軍陳納德更是名噪一時。在艱苦的抗戰環境裏，這位果敢堅毅的將軍率領他的飛虎隊入住雲南昆明，抵禦日軍飛機轟炸，並有反法西斯鬥士的榮稱。同時，第二次世界大戰給中央社首位女記者陳香梅女士留下太多的難忘和苦澀，也給她帶來一段夢幻般的異國姻緣。陳香梅與陳納德在慘烈的反法西斯戰爭中孕育出一朵燦爛奪目的愛情之花，並最終成就了當時最為轟動的跨國婚戀。

陳香梅是名門之後。她的父親陳應榮是英國牛津大學法學博士和美國哥倫比亞大學哲學博士，回國後當過教授、編輯、外交家；母親廖香詞也在英、法、意學過音樂和繪畫。陳香梅的外祖父廖鳳舒與廖仲愷是親兄弟，當過古巴公使和日本大使。然而生於名門的陳香梅因成長於亂世，早年的生活也是很艱辛的，抗戰爆發的時候，她還是個學生，為了躲避即將爆發的戰亂，經常過著顛沛流離的流亡學生生活。直到一九四四年，十九歲的陳香梅因出色的英語進入中央通訊社昆明分社，成為中央社的第一位女記者。不久，憑著她熟練的英語和良好的素質，她被派去採訪飛虎將軍陳納德。誰也沒料到，這竟成了她人生命運的一大轉折。由於陳納德及戰友們作戰勇猛，一時間屢創佳績，日軍節節敗退，陳納德也被譽為「飛虎將軍」，當時還是記者的陳香梅對這個英武的美國軍人甚是仰慕。初次見面，陳香梅就被這位少將的風采深深吸引。但談起第一面的印象，陳香梅自己曾說，她覺得陳納德「非常英俊，並且很有抗日的精神」。但那個時候還很單純，「根本就不會有」其他的感覺或想法。

他們是後來到上海才開始談戀愛的。那年夏天，日本宣布投降，八年抗戰迎來了勝利。九月

宋美齡與陳香梅

陳香梅與陳納德蜜月親吻照

初，陳香梅被中央社派到上海分社，採訪上海法庭審判日本戰犯的新聞。當時返回上海的交通條件非常艱苦，她有幸搭乘美軍C-47運輸機離開昆明直飛上海。巧的是，陳納德將軍也前往上海籌建民用航空公司，他們搭乘同一架飛機。頻繁的來往使他們漸漸熟悉起來。於是，他們開始從相識到相知。

據說陳納德將軍當年曾以「花帥」著稱，身邊一直不乏女人。雖然追求他的女人很多，但當時比較天真、純潔的陳香梅卻深深打動了他的心。到了上海後，陳納德將軍向陳香梅小姐發動了凌厲的「愛情攻勢」，為此他不惜重返美國和他分居多年、感情一直不好的妻子離婚。在陳納德將軍追求的過程中，陳香梅的心理上也有很多的矛盾，她後來向外界透露「他比我大三十幾歲，他又是美國人，我是中國人。宗教方面呢，我是天主教，他是基督教」。而且，「那個時候大家對於國際通婚還是不大認同的」。更大的阻力則來自於家庭方面，他們的戀情遭到陳香梅父母及外祖父、外祖母的反對，他們不太認同這樁跨國婚姻。但陳納德將軍是個勇往直前的軍人，他以軍人特有的堅毅和西方紳士的浪漫情懷去追求、感動著陳香梅和他的家人。他「拼命地」與陳香梅的外祖父、外祖母聯繫，經常抽空與陳香梅的外祖父廖鳳舒打橋牌、聊天。陳納德是打橋牌的能手，陳香梅的外祖父也喜歡打橋牌，於是，幾乎每個週六陳納德就到陳香梅家裏打橋牌，並且總是「輸」給陳香梅的外祖父。而且，每次來看陳香梅，他都不忘帶一束玫瑰。不久，善解人意的陳納德就討得了兩位老人家的認可。雖然如此，但陳香梅父親陳應榮的障礙卻一時難以逾越。原因很簡單，雖然陳應榮長期受西方文化的影響，陳納德又是他的老朋友，但聽說比他還大一歲的陳納德要尊他為岳父，一時接受不了，因此堅決反對。陳香梅從小信奉天主教，自然希望自己的婚姻大事能得到雙親的祝福。她試著說服父親，但父女之間的談判根本談不攏，最終還是飛虎將軍親自出面，疏通了她繼母貝茜的關卡，事情才柳暗花明，有了轉機。皇天不負有心人，經過差不多兩年的苦苦追求，陳香梅的家人逐漸對陳納德產生好感，最終認可了兩人的婚戀關係。他們也如願以償地得到了全家人的祝福。

女記者與飛虎將軍的婚事

陳香梅嫁給陳納德經過

陳納德與陳香梅在蜜月中

陳香梅與飛虎將軍陳納德蜜月照

一九四七年十二月二十一日，在陳納德將軍的私寓，二十三的陳香梅披上了雪白的嫁衣，與五十八歲的美國空軍喜結連理。他們的婚禮在一個耶誕節時於上海舉行。據說切結婚蛋糕所用的刀，是一名戰敗的日本將軍送給陳納德的。

一九五〇年兩人定居美國，並相繼有了兩個女兒，陳納德將軍老年得女，十分高興。愛情的結晶使得這樁跨國老少戀也更穩固和幸福。不料天有不測，一九五八年七月二十七日，在與陳香梅女士在一起共度過了十年的美好時光後，陳納德將軍因病在美國去世。

寡居後的陳香梅藉助於丈夫的威望在美國積極從事政治活動。三十多年來，從甘迺迪到柯林頓，先後八位總統都對陳香梅委以重任。她長期活躍在美國白宮，置身於真正的美國主流社會，在民主黨和共和黨的朝野更迭中，在人人玩弄政治、個個追求權力的華盛頓，作為共和黨人的她始終屹立不倒，是幾屆總統競選中的關鍵人物。

而被安葬在華盛頓郊外的阿靈頓國家公墓的陳納德將軍也沒有被人所忘記。直到今天，每年還有很多美國人前去悼念他，其中不乏當年的飛虎隊員。

17 蔣經國與蔣方良的異國情緣

一九二五年，蔣經國在蘇聯顧問鮑羅廷的推薦下，報考了專門為中國革命培養幹部的莫斯科孫逸仙大學，並赴前蘇聯留學，取名為尼古拉。後來蔣經國被發配到寒冷的西伯利亞，在烏拉重機械廠工作。由於工作認真，他步步升職到副廠長。在這段最艱難的日子裏，他迎來了愛情的春天，遇到了一生的伴侶——芬娜。

他們的相遇曾被演繹成多種版本的故事，而流傳最廣的是英雄救美版。傳說有一天，蔣經國下班回家，突然看到前面一個大漢攔著一個姑娘，欲行不軌。他趕忙上前三拳兩腳把那個大漢打倒在地，救出了那位姑娘。被救的女子對這位恩人充滿了感激，後來兩人相愛了。這位姑娘就是芬娜。

也有人傳言是美人芬娜拯救了凍昏於雪野的蔣經國。不管何種傳言，可以肯定的是他們開始戀愛了。愛情滋潤著這名俄羅斯少女的心靈，也滋潤著異國遊子蔣經國。

一九三五年，十九歲的芬娜與二十五歲的蔣經國在貝爾格羅克市郊一間工人宿舍裏，舉行了熱鬧的婚禮。十個月後，他們第一個孩子早產的愛倫（蔣孝文）來到人間。此時蔣經國受到排擠打壓，失去工作，全家的生活重擔全部落在芬娜的肩上，但她無怨無悔。隔年，女兒愛理（蔣孝章）降生，生活更加艱難，可他們咬著牙挺了過來。

一九三七年三月，思念兒子的蔣介石託人把蔣經國遣送回國。而芬娜從此也永別故鄉，隨著丈夫走進當時的中國第一豪門。

初入豪門的芬娜小心翼翼地扮演著自己的角色，盡快地適應這個陌生的國度。為此，她苦學漢語，一年內就可以和人交談。她的寧波話甚至比蔣經國說得還要流利。她也謹遵中國傳統女人的美德，孝順公婆，體貼丈夫。以至於最初不習慣她的公公——蔣介石對其十分滿意，取方正賢良之意，給她起了中國名字：蔣方良。

一九三八年四月一日，蔣經國被任命為

蔣經國與蔣方良

江西省保安處少將副處長，他在中國的政治生涯開始了。已改名蔣方良的芬娜第一次介入政治，陪同丈夫在贛南創業。也是在這時夫妻倆的感情出現了波折。據說蔣經國與當時一個名叫章亞若的多才多藝的青年女子關係曖昧，後來，章亞若還為蔣經國生了一對雙胞胎。不過後來，章亞若卻「神秘」地死亡了。蔣方良在這個問題上的看法和表現眾說不一，但可以肯定的是：蔣方良把一切埋在了心裏。

隨著蔣家王朝從大陸遷到臺灣，隨著蔣經國職位的一再攀升，蔣方良的生活發生了莫大的改變。蔣經國做了總統後，夫妻倆更沒有時間在一起了。戒備森嚴的官邸、蔣家的大門，就像一道高牆橫躺在蔣方良和外面世界之間。蔣方良變得愈來愈沉默。

一九八八年一月十三日，蔣經國病逝於大直官邸，享壽七十九歲。蔣方良聽到這個消息後，靜靜地關上房門，從房中隱隱傳出了啜泣聲。她的尼古拉，她的蔣經國永遠離她而去了。

第八章
歷史之最

1 西天取經第一人：蔡愔

唐朝玄奘西天（天竺，古代印度的別稱）取經的故事在中國婦孺皆知。但中國最早到西天取經的則不是玄奘，而是東漢的蔡愔。

據說東漢明帝在永平八年（西元六五年）的一天夜晚，夢見有個金人，身高一丈，頭頂上有一道白光，繞著大殿飛行，忽然升到天空，往西去了。第二天，明帝召見文武百官，問這是怎麼一回事。有個名叫傅毅的博士說：「天竺有神名叫佛。陛下夢見的金人準是天竺的佛。」

傅毅所說的天竺，是佛教創始人釋迦牟尼出生的地方（約西元前五六五年，釋迦牟尼出生在古印度北部迦毗羅衛國，在今尼泊爾境內），原是個王子。傳說他在二十九歲那年，拋棄了王族的舒適生活，出家修道，創立了佛教。釋迦牟尼傳教四十多年，收了不少信徒，大家尊稱他「佛陀」。他死了以後，他的弟子把他生前的學說記載下來，編成了經，這就是佛經。

信以為真的明帝於是就派以郎中蔡愔為首的十多位使者出使天竺，求取佛法。蔡愔和秦景經過千山萬水，終於到達了天竺國。天竺人聽到中國派使者來求佛經，表示歡迎。天竺有兩個沙門（即高級僧人），一個名叫攝摩騰，一個叫竺法蘭，幫助蔡愔等人懂得了一些佛教的道理。蔡愔就邀請他們到中國來。

永平十年，蔡愔等人和兩個沙門一起用白馬馱著佛經、佛像，跋山涉水回到洛陽。漢明帝並不懂佛經，對佛教的道理也不清楚，但是對送經前來的兩位沙門倒很尊敬。為了銘記蔡愔等人的功勞，第二年，明帝命令在洛陽城的西面按照天竺的式樣，造一座佛寺，把送經的白馬也供養在那兒，這座寺就叫白馬寺（在今洛陽市東）。

今天白馬寺名揚天下，而蔡愔是西天取經的第一人卻鮮為人知。

2 乾隆皇帝組建了中國第一個西洋管弦樂隊

大約三百年前，由兩位名叫斐迪南．維比斯特和湯瑪斯．佩雷拉德耶穌傳教士最早把西洋樂隊帶入了當時的清朝宮廷，從此，西洋樂器便傳進了中國的紫禁城。由於康熙皇帝愛好推崇西洋文化和科學，兩位傳教士便把他們所帶樂器——介紹給他。

康熙的孫子乾隆皇帝也酷愛西洋音樂，其對西洋音樂的濃厚興趣比其先祖康熙有過之而無不及。最重要的一個表現就是，他下令組建了中國第一個西洋管弦樂隊。

為了組建西洋管弦樂隊，乾隆專門下令調查在京城的耶穌傳教士中是否有懂音樂的人士，得知有三位傳教士精通西洋音樂，他們是德理格、魏繼晉和魯仲賢。於是，乾隆皇帝邀請他們來到宮廷，對那些已閒置了七十餘年的康熙用過的各種西洋樂器予以分門別類，並對其破損者進行修理。這些西洋樂器中，有些是外國來訪者贈送的禮品，有些則是在康熙的西洋音樂教師法瑟．佩雷拉的指導下，由中國工匠製作的。一七四二年（乾隆七年），魯仲賢等人還送給乾隆一批樂器，其中包括「小拉琴、大拉琴、長拉琴」等，為乾隆組織宮廷西洋管弦樂隊提供了條件。

乾隆傳下聖旨，要工匠們製作象牙長笛和鐵弦琵琶，這也許就是當時的鋼琴和豎琴了。乾隆組建的西洋管弦樂隊所使用的樂器，還有吉他、曼陀螺琴、大提琴、小提琴、單簧管、雙簧管。而嘴飾假鬚、身穿對襟繡花馬褂、頂戴花翎的十四名太監便是這個管弦樂隊的樂師。一七七八年（乾隆四十三年），傳教士們在宮廷演出了義大利歌劇《切奇娜》，據說就是這支樂隊負責音樂演奏的。

3 誰是走出國門的第一人

隨著國門的開放及西學的傳入，為促進中西交流，近代中國掀起了留學潮。誰是走出國門的第一人，或許我們對此並不熟悉。

中國最早的留學生是在順治年間出現的。順治七年（一六五〇年），義大利傳教士衛匡國返回歐洲，年僅十五歲的中國教徒鄭瑪諾與之同行來到歐洲。鄭瑪諾到達後，進入義大利羅馬公學，學習物理、邏輯、哲學和西方語言。一六七一年他與閔明我、恩理格等傳教士一起回到北京。鄭瑪諾堪為中國歷史上的第一個留學生。

然而，這時期的留學生多與入華的耶穌會有關，是為培養華籍神職人員。甚至義大利的那不勒斯創辦了中國學院，以專門培養中國留學生及其他赴遠東傳教的歐洲人士，其中有據可查的中國人就有一百零六人。但這批最早的中國留學生主要為教會服務，與官方和民間的關係不大，在傳播西學上並沒有起多大作用，隨著一七七五年在華耶穌會停止活動，也宣告結束。

而近代意義上真正為傳播西學、改進中國文化作出貢獻的第一個留學生則是容閎。容閎，字達萌，一八二八年生於廣東香山縣一個窮人家庭。十三歲時進入澳門的「馬禮遜學堂」讀書。一八四七年，一個叫布朗的美國傳教士因「身體羸弱」，辭退了澳門馬禮遜中學校長的職務，準備回國，但他願帶「三五舊徒，同赴新大陸，俾受完全之教育」。雖然大多數中國人對「野蠻人居住的地方」極其恐懼，但竟有一名叫容閎的學生，因想見世面而「惟願與赴美」。一八四七年一月四日，他啟程赴美，四月十二日到達紐約。他首先進了麻塞諸塞州的孟松學校讀高中，一八五〇年考取耶魯大學，一八五四年以優異的成績成為中國第一位留美大學的畢業生。一八五五年，容閎懷著「改良東方文化」的滿腔熱忱回國。

他主張用美國的模式改造中國：政治上，建立君主立憲的資產階級新型政府；經濟上，引進美國的科學技術，發展資本主義工商業。文化教育上，籌建新式學堂、辦報紙、譯西書；軍事上，建立近代化的海陸軍，增強國力。他還身體力行支援戊戌變法，組織中國第一個國會。容閎是第一個從思想到行動積極傳播美國文化的人。一八六二年，洋務派李鴻章發現了他，容閎從此便在洋務派的門下謀求報國理想的實現。

容閎，這位開創中國留學歷史的人，最大的貢獻莫過於促成了中國第一批官派留學生的派遣，開啟了

容閎

中國學生百年留學潮。容閎在接受了先進教育後，「更念中國之國民身受無限痛苦」，認為要使中國「趨於文明富強之境」，必須讓更多的人接受「文明之教育」。他積極地為他的教育計畫奔走呼籲，一八七一年終獲批准。曾國藩命容閎料理幼童赴美留學事宜，任出洋局副監督。一八七二年八月十一日，第一批中國幼童三十名在上海等船，前往美國。容閎奔走十幾年的幼童留美計畫實現了第一步。其後連續三年，第二、第三、第四批幼童各三十名按計劃赴美。

幼童到達美國後，以二三人為一組散居在美國居民家中。幼童們自尊自重，學習努力，待人大方，處事得當，受到了美國人民的熱情接待。美國人對這些幼小留學生讚譽有加，美國報紙評論這些幼童「都有君子之風，他們不但謙虛而且有禮貌，我們都很喜歡他們，我們都以他們做我們的榜樣。這是他們國家的榮譽」。其中梁敦彥成為民國外交總長，蔡紹基成為北洋大學校長，詹天佑則成為著名的鐵路工程師。

4 第一位到哈佛大學任教的中國人

第一位到美國哈佛大學任教的中國學者是戈鯤化（一八三八－一八八二年）。一八七九年秋，他不遠萬里來到美國，創立了哈佛大學的中文教育。然而，比起中國第一個留學生容閎，一百多年來，戈鯤化的名字幾乎不為世人所知。

一八七七年，在華經商的一些美國商人建議哈佛大學設立中文課程，培養通曉中文的人才，使美國人能夠在中國政府供職，促進兩國間的貿易往來。哈佛大學校方認為開設中文課程，有利於哈佛的進一步發展，因此接受這些商人的建議，很快就決定從中國聘請老師前來任教。於是，商人們捐贈了八千七百五十美元作為經費，讓哈佛大學從中國聘請教師，開設一門為期三年的中文課程。

為了從中國聘請中文教師，哈佛大學校長埃里奧特向美國駐中國的領事鼐德寫了一封信，請求他幫忙在中國尋找中文教師，鼐德則委託擔任清朝總稅務司的英國人赫德幫忙。赫德認為在寧波更容易找到合適的人選。在他看來，寧波是中國較早的四個對外通商口岸之一，早在康熙年間就已經開埠通商，與外國的貿易往來頻繁，人們的思想比較開放。所以，赫德就把此事託付給任職於寧波稅務司的美國人杜德維。後來，杜德維就選中了自己的中文老師戈鯤化。當時，戈鯤化正在美國駐寧波領事館任職，對西洋特別是對美國有一定的了解，而且還教過一位英國學生和一位法國學生。

一八七九年五月二十六日，鼐德代表哈佛大學校長埃里奧特在上海和戈鯤化簽訂了任教合同。合同規定，哈佛聘請戈鯤化前去教授中文，自一八七九年九月一日起，至一八八二年八月三十一日止，共計三年，每月薪金二〇〇美元，往來旅費（包括隨同人員）也由校方負擔。至於在哈佛的課程設置、學生人數、教學時間，則由校方根據具體情況統一安排。同年秋天，四十一

哈佛首聘中文教師戈鯤化

歲的戈鯤化帶著妻兒與僕人，經過近兩個月的旅途，乘船抵達美國，開始了他在哈佛大學的教學生涯。此事立即成為當時美國各大報紙爭相刊登的新聞，戈鯤化由此成為有史以來哈佛大學的第一位中國教師，這也是近代中國第一次向西方世界派出教師，講授中國文化。

抵達哈佛後，對於漢語教學和文化傳播，戈鯤化有著許多雄心勃勃的設計。戈鯤化在一八七九年十月二十二日正式開課，他的第一份教材是一篇小說。他還專門編纂了中文教材《華質英文》，著力介紹中國詩詞和典故，用詩歌感染師生，這本教材被哈佛大學稱作是「有史以來最早的一本中國人用中英文對照編寫的介紹中國文化尤其是中國詩詞的教材」。

戈鯤化原本不會英語，在哈佛任教伊始便學習英語，他很快就能隨意地用英語和人們交談，並用來翻譯自己的文章和詩歌。戈鯤化很注意與身邊的美國人友好交往，在不到三年的時間裏，他就與美國的漢學家們和當地社會名流建立了良好的關係。美國報刊評價他「擅長交友，待人真誠」，「他獨特的社交氣質使他能夠與社會各界人士交往，努力使自己能被大家接受」。

不幸的是，在哈佛的任期還沒有結束，一八八二年二月戈鯤化竟患上了肺炎，雖經當地名醫全力搶救，但病情仍在不斷惡化。幾天後，帶著事業未竟的遺憾，他就走完了自己的人生旅途，長眠於異國的土地上。

5 中國第一個留學美國學醫的女性

中國第一個留學美國學習西醫的女性是金韻梅。金韻梅，生於一八六四年，卒於一九三四年，浙江寧波人，幼小時父母相繼去世，後被寧波基督教長老會的美國人麥加地收為養女。一八八一年，當她十七歲時，被麥加地送往美國紐約女子學院攻讀醫學，是班級中唯一的中國學生。四年後，金韻梅以優異成績畢業，獲得醫學博士學位。一八八八年回國後，金韻梅先後在廈門、成都等地行醫，深得病人喜愛。一九〇七年起，金韻梅受聘北上至天津醫科學校主持該校工作，培養造就了眾多醫護人才。

6 到「西天」去的第一位中國婦女

《西遊記》上唐僧取經的目的地——靈鷲山，在古印度摩揭陀國王舍城東北部，即今印度比哈爾邦邦底賴雅附近。相傳釋迦牟尼成佛後曾在此居住和講授佛法多年。

康同璧是康有為先生的次女，「研精史籍，深通英文」。二十世紀初康有為因變法失敗曾一度流亡印度，康同璧以十九歲妙齡弱質，隻身一人，「凌數千里莽濤瘴霧」去印度探親，並陪同康有為去朝拜靈鷲山。「靈鷲高峰照暮霞，淒迷塔樹萬人家。恆河落日滔滔盡，祇樹雷音付落花。」所以，康同璧後來自稱她是中國第一位到了「西天」的婦女：「侍大人遊舍衛祇林，壞殿頹垣，佛法已劫。然支那女士來遊者，同璧為第一人。」「舍衛山河歷劫塵，布金壞殿數三巡。若論女士西遊者，我是支那第一人。」

7 清末女作家最早向中國介紹托爾斯泰

高爾基曾說：「不認識托爾斯泰者，不可能認識俄羅斯。」列夫．托爾斯泰的影響，不僅在俄國國內無法有人匹敵，在國外也十分驚人。百餘年來，他的作品被譯為各國文字，廣為傳閱。而最早向中國介紹托爾斯泰的則是清末著名女作家單士厘女士。

單士厘（一八五八——一九四五年），浙江蕭山人，是清朝唯一位從閨房走向世界，並執筆撰寫國外遊記的女作家。她自小受到良好的傳統文化教育，二十九歲嫁給錢三強的叔叔——清末外交官錢恂，為維新派中的知名人士。她裹著小腳隨錢恂遍遊亞、非、歐三大洲，歷時十年，成為中國的第一位女旅遊家。

一八九八年錢恂到日本做留日學生監督，單士厘作為外交使節夫人因此隨夫同行。這是她從閨房走向世界的第一步。在日本，單士厘成為中國第一個使用西曆的人。西曆在明朝末年傳入中國，但直到在辛亥革命後的一九一二年才被廣泛採用。而中國的鄰國日本早於明治維新後，就採用西曆。單士厘來到日本後，日子一長，就感到使用西曆非常便利，便在家中改用西曆。由於受傳統的影響，單士厘沒有拋棄農曆。她寫日記時一般都是中西曆兼用。

一九〇三年，錢恂奉命前往俄國。這一年的三月十五日，夫妻倆從日本出發，經朝鮮、中國東北，於五月二十六日到達俄國。在俄國旅行八十天的時間裏，單士厘把所見所聞寫成《癸卯旅行記》一書，這是中國的第一部出國遊記，為當時中國人了解沙俄架起了橋樑。值得一提的是，在這本書中，單士厘以其優美的文筆向中國人詳細介紹了俄羅斯文學泰斗列夫·托爾斯泰，成為把托翁介紹到中國來的第一人，《癸卯旅行記》也因此成為近代以來向中國介紹托爾斯泰的最早文獻。

在文中，單士厘女士用長篇文字勾畫了托爾斯泰的成就和聲望：「托為俄國大名小說家，名震歐美。……所著小說，多曲肖各種社會情狀，最足開啟民智……」這裏，單士厘流露出對托爾斯泰的仰慕之情，揭露了反動沙俄政府對進步文人的迫害。她寫道，由於托爾斯泰運用犀利的筆鋒揭露了沙皇黑暗統治，沙皇對他恨之入骨，多次欲除之而後快。只是因為托翁的名氣太大，「一度病氣，歐美電詢起居者日以百數」，受到國內外人民的尊敬，沙皇才有所顧忌，未敢動手。

在單士厘的筆下，我們還看到這樣一個小故事：有一次，一個芬蘭人向托爾斯泰哭訴，他想逃出俄國，但苦於

托爾斯泰在鄉間

身無分文。托爾斯泰非常同情他，於是不分晝夜地趕寫了一部小說，出售版權，將得到的十萬盧布全部資助了這位芬蘭人，不但幫他逃離了俄國，而且還加入了美國籍。

另外，單士厘還是最早把歐洲神話介紹到中國來的第一人。在《歸潛記》一書中，她系統地介紹古希臘、古羅馬的神話。

單士厘不僅是個目光遠大的具有啟蒙思想的女性，也是一個充滿人性味的可親可敬的長輩，她始終沒有忘記關心下一代的成長，當她八十四歲高齡時，還寫詩表示對在法國學習的幼侄錢三強的拳拳之心。

8 中國赴法留學第一人——李石曾

在中國近代史上，有這樣一個極富傳奇色彩的重要人物。他出生於清朝官宦之家，早年卻致力於革命。他既是留法勤工儉學活動的宣導者，又是國際著名的社會活動家。他就是留法學生和華僑在法創業的第一人——李石曾先生。

李石曾，名瀛，號擴武，河北高陽縣人，出生於一八八一年（清光緒七年）。李家世代為官。李石曾的曾祖父李殿圖，清朝福建巡撫兼署浙閩總督；祖父李濬通，清朝大學士；父親李鴻藻更是顯赫一時的晚清重臣，歷任過清朝帝師，工部、兵部、戶部、禮部、吏部尚書，軍機大臣，協辦大學士。生於豪門的李石曾可謂是見多識廣。據說他三歲時曾隨其父入宮覲見慈禧太后，當時慈禧撫摸他的頭頂說：「此子將來定成大器」。

興許是借慈禧吉言，李石曾小小年紀就有著報國的志向，全然沒有世家子弟的紈絝之氣。一九○○年，八國聯軍攻入北京，圓明園的大火燒醒了中國，也燒醒了少年李石曾幼小的心靈。親眼目睹了清朝的無能和官員的腐敗，看到國家「一無寧日」，李石曾感到要振奮圖強，勢必先向西方尋求科技和改革制度才行。於是，他動了留學的念頭，便以世交晚輩的身分去賢良寺晉謁當政的李鴻章徵詢意見，得到李鴻章的讚許和鼓勵。李石曾原本打算去英國，因為當時清朝禁止人民出國，他便被安排在正要出使法國的欽差大臣孫寶瑜的名下，以隨員的身分到達了法國。李石曾由此也成了華人留法第一人。

李石曾到達法國後，有感於國家的現狀，決定欲先學習軍事來增強國家的實力，以禦外辱。然而，天不隨人願。因身高體重不合格他被迫入蒙達頓莪農校改學農科。畢業後，他又入著名的巴斯德學院和巴黎大學攻讀生物學和化學。留學時，他結交了當時的進步人士蔡元培、吳稚暉等。一九○六年，他又結識了孫中山，加入「中國同盟會」，從此走上了革命的道路。按說，子以父蔭，李石曾當時已具有功名前程，留洋學成回國後，藉助朝野的舊關係以及他父親的顯赫地位，做官是輕而易舉的事。但李石曾一身正氣，立志做事不做官。一九○五年他在巴黎發起「進德會」，提倡不為官、不置私產，開一時風氣之先，且終生恪守不渝。

中國留法第一人李石曾

法國是李石曾先生革命思想的發源地，也是其開創中法文化、教育、經濟、建設等交流事業的地點。李石曾是學農的，他利用自己所學專業，將中國人生活中的寶貴食品「豆腐」介紹到西方。同時，他與同窗鄉友齊笠山於一九〇九年在巴黎創辦了一家「豆腐公司」，提倡素食。另外，他在巴黎蒙帕納斯大街開設了第一家中國餐館，名為「中華飯店」。他創建的這些事業，為後來赴歐洲的中國人提供了工作創業的機會，更引發了一場影響深遠的留法勤工儉學運動。

一九一〇年左右，中國內憂外患，到處戰亂，人民生活在火熱之中。山東、河北、江浙、閩粵等沿海或內陸地區的人們為了活命，紛紛賣身西渡，漂洋過海來到歐洲當華工。然而，由於沒有任何協議，到來的人們只能去賣苦力，備受欺凌。目睹自己的同胞淒慘的境遇，李石曾坐臥不安，他決定要以自己綿薄之力為同胞做點事。一九一五年，他在巴黎發起成立「留法勤工儉學會」，欲吸引中國有志無力的志士青年來法留學。轟轟烈烈的「留法勤工儉學運動」即此拉開序幕，打著「勤以做工、儉以求學」的口號，揭開了中國近代史和百年留法史的新篇章。他與法國的熱心教育者班樂衛、穆岱等人以及中國教育界人士蔡元培、吳稚暉等分別在里昂、北京等地設立分社，為國內有志青年赴法留學做好準備。至第二年，「留法勤工儉學會」已接待百多位留法學生。據不完全統計，至一九二〇年，就已經有一千七百多名有志青年踏上了法蘭西的國土學習。日後成為中國政界領袖及要員的周恩來、鄧小平、陳毅、聶榮臻等；卓越科學家嚴濟慈、錢三強等；著名藝術家李健吾、常書鴻、潘玉良、林風眠等均藉助於此項運動踏上了留學的征途。因此，這場空前的留法勤工儉學運動，無論在中國的政治、科技、教育還是文化、藝術等各個領域皆造就了無數棟樑人才。

李石曾的一生是輝煌的一生。他於一九二〇年在北京創辦了中法大學；一九二八年，他創辦了中央研究院；一九二九年，他創辦了北平研究院，任院長；同年出任故宮博物院院長。一九三一年六月後，歷任國民黨中央政治會議委員、北平研究院院長、總統府資政、國民黨中央評議委員等職。後來，他與蔡元培、吳稚暉、張人傑被稱為國民黨的「四大元老」。

李石曾的一生是傳奇的一生。他曾苦心創辦中外公益事業六十餘項，如中國農工銀行、中法工商銀行、上海及日內瓦中國國際圖書館、世界書局等，而他自己終生無一財產。

他早年那一別開生面的創舉，為國家培植人才遠大之功績實不可沒。他不僅扶助鄉親安排創業，發起勤工儉學運動，開拓了華僑地之先驅，還開闢了中法文教、科技、經濟、建設交流之先河。

後來，李石曾於一九五六年定居臺灣，一九七三年過世，終年九十二歲，葬於臺北陽明山。

中外文化交流的軼聞趣事／魏秀春, 付偉, 劉桂枝
編著. -- 一版.-- 臺北市：大地, 2013.03
面：　公分. --（History：56）

ISBN 978-986-6451-97-3（平裝）

1. 文化交流　2. 東西方關係　3. 文化史

630.9　　102003553

中外文化交流的軼聞趣事

HISTORY 056

編　　著	魏秀春・付偉・劉桂枝
發 行 人	吳錫清
出 版 者	大地出版社
社　　址	114台北市內湖區瑞光路358巷38弄36號4樓之2
劃撥帳號	50031946（戶名　大地出版社有限公司）
電　　話	02-26277749
傳　　真	02-26270895
E - mail	vastplai@ms45.hinet.net
網　　址	www.vastplain.com.tw
美術設計	普林特斯資訊股份有限公司
印 刷 者	普林特斯資訊股份有限公司
一版一刷	2013年3月

大地

定　　價：280元